新民说

成为更好的人

阅读史译丛　张仲民 主编

19世纪法国读者与社会

工人、女性和农民

[英] 马丁·里昂 著

张翼 译

广西师范大学出版社
·桂林·

19世纪法国读者与社会：工人、女性和农民
19 SHIJI FAGUO DUZHE YU SHEHUI: GONGREN, NÜXING HE NONGMIN
First published in English under the title
Readers and Society in Nineteenth-Century France: Workers, Women, Peasants
by M. Lyons, edition: 1
Copyright © Palgrave Macmillan, a division of Macmillan Publishers Limited, 2001*
This edition has been translated and published under licence from Springer Nature Limited.
Springer Nature Limited takes no responsibility and shall not be made liable for the accuracy of the translation.
著作权合同登记号桂图登字：20-2024-001 号

图书在版编目（CIP）数据

19世纪法国读者与社会：工人、女性和农民 /（英）马丁·里昂著；张翼译. -- 桂林：广西师范大学出版社，2024.5
（阅读史译丛 / 张仲民主编）
书名原文: Readers and Society in Nineteenth-Century France: Workers, Women, Peasants
ISBN 978-7-5598-6838-1

Ⅰ．①1… Ⅱ．①马… ②张… Ⅲ．①社会问题－研究－法国－19世纪 Ⅳ．①D756.59

中国国家版本馆CIP数据核字（2024）第062917号

广西师范大学出版社出版发行

（广西桂林市五里店路9号　邮政编码：541004）
（网址：http://www.bbtpress.com）

出版人：黄轩庄
全国新华书店经销
广西广大印务有限责任公司印刷
（桂林市临桂区秧塘工业园西城大道北侧广西师范大学出版社集团有限公司创意产业园内　邮政编码：541199）
开本：880 mm ×1 240 mm　1/32
印张：10.375　　字数：190 千
2024年5月第1版　2024年5月第1次印刷
定价：66.00 元

如发现印装质量问题，影响阅读，请与出版社发行部门联系调换。

编者序

张仲民

随着印刷文化研究和接受研究在欧美学术界的相继兴起，阅读史作为一个跨学科的研究领域在1970年代也逐渐发展起来。在这门新学科的形成过程中，一批杰出史家及其著作涌现出来，其中最为研究者乐道的大概是美国史家罗伯特·达恩顿（Robert Darnton）与法国文化史学家罗杰·夏蒂埃（Roger Chartier）了。

就对中文学界的影响而言，夏蒂埃显然不及达恩顿，毕竟后者已经有近十本著作被译为中文，而前者只有三本，而且还是2012年以后的事。但在西方阅读史学界，两位学者皆对阅读史研究的风气有巨大影响，他们都是极富理论修养和自我批判能力的史家，其研究成果及在理论层面的探索，为诸多阅读史研究者征引和对话。一定程度上讲，很多书籍史学者的研究都绕不开甚或在追随他们的擘划，无论赞成或反对，想要"预流"于这个跨学科领域，大家均不能无视这两位先行者。

夏蒂埃的书籍史研究相较更具思想史色彩,援引的思想资源以哲学家和文学批评家为多,对米歇尔·福柯(Michel Foucault)、德·塞尔托(Michel de Certeau)等理论家非常重视,其著作的理论及方法论色彩很浓,常以与他人研究成果对话的方式展开讨论。故其研究并非如达恩顿那样深入档案馆寻找第一手材料,而是善于运用常见史料和二手资料,加以别出心裁的解读,却能发展出一些原创性想法。

与夏蒂埃明显不同,达恩顿的英美经验主义色彩更为浓厚。在英国受训的背景使他更愿意运用档案进行实证研究,而比较疏离于思想史路数。达恩顿非常重视发掘新史料,尤其是档案资料。其书籍史研究成果以及诸多关于启蒙运动历史的论述,都建基于对18世纪瑞士书商纳沙泰尔档案的使用,从他的成名作《启蒙运动的生意》,到《旧制度时期的地下文学》《法国大革命前的畅销禁书》,乃至一些著名论文集如《屠猫记》《华盛顿的假牙》等,皆是如此。达恩顿的理论素养与夏蒂埃相比不遑多让,但其研究人类学色彩更浓,这可能与他长期受美国人类学家格尔茨(Clifford Greetz)等人的影响有关。意大利著名微观史学家列维（Giovanni Levi）甚至称《屠猫记》比格尔茨还格尔茨。[1]达恩顿亦在方法论层面较为全面地总结和反思了西方书籍史、阅读史的研究情况，给后来者提供了很好的理论参考和研究指导。他的一些书评、著作的序言与跋语，也往往具有浓厚的方法论色彩，足以"示来者以规则"。又因其新闻记者的出身背景，达恩顿的文笔非常之好，《屠猫记》是一个很好的体现，读者从中文译本中即可管窥。所以这些年来，国内学者颇热心于译介达恩顿的专书，甚或一度邀请其来华讲学传道。

当然，西方阅读史名家决不止以上两人，很多学者都有很精彩的研究著作问世，只是较少被译介为中文或为中文学界所知。而国内学界对阅读史和达恩顿、夏蒂埃等学者的关注决不是近些年才有的现象。早在1990年代初，中国学者即开始译介西方的阅读史研究成果，对他们间有涉及，在对法国大革命史的评介中也出现了两人的身影。中文学界在引介之余也受到这些学者的影响，阅读史研究在近二十年悄然成风，有关的实证探索颇多，对此学界已有一些述评，此处不赘述。

反观这些年来中文学界的阅读史研究成果，尽管在很多方面做出了有益的探索，也取得了一定的成绩，推出了

---

[1] Giovanni Levi, "On Microhistory," Peter Burke (ed.), *New Perspectives On Historical Writing* (Cambridge: Polity Press, 2001), 108.

一些不错的著述，但存在的问题也很多。最明显的是，我们对西方阅读史研究的理论和实践缺乏系统的了解，对许多精彩的实证研究成果所知不多，耳食肤受或滥用阅读史新名词的现象在实践中也很突出。而在选题、鉴别和使用史料、表述等做研究的具体方面，乃至在问题意识和提炼研究意义上，都存在照搬和误解等情况，失于简单、武断，很多学者或"土法炼钢"，或充满近（现）代化关怀，或机械模仿西方学者，或自说自话，滥用阅读史这个大帽子，导致很多研究成果品质不佳，不但难与西方对话或竞胜，甚至难以获得国内同行的尊重。饶是如此，阅读史研究这个新领域仍在不断吸引新的学者，尤其是年轻学者加入，足见其魅力之大。

基于此，时任广西师范大学出版社总编辑汤文辉先生在2019年专门致信，问我作为国内较早从事阅读史研究的学者，是否愿意主编一套译丛，遴选若干种西方学者的著作，以飨中文学界。对此，我与汤先生算是不谋而合，自然就答应下来，并围绕达恩顿和夏蒂埃初步选择了五种书目。有关工作大概在2020年展开，从联系版权到更换个别书目，再到联系译者和校对，加之疫情的影响，中间有太多的故事和曲折，所幸经过近三年的集体努力，这个译丛终于要推出了（达恩顿和夏蒂埃的著作因为没有获得中文版权不得不割爱，所幸拿到了关于达恩顿著作讨论集的版权）。

感慨艰辛之余,还要感谢汤总编、译者和校对者,以及新民说的编辑们。相信本译丛的推出将有助于中文学界的阅读史研究者更好地借鉴它山之石,也更能反躬自省,从而作用于自身的研究实践。

目 录

导论：为一个理念作传 / 1

第一章 19世纪法国的新读者 / 9

    阅读大众的扩张 / 12

    对阅读的恐惧 / 27

第二章 工人读者：人民图书馆 / 38

    好书，坏书：天主教会对于阅读的忧虑 / 47

    工人的教育与自助，1830—1851 / 51

    富兰克林协会与大众图书馆 / 58

    企业图书馆与教育联盟 / 71

    结 论 / 81

第三章 无心插柳与抵制 / 84

    传统读者与工人阶级的文化涵化 / 87

    在困难中追求知识 / 94

　　　　小说的使用与滥用 / 111

　　　　工人图书馆 / 126

　　　　作为作者的工人 / 135

　　　　作为文化中介的工人知识分子 / 147

第四章　女性读者：从艾玛·包法利到新女性 / 154

　　　　作为小说读者的女性 / 155

　　　　"包法利主义"的危险 / 165

　　　　天主教的阅读典范 / 174

　　　　女性主义的阅读典范 / 180

第五章　女性读者：定义自己的空间 / 188

　　　　天主教读者 / 193

　　　　一种女性的阅读方式？ / 203

　　　　非法的与间歇的阅读 / 217

　　　　她自己的空间：好学女儿的问题 / 228

第六章　农民读者：书面文字的实用目的 / 241

　　　　身处阅读文化边缘的农民 / 247

　　　　面对印刷与书写世界的乡村读者 / 258

　　　　控制农民阅读的尝试与1866年调查 / 268

　　　　从1880年代至1918年：农民读者对于媒介的独立使用 / 278

　　　　结　论 / 287

第七章 阅读阶级与危险的阶级 / 290

附录 A 20世纪初法国书籍的流行用途 / 299

  一位出生于1896年的女性 / 299

  一位出生于1899年的女性 / 301

附录 B 农民读者的三十本书 / 304

参考资料 / 307

导论：为一个理念作传

我对于书籍史的兴趣开始于西奥多·泽尔丁（Theodore Zeldin）给我所在的本科班上的一门课。在这门课上，我得知波德莱尔的《恶之花》初版是印量1300册的小字本，而纪德的《人间食粮》(*Nourritures Terrestres*)面世时仅售出500册。当我暂停手上忙不迭的笔记时，我头一次意识到，文学史的形态在过去和今日的读者眼中也许迥然不同。我当时正开始读一些自认为的19世纪法国文学杰作。诚然泽尔丁随意抛出的数据并不可靠，让听众目瞪口呆，但我不禁觉得，19世纪的读者认为重要的同时代文学作品与牛津大学教学大纲上规定要求学习的书目几乎完全不同。为何纪德、司汤达等人在生前似乎只是文学界的无名小卒？令19世纪的读者在当时瞠目结舌却又在后来被人们彻底遗忘的富有想象力的作品又有哪些？对我而言，书籍和文学的研究忽然获得了一个新的历史维度。

1970年代初，我对年鉴学派产生兴趣并钦佩有加。我知道法国出现了关于书籍史（l'histoire du livre）的有趣作品，傅勒（Furet）与迪普龙（Dupront）合著的两卷本《18世纪法国的书籍与社会》（*Livre et Société dans la France du XVIIIe siècle*）是该领域的一座早期里程碑。然而，这与我所接受训练的学术传统产生了潜在的分歧。除了一些显著的例外，我感觉牛津的历史学家似乎对这个法国历史学界的新学派抱有不可理喻的敌视。许多人简单地将年鉴学派等同于统计学方法，还有一小部分人则厌恶任何形式的法国理论。有一次，在我的博士论文即将完成之际，一位牛津的历史学家轻蔑地揶揄说："我猜你的书架上全是拉布鲁斯[1]之类的玩意"，他指的是有关法国18世纪粮食价格的经典研究。我对自己给人留下这种印象感到吃惊，因为经济史绝非我喜欢的睡前读物。事实上，我天真地认为，那些作品中的绝大多数并不比火车时刻表有趣多少。我接受的是英国经验主义传统的训练，而且我始终认为坚实的经验主义基础和可靠的档案经验是历史作品必不可少的。我对于展现出这样品质的学者抱有极大的敬意，但是我认为这一路径没有理由排除新方法与新问题。

我自己的书籍史项目直到很多年之后才以《书籍的胜

---

[1] 拉布鲁斯（Camille-Ernest Labrousse，1895—1988），法国历史学家，擅长社会经济史研究。——译者注

利：法国19世纪的阅读社会史》(*Le Triomphe du Livre: Histoire sociologique de la lecture dans la France du XIXe siècle*, Paris: Promodis, 1987) 的出版而告终。在这本书中，我用了一些生产统计数据作为19世纪早期法国畅销书的粗略指南。这是一项令人望而生畏的任务。数据主要依赖于印刷商们的声明，这些声明记载清晰，但是却没有索引。保存它们的大部头书籍用绿布包裹，落满了尘土，存放在法国国家档案馆中。这些大部头使用不便且难以携带，每天都给我的衣服覆盖上一层纸锈。除了来自洗衣房的账单之外还有另一个问题，那就是一个人到底能在多大程度上消化这些记录，因为随着书籍生产的发展，每过一年这些绿色的大部头都变得越来越浩繁。我在进行到1850年时停下了，自我感觉良好并坚定地认为，只有最愚笨的学者才会胆敢再次尝试挑战这种自我折磨。另外，《书籍的胜利》将我的研究引向了图书馆的历史，以及扩张至郊区和外省的零售书店。

对于泽尔丁在本科生课上提出的那些问题，我已经找到了一些答案，但新的问题又随之产生。在《书籍的胜利》中，我研究了出版业的发展，并讨论了书籍到达读者手中的若干方式：如通过流动商贩（colporteur）、商店和出租书店。但是在读者购买或是借到这些书之后又发生了什么呢？我想要超越我的地图与数据所限，探询一些有关读者和书籍接受的问题。《书籍的胜利》的最后一章在我看来既是一篇后记，亦是对未来道路的展望，我在其中尝试性地研究了分析阅读行为的方法。

1984年，我第一次和社会科学高等学院（École des Hautes Études en Sciences Sociales）的书籍史学者接触，这一经历给了我一些重要的启示。首先，让我倍感鼓舞的是，我发现从研究生产转向研究读者的历史的学者绝非我一人。我曾一直在悉尼偏僻的大本营中，以相当与世隔绝的方式进行着研究，发现同路人的好消息彻底结束了我的孤立状态。其次，与固有的成见相反，我意识到只要去搜寻，关于阅读史的资料确确实实存在。本书使用到了这类材料中的两种：书籍阅读建议，告诉人们什么该读什么不该读，我将其作为规范性材料参考；以及自传，大部分是书面的，但也有一些口述的，它们记录着个体的阅读经验。本书的主要部分是关于对阅读的恐惧，以及消除这种恐惧的尝试——通过控制和规范"危险阶级"的阅读来实现。本书也关注每个个体的阅读行为中潜在的颠覆性本质。自从1984年的那些会议以来，我一直受惠于罗杰·夏蒂埃，而且对于橄榄球跑动风格的共同爱好也为我们的关系添砖加瓦，那种风格当时在法国和澳大利亚都反响甚佳。我从未停止对于他的洞见的感激之情，尽管我的作品并不如他的抽象，且更多地着眼于读者个人及其日常经历。

在悉尼，我设计了一个关于阅读史的口述历史项目，它带着我与活生生的读者面对面。我与露西·塔克萨（Lucy Taksa）一道，采访记录了悉尼地区61位年长的澳大利亚人自童年记事以来的阅读经历。其成果汇成了1992年由牛津大学出版社于墨尔本出版的《澳洲读者记得：一部阅读的口述史》(*Australian Readers Remember: an oral history of reading*)。这项工作对我而言是段饶有趣味的经历，让我更加重视自传材料。我认为，口述自传在叙事策略与创作模式上都与其他任何类型材料相当不同。我没有在19世纪的口头和书面自传之间做简单的类比。它们都提供了准虚构的文本，记忆在其中被塑造并重新排列。关于过去与当代社会中读者个人的反响，它们却都能够给予历史学家以无价的帮助。在本书中只要合适的地方，我都参考了口述证据。

1989年，我受邀为法、意合编的《西方世界阅读史》(*Storia della Lettura nel mondo occidentale*)撰写关于19世纪的一个章节，此书先是由夏蒂埃和古列尔莫·卡瓦洛（Guiglielmo Cavallo）编辑，1995年于拉泰尔扎（Laterza）首先问世，随后又由巴黎的瑟伊（Seuil）出版社出版。夏蒂埃建议以"新读者"（Les Nouveaux Lecteurs）为题，而我承接的主题是讨论作为读者的妇女、儿童和工人。本书就是由那个章节衍生而来，尽管二者之间有一些非常重要的差别。原初章节所属的作品旨在涵盖多国内容，而这份研究只关注法国。而且，我也没有维持章节中原本设定的类别，在本书中，我讨论了工人、妇女与农民。我认为讨论农民对于这一研究而言不可或缺，因为他们是19世纪对阅读的谈论的主要组成部分。关于农民的材料可见于我的文章"农民读什么？法国乡村的书面与印刷文化，1815—1914"，《欧洲历史季刊》(*European History Quarterly*)，第27卷，1997年第2期，第163—197页。我要感谢编辑马丁·布林克霍恩（Martin Blinkhorn）允许我在此使用这些材料。

几位读者审阅了我的书稿。他们拥有非常不同的学科背景，为我提供了非常不同的建议，我很感谢这一切。他们是苏珊·格罗根（Susan Grogan）、让·埃布拉尔（Jean Hébrard）、雪莉·克罗恩（Sheryl Kroen）、安娜·萝西（Ana Rossi）和塞纳·莱西－迪奥（Cyana Leahy-Dios）。我要感谢塔斯马尼亚的巴瑞·罗斯（Barrie Rose）、德鲁大学的乔纳森·罗斯（Jonathan Rose）、牛津的科林·卢卡斯（Colin Lucas）、墨尔本的奇普斯·索尔怀（Chips Sowerwine）与皮特·迈克菲（Peter McPhee），约克的阿兰·弗瑞斯特（Alan Forrest）、林肯的哈里·齐格勒（Harry Ziegler）以及布里斯班的珍妮特·吉尔芬德（Jeannette Gilfedder）与帕特·布克里奇（Pat Buckridge），感谢他们那些有时润物细无声的鼓励、建议与批判性洞见。我还要感谢雅克·吉罗（Jacques

Girault）多年来的盛情款待。他始终向我指明与工人运动相关的新资料，并且让我跟进位于巴黎马勒大街（rue Malher）上的社会运动与工会运动史研究中心（Centre de Recherches d'Histoire des Mouvements Sociaux et du Syndicalisme）的最新资源。我必须特别感谢雅克促使我考虑劳工联合会（Bourses du Travail）[1]的文献，这会在第三章得到讨论。

我很荣幸在研讨会上向听众展示本书的一些部分。我特别要感谢让-伊夫·莫利耶（Jean-Yves Mollier）邀请我参加他在凡尔赛大学伊夫林地区圣康坦分校（Université de Versailles-St-Quentin-en Yvelines）主办的研讨会。任何研究19世纪法国阅读史的学生，包括我自己，都要感谢他在法国出版史上的奠基性成果。我关于19世纪自传作者的阅读经验的作品，在欧洲思想研究国际协会（the International Society for the Study of European Ideas）过去十年会议中的专题研讨小组上，以及2000年在奥斯陆举办的历史学国际委员会大会（the International Committee for Historical Sciences）上得以发表。1999年，我在巴西尼泰罗伊的联邦弗洛明讷大学（Universidade Federal Fluminense），用三种语言与充满活力的文化史小组尽情享受学习与讨论的快乐。新南威尔士大学常常帮助我前往巴黎进行研究。1999年，

---

[1] 19世纪末20世纪初出现在法国的一种促进劳工互助、教育与自我组织的机构。——译者注

我以访问学者的身份,在剑桥的基督圣体学院这一理想的工作环境中,享受了一段不受打扰的写作时光。我要感谢学院与时任院长托尼·怀格利(Tony Wrigley)教授的款待。

若没有一个安全的基地,我便不可能这样四处奔走。因此我要把最重要同时也是最明白的感谢留在最后。法国历史乔治·吕德研讨会(George Rudé Seminar in French History)为所有在澳洲和新西兰从事法国史研究的学者提供了必不可少的精神支持。使之蓬勃发展的澳洲同僚理应获得所有赞誉。我同样感谢所有其他在澳洲研究书籍史的专家的鼓励。最后,我要感谢杰奎琳、布莱斯、霍利和克劳丁的爱与支持。

马丁·里昂

第一章　19世纪法国的新读者

在法国大革命前夕,有近半(47%)的法国男性,以及约27%的法国女性能够阅读。而当时间来到19世纪末,几乎所有法国男女都能够进行功能性阅读。[1]识字率数据是基于个人能否在正式文件上签名统计出来的,这仅仅是衡量阅读大众在法国社会从七月王朝到第一次世界大战期间急剧增长的方式之一。正如我们所见的那样,这种增长在其后期尤其得到了来自小学制度改革的支持。尤以廉价小说和新闻报纸为代表的印刷品生产领域的技术变革也促进了这种增长。一种印刷品的大众文化正在兴起,新的读者群体首次成为印刷品的消费者,印刷的策略亦随之演变,以便拓展新的客户。

这本书关注的正是这些新的读者群体,以及他们给19

1　Martyn Lyons, *Le Triomphe du livre: une histoire sociologique de la lecture dans la France du 19ᵉ siècle*, Paris: Promodis, 1987, p.28.

世纪资产阶级社会带来的问题。本书特别关注三类"新读者",即工人、女性与农民。把女性算作"新读者"似乎有些牵强附会,因为她们自始至终都是阅读大众的一部分。但在某种意义上,在此登场的三个重要社会群体都是新来的不速之客。尽管女性和工人读者在19世纪之前就已存在,但那时他们从未大规模显现,或造成尖锐的社会与政治问题。他们完全有理由被当作阅读大众中的新来者,因为出版商首次将他们(尤其是女性读者)视为重要且独特的市场,这片市场提供了新的利润来源,并且需要新的开发策略。

除此之外,下层阶级读者的出现给精英们造成了新的难题。民主的社会依赖于识字的选民群体,但不良印刷品的泛滥也被视为1848年革命、宗教冷漠的兴起以及社会主义高扬的罪魁祸首。读写能力在农村的扩散甚至被认为是19世纪农村人口外流的原因。[1] 1870年法国败于普鲁士之手激起了许多关于这场民族浩劫的不同议论,其中就包括把战败归咎于阅读质量的下降,以及书籍的"去神圣化"。阿尔努·弗雷米(Arnould Frémy)承认说,相比于过去,越来越多的人能够阅读,但书籍本身却淹没在新闻媒体所生产出来的闲言碎语的汪洋大海之中。这些媒体怂恿迅速而肤浅的判断,提供了一个充斥着事实、利益与观念的巨大集

---

[1] Mona Ozouf, *L'École, l'Église et la République, 1871-1914*, no place cited, Cana/Jean Offredo, 1982, p.221.

市，最严肃的当代议题每天都在其中和日常生活中最无关紧要的细枝末节紧挨在一起。[1]现如今，教育者常常抱怨人们读得太少，而19世纪则是抱怨人们读得太多，太不加甄别，太具有颠覆性。因此，尽管本研究一部分是关于读者自身的，它也会研究大众识字率的提高所引发的恐惧与忧虑，以及提高引导下层阶级读者进入"安全"航道的方法。

因此，本研究的部分资料提供者是读者自己，部分是由那些将女性、工人与农民读者理解为对父权制传统观念与社会稳定的威胁的人。资料包括读者的自传，这些自传的作者描述并试图弄清他们的阅读经验，以及阅读是如何帮助他们定义个体身份的。毫不令人惊奇的是，一些群体的自传数量相对而言非常丰富，比如受过教育的女性；但另一些的就屈指可数，比如农民。一些工人自传有时是在一种临时拼凑的文学文化的基础上费力编纂而成的，描绘出19世纪的自学者是如何跻身新的阅读大众的。出版商同样提供了重要的证据，他们的广告、销售策略与书籍自身，显示出他们对于阅读大众与目标受众的看法。有关新读者的公开辩论贯穿了整个19世纪，媒体与小册子讨论着关于工人阶级与农民阅读的问题。在1860年代关于图书馆法规的公众讨论，以及世纪末天主教会与女性主义媒体关于妇

---

[1] Arnould Frémy, *Comment Lisent les Français d'aujourd'hui?*, Paris: Calmann-Lévy, 1878, pp. 7 and 67-92.

女阅读模式的讨论中也可以看到这一点。

阅读大众的扩张

1830年之前,一本普通小说的发行量很难超过古腾堡时代。让我们考察出现在1830—1914年这个区间两端的两部作品的生产。司汤达的《红与黑》(*Le Rouge et le Noir*)于1830年出版时,只印刷了区区750本。尽管有再版,但也只再印刷了750册。司汤达将他的作品献给那些"幸福的少数人",这些读者幸不幸福不好说,但人数确实不多,至少在司汤达的作品经历了半个世纪的发展后终于成为文学经典之前确实如此。[1]在70年的时间内,到了20世纪早期,流行小说的印刷量发生了天翻地覆的变化。例如皮埃尔·洛蒂(Pierre Loti)出版于1889年的《冰岛渔夫》(*Pêcheur d'Islande*),在卡尔曼-莱维(Calmann-Lévy)出版社的廉价插图丛书中实现了巨大的发行量,这套书每卷仅售95生丁。[2]到了1906年,《冰岛渔夫》的印刷总量达到了11万册,而到了1919年已达50万册。[3]司汤达的作品出版时恰逢书籍

---

[1] Lyons, *Triomphe du livre*, p. 100
[2] 法国货币单位,1法郎等于100生丁。——译者注
[3] Jean-Yves Mollier, *L'Argent et les lettres: Histoire du capitalisme d'édition, 1880-1920*, Paris: Fayard, 1988, p. 478.

产业工业化的发端,这使诸如大仲马、儒勒·凡尔纳与洛蒂等人的作品得以大规模生产。流行小说的大规模生产促使新读者被整合进愈发同质化的全国性大众阅读之中。[1]在18世纪,只有教义问答书与祷告书在全法国被普遍阅读,但是到了19世纪末,全国各地读者都对诸如《三个火枪手》、《面包小贩》(*La Porteuse de Pain*)或是《悲惨世界》这样的作品耳熟能详。

章节开头提到的那个全国范围内基于签名测试算出的识字率数据只提供了阅读大众增长的粗略标准。这些数据掩盖了识字率中重要的地区差异,以及增长的节奏。虽然它们初步回答了"谁能够阅读"的问题,但对识字人口的阶级与性别构成漠不关心,也无法指明阅读能力之间的差别。不过,这些数据仍是一个基本立足点。[2]

历史学家常常提及督学路易·马吉奥洛(Louis Maggiolo)在1879—1880年所做的关于基础识字率的研究。[3]他的

---

[1] Lyons, Triomphe du livre; and 'Towards a National Literary Culture in France', *History of European Ideas*, vol. 16, nos 1-3, 1993, pp. 247-252.

[2] 本书无意讨论签名测试作为计算识字率方法的优劣。但其作为读写能力的标志的价值得到了证明。Roger Schofield, 'The Measurement of Literacy in pre-industrial England', in Jack Goody, ed., Literacy in Traditional Societies, Cambridge: Cambridge University Press, 1968, and by François Furet and W. Sachs, 'La Croissance de l'alphabetization en France, 18e-19e siècle', *Annales economies, societies, civilisations*, vol. 29, 1974, pp. 714-737.

[3] M. Fleury and A. Valmary, 'Les Progrès de l'instruction élémentaire de Louis XIV à Napoléon III d'après l'enquête de Louis Maggiolo (1877-79)', *Population,* 12, jan-mars 1957, pp. 71-92.

研究试图证明，在1789年大革命之前教会对于提升法国识字率贡献甚微。他召集地方上的学校教师作为志愿研究者，从17世纪晚期开始选择若干时期，把婚姻契约上的签名记录下来。有一万六千人响应了这项号召。事实上，调查结果很难说证明了马吉奥洛研究的初衷，因为识字率的上升显然早于法国大革命。然而，马吉奥洛的研究，对于法国识字率历史而言是非常有用的开创性指南，后来的历史学家因此对他深表谢意。[1]

作为马吉奥洛调查的结果之一，法国被分为两个相对的区域：繁荣、受教育程度与识字率高的北部与东部；以及识字率远远较低的南部与西部。这两个区域大致上由从圣马洛（St Malo）到日内瓦的所谓"马吉奥洛线"（Maggiolo line）分开，各占半壁江山。这样简单的划分即便单从地理学角度来看，也具有误导性。这一划分忽视了一个城市化的，有文化的南方地带，这一地带如同一轮新月贯穿法国南部，西起波尔多与图卢兹（Toulouse），经由地中海沿岸后从普罗旺斯向北，直达罗讷河谷（vallée du Rhône）。然而总的来说，在马吉奥洛想象的线所划分出的南部与西部

---

[1] François Furet and Jacques Ozouf, *Reading and Writing: Literacy in France from Calvin to Jules Ferry*, Cambridge: Cambridge University Press and Maison des Sciences de l'Homme, 1982, pp. 5-9 and chapter 1. 这是 *Lire et ecrire: l'alphabétisation des français de Calvin à Jules Ferry*, Paris: Editions de Minuit, 1977一书的简略翻译。

地区，识字率确实最低，但增长速度也最快。[1]对于许多法国南部的地区而言，19世纪确实是一个"追赶"（rattrapage）的时期，朝着北方迎头追上。相较而言，西部地区发现要"赶上"则更为困难，事实上可以认为甚至到了1914年，西部都没能做到这一点。然而有一些布列塔尼人倾向于将这种失败解释为成功抵抗了说法语的政府的殖民冲动。

马吉奥洛的调查难免有不完善之处。一些地方的助手比其他地方的更为仔细。总的来说，相对于农村地区，城市在他的数据中代表性不足。东部省份阿尔萨斯和洛林当时属于德国，所以马吉奥洛没能把它们收录进来。塞纳省的数据也没有包含在内，因为这些民政记录（état-civil）已在1871年巴黎市政厅的大火中被焚毁了。尽管马吉奥洛的调查有诸多缺陷，我们仍可以从他的发现中推导出一些结论。他无与伦比的项目中的关于马吉奥洛线的证据刚一提出，就开始淡出视野。各地基础识字率的上升正逐渐消除法国众多不同地区文化间识字率的历史差异。19世纪大量的人从农村出走，为不断成长的城市带来了数以千计的居民，这同样模糊了城市与农村间识字率的差别。法国社会正变得日益同质化，各处的读者都是统一的全国性书籍市场的一部分，消费同样的畅销书，阅读相同的杂志。

1　Furet and Sachs, 'La Croissance de l'alphabétisation'.

19世纪城镇的文化水平往往比乡村要高，较大的城镇的文化水平高于较小的城镇。那些拥有密集的司法与教育机构网络的老行政中心，比新兴的工业城镇文化水平要高。例如鲁贝－图尔宽（Roubaix-Tourcoing）这样的新兴制造业地区，大量集中了非熟练工与刚从农村来此寻觅工作的人，识字率在早期工业化中会暂时下降。[1]巴黎自身在1789年大革命之前就已经有了极高的识字率。在革命时期的巴黎，90%的男性和80%的女性能够签署遗嘱。诚然，遗嘱签名很难有代表性，穷人因为并没有财产需要传承而被根本地排除在外。但是，甚至在平民化的巴黎郊区（faubourg）地带圣马塞尔（Saint-Marcel），在1792年时也有三分之二的居民能够读写。[2]首都有熟悉印刷文字的平民阅读大众，他们提供了一个现成的市场使每次革命危机都会引发印刷量剧增。巴黎和外省一样，读写能力与社会—职业地位之间始终存在显著相关性。诸如律师与神职人员这样的职业群体的文化水平很高，而且往往拥有自己的藏书。再往下看，店主与工匠的文化程度要高于家仆或非熟练工。融入程度高的巴黎人常比那些刚从农村迁来的人读写能力更好。

---

[1] F.Furet and J. Ozouf, 'Literacy and Industrialisation: the case of the Départment du Nord in France', *Journal of European Economic History*, vol. 5:1, spring 1976, pp. 5-44.

[2] Daniel Roche, *The People of Paris: an essay in popular culture in the 18th century,* Leamington Spa UK: Berg, 1987, p. 199 and p. 203.

识字率数据显示，一般来说男性识字率要高于女性。然而，男女识字率上的结构性差距日益缩小，到了19世纪末已经完全消除。换句话说，女性识字率的增长要比男性快，女性同样也在"追赶"。传统上的性别差异永远在社会的底层表现得最为显著。举例来说，在18世纪末，里昂的日工与丝织工人的识字率是他们妻子的两倍。但是在工匠的圈子里，因为女性照看店铺的前台而男性在车间（atelier）里工作，情况有时就会不同。与人打交道需要记录顾客的订单和记账，这都使得面包房（boulangerie）或是鞋匠店里的女性和男性有差不多的文化水平。

基于签名测试而得出的数据可能掩盖了女性真实的文化程度，因为这些数据没有考虑到只会读而不会写的这个层次。许多女性能够至少阅读教义问答书，但是并不能写或者签自己的名字。只会读不会写在文化停滞的地区最为常见，例如布列塔尼和中央高原（Massif Central），这些地方的天主教会部分提倡女性识字，但不鼓励她们书写。女性的阅读大概被局限在基督教生活所需的范围内，但写作可能是一种更加独立和批判性的活动。在城市地区也能发现只会读不会写的人，但这常常是学业中断造成的。[1]

女性识字率提升的最具影响力的因素，或许是女性雇

---

1 Furet and Ozouf, *Reading and Writing*, pp. 166-191.

佣劳动性质的变化。在19世纪的最后25年里，女性除了在农业、家政与纺织业中扮演传统角色之外，新的白领职业向她们敞开大门。女性找到了店员、文员以及最终还有学校教师这样的工作。这些职业带来了社会流动性，也强有力地刺激了女性识字率的提升，并且也为阅读大众中女性比例的提高做出了贡献。

在19世纪的大部分时间里，小学教育的基础设施参差不齐，而且仅相当有限地反映了教育家和立法者的宏大计划。1833年的基佐法案（The Guizot Law）为国家的小学教育系统奠定了基础，计划为每个社区建立一所学校。基佐法案颁行时恰逢1821年至1837年间小学数量陡增的时期。[1] 然而，该法案未能在19世纪中期内带来迅速的变化。

天主教会学校继续在教育中扮演关键性角色，尤其是在小学这一层级。在第二帝国时期，天主教的教职修会（Catholic teaching orders）的小学入学人数大幅增加，到1876年，正式登记在天主教会学校的学生达到了两百万。[2] 教职修会在许多次反教权运动中幸存下来，因为其工作是

---

[1] Raymond Grew, Patrick J. Harrigan and James Whitney, 'The Availability of Schooling in 19th Century France', *Journal of Interdisciplinary History*, XIV, summer 1983, pp. 25-63.

[2] R. Grew and P. J. Harrigan, *School, State and Society: the growth of elementary schooling in 19th century France-a quantitative analysis*, Ann Arbor: University of Michigan Press, 1991, p. 47. But see also the critical debate in *Annaleséconomies, sociétiés, civilisations*, vol. 41: 4, 1986, pp. 885-945.

必需的，而且常常得到了天主教平信徒的支持。喇沙会（Frères des écoles chrétiennes）[1]特别具有影响力，因为他们拒绝向学生收费，只能依赖于富裕市民的支持。[2]

1880年代的费理法（The legislation of Jules Ferry）常受到称颂，它让免费、世俗且义务性的小学教育成为现实。格鲁与哈里根有关入学人数的数字化研究表明，法国小学教育模式的形成远早于此，小学入学人数增长的主要时期大约是1820—1830年代。该观点认为小学教育的扩展是一个持续不断的过程。照此说法，第三共和国时期出现的免费而普遍的学校与其说是和传统的历史性断裂，不如说是一种长期趋势的高潮。[3]

这个观点还有待讨论。把19世纪新读者的存在归因于学校自身用不同方式计算出的入学率数据，这种做法也许太过粗略了。入学率数据并不一定是出勤情况的可靠指标。地方小学的生存有赖于民众需求而非法律条文。把学校建立起来只是长期努力的第一步：必须说服家长认为孩子上学是值得的。这在农村地区有时是不可能的，除非是在冬季农闲期间。相比之下，乡村学校在农忙时空无一人。

---

[1] 专注于教育和相关事务的天主教修会，其正式中译名为"基督学校修士会"。——译者注
[2] Robert Gildea, *Education in Provincial France, 1800-1914: a study of three departments (Nord, Gard, Ille-et-Vilaine)*, Oxford: Clarendon Press, 1983, pp. 211-216.
[3] Grew and Harrigan, *School, State and Society*, p. 47 and pp. 55-56.

1836年，多尔多涅省（Dordogne）只有8%的适龄儿童上了学。1863年，维埃纳省（Vienne）的入学率只有6%。1863年的一份调查显示，大约四分之一介于9~13岁年龄区间的法国儿童从未上过学，剩下人数中的三分之一在一年之中只有6个月在上学。[1]需要记住的是，这些数字仅适用于男孩入学的情况。在年龄达到7或8岁之后，孩子的收入对于家庭的生存就变得至关重要，家庭经济的需求胜过了学会读写的需求，对于大部分农业劳动者而言，读写能力带来的好处无疑看起来既模糊且遥远。尽管在1880年代之后，"免费"教育的概念也存在问题。即使家长不必给教师付钱，他们也必须放弃因孩子上学而损失的收入。

在1850年法卢法（Falloux Law）号召在每一个超过800位居民的社区建立一所单独的女校之后，第二帝国时期为女孩设立的小学快速增多。据估算，到1866年，法国女学童的数量达到了男学童的93%。[2]但这并不意味着女孩的教

---

[1] P. Butel and G. Mandon, 'Alphabétisation et scolarisation en Aquitaine au18e siècle et au début du 19e siècle', in Furet and Ozouf, *Lire et Ecrire*, vol. 2, pp. 32-33; Y. Pasquet, 'L'Alphabétisation dans le département de la Vienne au19e siècle', in Furet and Ozouf, *Lire et écrire*, vol. 2, p. 263.

[2] Linda Clark, *Schooling the Daughters of Marianne: textbooks for the socialization of girls in modern French primary schools*, Albany NY: State University of New York Press, 1984, p.11; and see Laura S.Struminghter, *What Were Little Girls and Boys Made Of? Primary education in rural France, 1830-1880*, Albany NY: State University of New York Press, 1983.

育就此达到了接近平等的地位。直到1870年代，大部分女孩还是由修女教学，而且她们有强调缝纫、儿童保育与家政的特别课程。换句话说，女孩是在为婚姻与母职做准备，而非为了进一步的智性事业。这种以家庭为本的理念意味着女孩有一套单独的学校系统。男女混校确实存在，但主要是出于财政的必要。男女分开教学通常更受欢迎，因为其教育目标不同。共和主义者茹尔·西蒙（Jules Simon）解释说："男女混校并不是为了两种性别而设的，而是一所为男孩而设的学校招收了女孩。"[1]

重视正规教育是基本的自由主义原则。在一个团结的民族共同体内，机会均等与培育有见识的公民被认为必不可少。但是不能夸大这一观念对达成全面扫盲造成的影响。直到1860年代，读和写还是被分开教学的，学生只有在获得初步的阅读能力之后，才会进一步学习书写。在整个19世纪上半叶，教师使用的是费时费力的个体化教学方法。换句话说，教师一次只给一个学生测验与建议，而班里剩下的人按顺序等待教师的注意。基督教兄弟会（Les Devoirs du Chrétien）学校率先引入了同时教育法，即同时向整个班级授课。这种教学方法极其适用于学习教义问答书，因为这要求学生对一系列特定问题做出集体回应。

---

[1] Grew and Harrigan, *School, State and Society*, cited p. 128.

学校常常设施简陋、书本奇缺且经常没有固定教室。在隆勒索涅（Lons-le Saulnier），基佐的督学报告说，学校同时还被用作军械库和舞厅。[1]在默兹省（Meuse），一个督学惊奇地发现教师的妻子在教室里分娩。教师靠向家长收取费用获得收入。这并非易事。家长的抵抗有各种各样的动机。在当局看来，农民拒绝送孩子去学校单纯反映了愚钝村夫的无知。事实远比这复杂。一些农民家庭的户主对学校满腹狐疑，将其视为对自己父权权威的威胁。更重要的是，家庭的经济需求压倒一切，而上学还要付钱。读写能力对于许多农民的生活与劳动而言似乎确实是次要的。薪资微薄的教师要做理发师、烟草商、掘墓人和镇里的书记员来勉强维持生活。许多教师无疑缺乏使命感：这一职业对他们主要的吸引力是学校教师在1818年之后可以免服兵役。

师资匮乏给城市里的学校带来难以忍受的重负。在1833年的蒙彼利埃（Montpellier），每个班级有100~220名学生。在如此拥挤的情形下，相互教学的办法就流行开来。那些最年长，并且被认为水平最高的学生出任班长，受托指导同龄人。学习阅读的一般方式是：识读单个字母，接着是孤立的音节，最后是完整的单词，教师会让整个班级

---

[1] Paul Lorain, *Tableau de l'instruction primaire en France*, Paris: Hachette, 1837, pp. 2-5.

背诵。学生没有被要求解释读到内容的含义，事实上他们极少看书。通常来说，更有意义的阅读学习发生在课堂之外。[1]

识字率的增长有赖于需求与刺激因素。小学的存在本身并未对此造成多大改观。更为重要的是家长是否觉得有道理或是一些物质利益，允许孩子不仅仅只是间断地上学。工人阶级自身对于教育的需求无疑是不断增长的。他们渴望更高的个人尊严，或者是被社会流动这样更为世俗的愿望所驱动。有时，他们在许多雇主对于大众教育的敌视态度中寻求某种解放。乔治·杜沃（Georges Duveau）认为，这种对于工人教育的渴望在整个第二帝国时期都有其踪迹。[2]石匠马丁·纳多（Martin Nadaud）是一个个体的例子，他记得父亲不顾来自于他文盲家庭的反对声，执着于让自己的孩子获得教育。[3]那些担忧教育的传播的社会上层常常抵制大众对于教育的需求。1830年代的西南地区，阿列日（Ariège）和阿尔比（Albi）的地主对乡村学校充满敌

---

[1] Jean Hébrard, 'Ecole et alphabétisation au XIXe siècle', *Annales-économies, sociétés, civilisations*, vol. 35:1, jan-fév 1980, pp. 66-80. And see Antoine Prost, *Histoire de l'enseignement en France*, 1800-67, Paris: A. Colin, 1968.
[2] G. Duveau, *La Vie ouvrière en France sous le Second Empire*, Paris: Gallimard, 1946; G. Duveau, *La Pensée ouvrière sur l'éducation pendant la Seconde République et le Second Empire*, Paris: Domat Montchrestien, 1948.
[3] Martin Nadaud, *Mémoires de Léonard, ancien garçon mâcon*, intro. by Maurice Agulhon, Paris: Hachette, 1976, pp. 67-80（first published at Bourganeuf by Duboueix in 1895）.

意，担忧他们会失去劳动力，或者教育会让劳动者变得更独立。[1]1860年代的科尼亚克（Cognac）地主达成协议，只接受文盲农夫与雇工。[2]

奇怪的是，在19世纪，地方学校只有在地方上先有了需求时才会出现。因此正式的教育与其说创造了，不如说是回应了识字的需求。弗朗索瓦·傅勒（François Furet）引导我们将学校机构只视作推动普遍识字的催化剂，因为当地环境已经达到了某种文化水平的门槛。[3]当1880年代全国性小学教育系统正式建立起来之时，19世纪的识字率提升过程已近乎完成。在此之前，工人与农民已经通过各种非正式渠道进入阅读大众之列。他们通过借阅书籍，或在教士、家庭成员，有时还有善良的雇主的帮助下，提高阅读水平。他们利用巡回或者是有资格的教师，他们比更加正规化的竞争者要价低廉。在普遍的学校教育出现之前，在家庭与当地社区有很多方式能够学会阅读。

工人阶级在19世纪的最后25年中享有了更多休闲时间。1848年首次提出的12小时工作制在1874年落实为法律。1892年立法规定了10小时最高工时，而到了1919年，广受

---

[1] André Armengaud, *Les Populations de l'Est-Aquitain au début de l'époque contemporaine: recherches sur une région sous-développée vers 1845-1871*, Paris: Ecole pratique des hautes études, 1961.

[2] Noé Richter, *Les Bibliothèques populaires*, Le Mans: Plein Chant, 1977, p. 6.

[3] Furet and Ozouf, *Reading and Writing*, p. 242.

赞誉的8小时工作制成为法律。工作时长的减少为阅读留出了更多时间，在此之前，阅读被看作仅限于在周日这个唯一的休息时间才能进行的活动。确实，每周几个小时的休闲时间为包括阅读在内的一系列社会与文化的业余爱好提供了机会，例如那些在音乐协会、体育俱乐部以及公共舞会（bals publics）支持下的活动。[1]

至此，本章勾勒出了新的阅读大众产生的背景与一些条件。我们还必须考虑出版的经济学。针对不断增长的低预算读者的市场，新的出版策略被创造出来。1830年代，沙尔庞捷（Charpentier）彻底改变了小说生产方式，将小说压缩进单卷小开本中，而不是为了图书馆或是阅览室（cabinets de lecture）[2]这样的稳固市场，把书浮夸地"膨胀"成多卷本。[3]这使小说变得廉价且易于携带。到1838年，紧随沙尔庞捷的脚步，标准的开本已经变成了"大18寸"，以"耶稣本"（jésus）这个名字为人所知，或者为了纪念其创造者而被称为"沙尔庞捷开本"。与此同时，廉价的每月连载小说获得了比传统多卷本小说更广泛的读者。1840年代，带插画的分册小说（romans à livraisons）或廉价小说（romans

---

[1] Maurice Agulhon, ed., *Histoire de la France urbaine, tome 4, La ville de l'âge industriel: le cycle haussmannien*, Paris: Seuil, 1983, pp. 458-459.
[2] 18、19世纪让公众以少量费用阅读公共论文以及新旧文学作品的机构。——译者注
[3] Lyons, *Triomphe du livre*, pp. 73-75.

à quatre sous）以每16页为一册的样式发行，售价仅20生丁。甚至连卡尔·马克思的《资本论》也是以每周更新一节的方式在1872年首次与法国读者见面的。欧仁·苏（Eugène Sue）与大仲马充分利用了这种在媒体上长篇连载小说（roman-feuilleton）的方式，吸引了那些可能永远都不会购买书籍的新读者。圣伯夫（Sainte-Beuve）在1839年的一篇文章中哀叹他口中的"文学的工业化"，认为这种大规模生产与唯利是图的痴迷将永远无法产出伟大的艺术。[1]

我们必须从与出版业发展的联系上来理解法国阅读大众中新加入的读者层。换句话说，我们必须考虑文学供给的不断变化，以及对其需求的不断变化。廉价的纸张，以及更为快速的机械化印刷机的推广，使印刷商得以不断压低流行小说的价格。1855年，米歇尔·莱维（Michel Lévy）发行了他的当代小说作品集，售价统一为1法郎，这意味着小说的价格跌落到1838年之前的十五分之一。[2] 1890年代中期，弗拉马里翁（Flammarion）和法亚尔（Fayard）两家出版社开启了一个更为雄心勃勃的计划，以仅60生丁每册的价格出售他们的新系列。一些出版企业家在巨大的市场中

---

1 Charles-Augustin Sainte-Beuve, 'De la littérature industrielle' (1839), in *Portraits contemporains*, Paris: Calmann-Lévy, 5 vols., 1888-89, vol. 2, pp. 444-471.
2 J.-Y. Mollier, *Michel et Calmann Lévy, ou la naissance de l'édition moderne, 1836-91*, Paris: Calmann-Lévy, 1984, pp. 265-268.

赚得盆满钵满，成功跻身法国资产阶级的显要位置。在20世纪头十年竞争激烈的出版业界，只有那些充满活力、敢于冒险以及拥有多样化投资组合的人才能生存下来。[1]

对阅读的恐惧

下层阶级读者的广泛存在是一个崭新且令人不安的社会现象。这与未受指导的女性读者人数不断增长的前景一道，成为教士、教育家、自由主义者与政治家焦虑的源头。人们认为，就大量经验不足的消费者在缺乏指导的情况下，不加区别地阅读而言，法国正在滥读。这些消费者被视作天真的读者，成为寡廉鲜耻的出版商与无情冷酷的宣传家潜在的囊中之物。工人与农民会被不良思想所诱惑，比如社会主义、正统主义或波拿巴主义——这些恶魔的名字随着争论者的信仰而变化。问题不仅在于这些新读者读什么，还在于他们要怎样读。他们被担心会不明智地阅读，不辨是非、不问真伪。（在女性的例子中）她们会被性欲或不切实际的浪漫期望所引诱。他们未能带着目的去阅读，而是囫囵吞枣，没有沉思与消化文本。这些大量消费廉价流行

---

[1] Mollier, *L'Argent et les Lettres*, and his *'Histoire de la lecture, histoire de l'édition'*, in Roger Chartier, ed., Histoires de la lecture: un bilan de recherches, Paris: IMEC/Maison des Sciences de l'Homme, 1995, pp. 207-213.

文学的新读者在道德与政治上造成的危险令人忧虑。资产阶级的社会焦虑在辩论这些问题中得以揭示。

在19世纪资产阶级焦虑的幻想中充斥着那些威胁他们秩序感、克制感与父权统治的人。本书关注这些人中的三类：工人、妇女与农民，他们在占主导地位的资产阶级观念中都是他者性的体现。这与奥克塔维奥·帕斯（Octavio Paz）在一篇关于墨西哥问题的文章中挑选的角色如出一辙，他们被理解为袭扰着占主导地位的城市欧洲文明意识的鬼魂。[1]在帕斯看来，农民"代表了社会最古老而隐秘的部分。除了自身外，农民对于所有人来说，显得神秘、不易察觉，只有费尽心机才能让其放下防备"。女性同样神秘而不可捉摸，是这个世界根本的异质性的显现。工人是陌生人，也是个体，直到他最终变得像他操作的机器一样，并被单纯视为工业生产中没有名字的工具。然而，在19世纪中叶的法国，典型的工人尚未成为现代的赚取工资的无产阶级成员。相较于英国经济迅速的变革，法国工业化的脚步持续但缓慢，并且局限于一些特定区域，如东部、北部以及巴黎周围。左拉在1880年代为了《萌芽》（*Germinal*）的背景设定而找北部的煤矿工人采风，这正是因为在总体的国民经济脉络中，工业时代的工人是一种新的社会现象。产

---

[1] Octavio Paz, *The Labyrinth of Solitude*, Harmondsworth UK: Penguin 20th Century Classics, 1985, pp. 65-67.

业工人尚未褪去神秘的面纱，也远未确定能否成为温顺的国民。

到1840年代，巴黎已经不再是革命前的那座城市了。1846年，巴黎的人口达到了令人震惊的100万，并且这座城市开始经历那些如今困扰着所有现代城市群的问题：犯罪的蔓延、疾病、卖淫、自杀以及其他社会不安的迹象。1831—1832年的霍乱流行不仅在下层阶级聚集的街区肆虐，也同样带走了首相卡西米尔·佩里埃（Casimir Périer），这对于七月王朝神经兮兮的资产阶级来说就像一个红色警报。路易·舍瓦利耶（Louis Chevalier）主要根据文学材料，细致记录了社会精英不断增长的忧虑，以及他们感觉蛮族已经兵临城下。[1]教会更多人学会读写的确增加了潜在阅读者的数量，但据1877年3月的《激进报》（Le Radical）称，这也大大增加了潜在革命者的数量。[2]工人在1834年于里昂，1848年于巴黎起义。1851年发生在东南地区的暴动证明连农民阶层也被社会民主共和国的理念折服。巴黎公社被剧烈的暴力镇压，从中可见社会恐慌的程度之深。这些社会矛盾很少被明确表达却始终存在着，构成了关于下层阶级阅读问题辩论的背景。

如何控制新的阅读大众？这个问题困扰着精英群体，

---

[1] Louis Chevalier, *Classes laborieuses et classes dangereuses*, Paris: Plon, 1958.
[2] M. Ozouf, *L'Ecole, l'Eglise*, p. 83.

尤其是教会，也包括1848年之后的共和主义者。在波旁复辟时期，教会打算夺回那些在堕落的法国中毫无信仰的会众，这些人被认为在革命岁月中背叛了教会与君主制。一系列天主教会的布道团敦促信众为法国近来历史中的罪愆忏悔，并且远离启蒙主义的扭曲教条。与这种宗教活动相伴的是一场针对坏书（mauvais livres）的严酷斗争，1817年至1830年间，烧书仪式在法国的许多地方都很常见。[1]一开始伏尔泰和卢梭是主要目标，但不久之后，许多其他哲学家的作品也被公开焚烧。小说作者被禁止写作而文学本身在天主教教士的眼中似乎也很可疑。

这种反宗教改革偏狭的狂热没有重演。的确，一些高级教士并不赞同这种做法，阿维尼翁（Avignon）的主教将一些过于狂热的烧书者形容为"狂热的哥萨克人"，他们偏狭而具有煽动性的布道令高级教士感到不安。[2]然而，关于坏书之危险的周期性警告在整个19世纪持续不断。每当教会与兴起的世俗共和主义斗争之时，教会对于危险的文学的谴责就会变得激烈。[3]这一点尤其适用于第三共和国最初的几年，以及1880年代教会因茹费理（Jules Ferry）建立国

---

[1] Martyn Lyons, 'Fires of Expiation: Book-burnings and Catholic missions in Restoration France', *French History*, vol. 10:2, June 1996, pp. 240-266.
[2] Ibid., p. 247.
[3] Anne-Marie Chartier and Jean Hébrard, *Discours sur la lecture, 1880-1980*, Paris: Bibliothèque publique d'information, Centre Georges Pompidou, 1989, pp. 22-29.

家小学教育系统所遭遇的危机时刻。直到1914年，教会还在与共和国争执小学教科书的问题。对于特定的课文的谴责，常常与那些为共和国提供得到认可且有启迪作用的好书（bons livres）的积极行动相伴而行。

在第三共和国时期，文学审查在1876—1877年的"道德法令"（L'Ordre Moral）时期达到了顶峰。图里纳兹（Turinaz）主教在牧函[1]中对堕落的文学大加挞伐，他无差别地谴责这些散播伤风败俗之行，或是单纯鼓励危险的幻想的小说。[2] 图里纳兹援引了先知撒迦利亚（Zechariah）的话，据说撒迦利亚曾警告文学传播的危险："我看见一飞行的书卷……这是行在遍地上的诅咒"。[3] 图里纳兹担忧坏书对于妇女与家庭生活的毁灭性影响，并且认为它侵蚀着宗教信仰因而威胁了整体社会秩序。

教会对于阅读的持续恐惧有效地体现在伯利恒神父（abbé Bethléem）的作品中。1908年，伯利恒创办了《小说月刊》（*Romansrevue*），这是一份面向基督教读者的书评月刊，此刊寿命很长，一直办到了1970年。伯利恒是一位来

---

[1] 指主教写给教区神职人员或平信徒的公开信，其中包含一般警告、指示、安慰，或在特定情况下的行为指示。——译者注

[2] Mgr Turinaz, évêque de Tarentaise, *Les Mauvais Lectures: la presse et la littérature corruptrices* (*Lettre pastorale*), Paris: Librairie de la Société Bibliographique, 1881.

[3] Zechariah, chapter 5, verses 1-4. In the King James Authorized Version:'I see a flying roll...This is the curse that goeth forth over the face of the whole earth.'

自北方的本堂神父，他在1904年已经出版了一本名为《应读与不应读之小说》(*Romans à lire et romans à proscrire*)的针对危险小说的指南。这本关于危险与可疑文学作品的纲要的印刷量达到了12万册，它的成功促使伯利恒定期更新此书。[1]到1914年时，他的一期指南往往排版紧密，厚达百页。

伯利恒的目的在于提醒与警告思想正统者、有影响力的精英教士和教育者。伯利恒希望能靠这些人保护新生的阅读大众，他认为后者在面对前所未有的廉价生产出来的煽情小说时，显得脆弱而准备不周。此外，小说有了更多的销售渠道，例如街头商贩和地铁书报摊，并在此找到了新的读者群。伯利恒知道受过教育的读者能够明辨是非。但是那些年轻而单纯的新读者需要保护，因为他们被认为无法抵御"现实主义"。"别忘了"，伯利恒在1911年3月写道：

> 一些读者，尤其是女性读者，以及那些生活在农村只使用过堂区图书馆的人，他们的文化储备（bagage de lecture）极其有限，即便是十分谨慎的来自现实角度的描述，或是相当随心所欲的说明，都很容易让他们震惊。这是习惯与教养的问题。[2]

1　Chartier and Hébrard, *Discours sur la Lecture*, p. 46 and chapter 3.
2　Ibid., cited p. 50.

伯利恒拒斥的是什么样的文学呢？显然，他希望告诫读者远离任何已经在禁书目录上的作者。但是还有其他一些作者的影响在他看来也是完全有害的。卡萨诺瓦（Casanova）的回忆录，巴尔扎克所有的爱情小说以及他那部古怪的、有时甚至令人感到猥亵（graveleuse）的《驴皮记》(*Peau de Chagrin*)都遭到了谴责。[1] 费多（Feydeau）完全是"一肚子坏水"（pleine de turpitudes），雨果也应避开。《巴黎圣母院》充满了对教会的诽谤，《悲惨世界》则不健康且具有颠覆性，是一本"名副其实的关于翻案、单身母亲与革命的社会主义散文史诗。"[2] 可以想见，乔治·桑（George Sand）作为"现代怀疑主义的女头目、一个煽动家与共产主义者，以及最重要的，对于资产阶级婚姻的批判者"是完全无法被接受的。[3] 欧仁·苏这个"自封的无产阶级救世主"完全不值得推荐，左拉被认为是令人作呕、道德败坏且遭人厌弃的。《红与黑》因被当作对神职人员（parti prêtre）的攻击而遭禁，伯利恒还记下了一则谣言，说实证主义哲学家泰纳（Taine）曾读过《红与黑》超过六十次[4]，对于伯利恒的读者而言，这为进攻司汤达的战争提供了大量弹药。伯利恒谴责莫泊桑的下流

---

[1] Abbé Louis Bethléem, *Romans à lire et romans à proscrire*, Cambrai: Masson, 4th ed., 1908, pp. 20-22.

[2] Ibid., pp. 26-27 and 29.

[3] Ibid., pp. 34-35.

[4] Ibid., pp. 37-40.

无礼，阿纳托尔·法朗士（Anatole France）的恶劣影响以及保罗·德·科克（Paul De Kock）与洛蒂的伤风败俗。教会对于阅读的恐惧因此延伸到了19世纪最流行，以及一些最经典的作家。埃米尔·吉约曼（Émile Guillaumin）的《平凡的生活》(Vie d'un Simple)如今被视作关于农民生活的经典回忆录，伯利恒因其攻击教会与富人而给出差评。他认为朱尔斯·瓦莱斯（Jules Vallès）不虔诚且属虚无主义，他还把英国流行小说家汉弗莱·沃德夫人（Mrs Humphry Ward）放进持反教宗观点者的黑名单中。[1]伯利恒在盯防英国作家的译作时似乎犯了几个严重的错误。他推荐了斯科特作品的删节本，但没有谴责《简·爱》(Jane Eyre)，同时还断言玛格丽特·布拉登(Margaret Braddon)的维多利亚式通俗剧《奥德利夫人的秘密》(Lady Audley's Secret，1862)适合青少年。就上述语境而言，这种判断非常怪异，因为小说中迷人的金发女主角抛弃了她的孩子，谋杀第一任丈夫，又打算毒死第二任丈夫。然而所有的审查都会犯错。他同样没有谴责托马斯·哈代，后者的作品对于女性寻求自身的解放具有象征性价值。[2]伯利恒以这种方式勉强加入了对抗阅读的世俗化与民主化的最后一搏。

伯利恒这样的评论家认为，阅读大众，特别是其女性

---

[1] Ibid., p. 169 and pp. 209-211.
[2] Ibid., pp. 291 and 331-332.

的那一半十分脆弱，很容易被能言善辩的作者与利欲熏心的出版商引入歧途。在他看来，具有批判性且思想健全的阅读大众有赖于见多识广且有责任感的中间人。读者需要指导。好的读者是阅读教会正式认可的作品的读者。

支持世俗学校（l'école laïque）的共和主义宣传家与天主教会针锋相对，在阅读与世俗教育上有自己的观点。但在实践中，天主教和共和主义的意识形态系统在许多见解上有重叠之处。正如莫娜·奥祖夫（Mona Ozouf）指出的，根据不同评论家的意识形态立场，天主教会和世俗的学校都可以被诠释为解放的力量，或资产阶级统治的代理人，或福柯式大禁闭（grand renfermement）的场所，即把学校变成维系社会纪律的严苛的、半军事化的工具。[1]从某些方面来说，天主教会和世俗的共和主义者在阅读大众的脆弱以及需要监督这一观点上有显著的相似性。在共和主义教育者看来，读者已经被诸多歪风邪气腐蚀，比如社会主义和波拿巴主义。在第三共和国成立之前，共和主义者就攻击教会是利用了群众的无知的那些反动力量中的一员。对共和主义者而言，法国的新读者应当由世俗教导而非天主教会的指令引领。茹尔·西蒙的支持者和高等教育的总督学米歇尔·布雷亚尔（Michel Bréal）在1872年由阿谢特公

---

[1] M. Ozouf, *L'Ecole, l'Eglise*, pp. 8-11.

司（Hachette）出版的《有关法国教育的一些话》(*Quelques Mots sur l'Instruction en France*)中写道："若你没有让你的学生有能力理解并喜爱严肃的阅读，那么学会阅读就是一种虚幻的优点或者危险的礼物。换言之，我们必须保护他们免受诱惑。"[1]

共和主义者眼中的阅读世界和天主教会眼中的一样，充斥着被认为需要指导与监督的新读者。他们脆弱而无知，需要专业的建议以免疫堕落的思想与狂热的政治幻想。为了取代教会这一关键性中介与好书过滤器，共和主义者推出了世俗的中介团队：学校教师、图书管理员以及在他们身后的第三共和国政府自身。天主教会和共和主义者使用着相同的说辞：社会与道德的危险、文学是腐蚀大众心灵的工具，指导、保护与严肃阅读具有必要性。教会与共和主义者都提倡一种被他们描述为严肃而不轻浮、缓慢且深思熟虑的阅读方式，而不是散漫或广泛地阅读。他们都不接受或鼓励读者个人的自主性。相反，他们想象着数以百万计无助、天真的新读者淹没于出版社生产出来的海量小说，若无关于如何明智阅读的建议，就完全无法适当应对。新读者被想象为无能到了危险的程度，但也极具可塑

---

[1] Chartier and Hébrard, *Discours sur la lecture*, cited p. 242. 布雷亚尔是一位语言学家，接替欧内斯特·勒南（Ernest Renan）掌管国家图书馆的东方手稿。他于1879年至1888年间担任公共教育部高等教育署总督学。

性。天主教会和共和主义教育者的目标相互对立，但是他们却着手于相似的任务，即"必须保护他们免受诱惑"（il faut les mettre à l'abri des séductions）。[1]

后续章节的标题——工人读者、女性读者、农民读者——具有双重含义。一方面可以单纯理解为介绍有在阅读的工人、女性与农民，介绍他们的阅读习惯和经历。另一方面也是关于资产阶级社会如何着手应对"正在阅读"的工人、女性与农民，换句话说，如何想象他们并将其构建为一个社会问题。在前一种诠释角度中，这些阅读群体是故事中积极而自主的主体。在后一种诠释中，他们依旧是需要被指导、被置于监护之下的消极客体。这种有意的含混为研究文化统治，以及读者抵抗这种统治并找寻自己的诠释的持续能力提供了框架。读者的反应不能被指定文本或如何阅读它们的指示假定或预知。读者习惯于颠覆作者的意图，以及甚至心地最善良的博爱主义者的计划。用德·塞尔托的话说，他们为了自己的意义而偷猎，悄无声息地潜入书中带走猎物，既不宣扬他们的目的，也不曾在文本中留任何存在的痕迹。[2]但其足迹可能留在他处，而阅读史学家必须追寻它们。

---

[1] Ibid. 对这个短语的翻译出现在第15页的选段中。
[2] Michel De Certeau, *The Practice of Everyday Life*, Berkeley: University of California Press, 1984.

第二章　工人读者：人民图书馆

在19世纪的法国，天主教会和共和派双方的改革者都在寻找使那些引起迷信或伤风败俗的廉价流行文学不再如此吸引人的办法。他们希望更全面地将工人阶级整合进民族共同体之中，以免他们转而投向革命的乌托邦或是牧师的宣传。比如大众借阅图书馆的倡导者常常援引英格兰的成功案例。他们注意到在1860年代，尽管美国内战导致棉花欠收，兰开夏郡的纺织工人却保持了政治上的沉默。他们惊叹于不列颠的棉花加工业中心即便遭受了两年的极端困顿，也并未因此发生任何严重的社会动乱。[1] 不列颠的秘诀是什么？观察家们希望法国能够学习这种体制，它支撑起了英吉利海峡对岸新形成的社会稳定。在这些成功的社

1　Espérance-Augustin de L'Etang, *Des Livres utiles et du colportage comme moyen d'avancement moral et intellectuel des classes rurales et ouvrières*, Paris: Maillet, 1866.

会控制机制之中，他们纳入了诸如图书馆这样的知识机构。或许，他们设想法国版的技工学院[1]或大众借阅图书馆能够保证法国工人将来的顺从。本章将讨论改革者有关工人阶级的阅读及其政治危险的假设，接着再考察那些将工人阶级的阅读视作紧迫社会问题的人对此给出的解决办法。

在此回顾的有关大众阅读的争鸣涵盖了从压制到博爱的捐助的范围。压制的高峰发生在19世纪初，以波旁复辟时期激烈的教会抵制坏书运动而闻名。在1850年代，正如我们将在下一章看到的，拿破仑三世所统治的第二帝国政府进一步限制了廉价流动贩卖书籍（colportage）的传播。那些绝大多数持共和主义立场的中产阶级博爱的改革者要到晚些才发出自己的声音，即1860年代自由主义改革运动开花结果的时候。因此，人们对观察到的阅读大众的民主化带来的威胁反应各异。这些反应常常出现于天主教会与世俗共和国的支持者之间对于影响力的持续争夺之中。

1848年革命对于法国的统治阶级而言是一个警告，社会主义思想已经在工人当中有了长足发展。但远在1848年革命以前，就已经可以听到中产阶级担忧下层阶级阅读的表达。书价飞涨或是普遍的文盲状态未必能抑制中产阶级对于社会不安的担忧。在巴黎的许多阅览室中，人们很容

---

[1] Mechanics' Institutes，是维多利亚时代为工人提供成人教育的机构，一般由资本家出资创办，以期培养更多拥有知识与技能的劳工。——译者注

易能以低价借到书籍，同时工人阶级的文化生活严重依赖于，比方说，向半文盲的听众大声朗读。集体朗诵在裁缝群体中尤其引人瞩目。1849年成为内政部大臣的奥尔良派律师夏尔·德·雷米萨（Charles de Rémusat）在回忆录中写道："裁缝们一边坐着工作一边聆听朗读并受其影响，他们通常拥有先进的观念"。[1] 就一位来自世俗资产阶级背景的观察家而言，这是温和而平静的反应。作为研究工人阶级生活与文化的先驱者，弗雷德里克·勒普莱（Frédéric Le Play）的说法更为耸人听闻。他写道，在1860年代，裁缝们习惯雇佣因伤残而退役的老兵为他们朗读：

> 作坊通过在工作场地朗读的方式，使见习裁缝熟知那些最为离经叛道的下流言行，或是激起对于上层阶级的政治仇恨与狂热的嫉妒，甚至达到亢奋的程度……有时，其中一位因能说会道而享有声望的工人会说一些恶俗笑话，或是从法国大革命期间最为血腥的插曲中截取历史的边角料，随意诠释。总的来说，学徒期伴随着的教育着实不像话，而且其中充满了有理由令社会感到害怕的理念。[2]

---

[1] Charles de Rémusat, *Mémoires de ma vie*, ed. C. Pouthas, Paris: Plon, 1958-67, vol. 3, p. 420.
[2] Frédéric Le Play, *Les Ouvriers européens: études sur les travaux, la vie domestique, et la condition morale des populations ouvrières de l'Europe*, 2nd ed., 6 vols, Tours: Mame et fils, 1877-79, vol. 6, pp. 408-409 and 438-439.

1848年及其直接后果在雷米萨平静而安逸的青年时代与勒普莱的恐慌之间投下了一层阴影。"六月起义"使资产阶级统治者警醒于社会冲突的恐怖以及残酷镇压巴黎起义者的必要性。并且,路易·拿破仑的成功将普选权的危机带回国内,暴露了自由共和主义无法建立稳固的群众基础的事实。资产阶级自由主义者与大多数工人、农民的关切之间的鸿沟,在巴黎起义(尽管没有成功)和拿破仑三世创立威权主义的第二帝国上展露无遗。作家与历史学家米什莱(Michelet)在1848年6月给朋友流行诗人贝朗热(Béranger)的一封信中表达了这种风险。有趣的是,米什莱同样认为下层阶级的阅读威胁着阶级关系。米什莱写道:

> 媒体并未深入群众。事实上,你现在看到的情形是媒体站在群众的对立面上。这使一大批人变成波拿巴主义者(换句话说偶像崇拜者),而且大多数妇女要么是偶像崇拜者要么是天主教徒。大众不能也不想阅读,因为若你不适应阅读,阅读就使人疲倦。共和国必须动员群众,督促他们阅读,这在今日尚不可能。报纸、流动图书馆以及成人学校等等将会起作用,但是要等到很久以后。[1]

---

[1] Michelet to Béranger, 16 June 1848, cited in Maurice Agulhon, 'Le Problème de la culture populaire en France autour de 1848', *Romantisme*, no. 9, 1975, p. 60.

1848年革命及其后续的帝国，使自由派资产阶级警醒于心怀敌意的无产阶级造成的威胁，后者很容易被保王派、波拿巴主义或教权主义等敌对意识形态说服。

改革者毫无保留地向大众建议应当阅读什么书。他们相信精英群体认可的那些得到批准且有用的读物或许能够抵消激进媒体的吸引力。然而，这些建议书倾向于把工人阶级读者当作小孩，视其为需要培养、劝说或诱导进行适宜的文化活动的好孩子（bon enfant）。建议书的作者提出了一种自我完善的理念，能够将技工中的精英整合进19世纪占统治地位的资产阶级文化之中。在讨论这些建议读者该读什么、该如何读的规范性文学时，我们不应当脱离其受众。第3章将细致讨论工人阶级自传作者，他们让我们能够对这些指导性文学的接受情况做出一些判断，并帮助我们估计个体对于提倡这些推荐书目的反应。从许多方面来说，法国文学中的经典作品的吸引力毋庸置疑。但这些自传作家也是自主的读者，他们社会意识的形成是独立而未经教导的。工人阶级的阅读因此成为政治斗争的潜在场域。

提供具有教化作用的文学作品被视为一种缓和社会矛盾与提升大众阶级道德水平的手段。1836年，议员德莱塞尔（Delessert）曾徒劳地要求建立大众图书馆系统。[1]他当时

---

[1] François Delessert, *Opinion dans la discussion sur le budget de l'Instruction publique, 13 mai 1836*, Paris: Chambre des Députés, 1836; and see Richter, Bibliothèques populaires, p. 72.

是巴黎储蓄银行（Caisse d'Épargne）的行长，认为储蓄和阅读能够相得益彰地在七月王朝的工人阶级心中建立起一种道德感。德莱塞的建议怎么看都是最温和的，他所设想的图书馆由基督教兄弟会掌握，每周日开门。他在有关教育预算的演说中表达了图书馆改革宣传这一共同主题：鼓励学生在离开学校后善用他们的阅读能力，借此完善1833年基佐的教育法案中的未竟之业。正如居尔梅（Curmer）在1846年警告的那样，正式教育是不够的，一旦学习结束之后，离开学校的毕业生就会立刻去读《夫妇恩爱图景》（*Tableau d'Amour Conjugal*）或是演唱放荡而离经叛道的歌曲。[1]那些在结束学校生活后依然保持阅读习惯的工人可能会掉进无良出版商为毫无戒备的读者所设的陷阱之中。"人们渴望阅读"，卢昂德尔（Louandre）在1846年写道，"但是他们漫无目的，贪图便宜，阅读那些使他们变得残暴而堕落的狂想曲。"[2]

19世纪中叶绝大多数关于大众阅读的论辩文章都强调对于工人阶级的勤勉与道德的家长式关注。他们的论点集中于酗酒的危险与流动贩卖书籍的害处。批判大众的酗酒

---

[1] Léon Curmer, *De l'Etablissement des bibliothèques communales en France*, Paris: Guillaumin, 1846.

[2] Charles Louandre, 'La Bibliothèque royale et les bibliothèques publiques', *Revue des Deux Mondes*, vol. 13, 15 mars 1846, p. 1055.

行为在自由主义改革者当中相当普遍。当学校教师们在填写夏尔·罗贝尔（Charles Robert）1861年任教育部长时下发的一份问卷时，让当地小酒馆（cabaret）的歌舞表演不那么受欢迎似乎被视为头等大事。上维埃纳省（Haute-Vienne）的一位教师认为"图书馆将抗衡小酒馆与咖啡厅，那是对于所谓的工人阶级文明而言最为致命的两种设施。"[1]在索恩－卢瓦尔省（Saône-et-Loire），图书馆的吸引力与当地的酒吧不相上下，并且一位教师引用了苏格兰的例子回复罗贝尔，他说：

> 在苏格兰和瑞士，农民在工作之余的夜晚与假日中以读书为休闲。我们的农民常常去酒吧买醉。他们还有什么其他事可做吗？教堂、学校和那些能够施加道德影响的机构都十分严肃，甚至有些严苛。然而每个村子都有五六个酒吧供人们尽享欢愉。[2]

这位匿名的填问卷者大概在关于酒醉之国的事情上自欺欺人，或者说他指出的情况只能在特威德河[3]以北找到，

---

[1] Charles Robert, 'La Lecture populaire et les bibliothèques en 1861', *Bulletin de la Société Franklin*(*BSF*), vol. 4, no. 45, 1er avril 1872, p. 105.
[2] 9 Ibid., p. 107.
[3] 特威德河（River Tweed），苏格兰边区的一条河流。——译者注

但是他用两个加尔文主义国家做对比是重要的。新教教义珍视自助、自我教育和节俭的价值,这在法国的论者看来是大众阅读造成的良好影响。上文提到的那位巴黎储蓄银行行长弗朗索瓦·德莱塞自己就是瑞士新教徒出身。

对酗酒的攻击有政治动机。小酒馆不仅仅是买醉之处,也是工人与农民聚会,阅读报纸并讨论时政的地方。由克勒兹省(Creuse)移居巴黎的石匠马丁·纳多(Martin Nadaud)在他著名的自传中记载,1834年时,他是一个非常受欢迎的报纸朗读人。他回忆说,每天早晨在当地的酒吧里,他都被要求把埃蒂耶纳·卡贝[1]的《民众》(*Le Populaire*)大声朗读给工友听。[2]在北方,酒吧间(estaminet)是互助社团的据点,[3]而在南方,酒吧同样是普罗旺斯激进主义群体小组(chambrée)的集中地。[4]另一种造成所谓道德沦丧的源头是流动贩卖书籍,也就是那些由流动的小商贩在乡间售卖的便宜小书。不过因为这种文学的受众主要是农村读者,所以对于流动贩卖书籍的批评放在第六章有关农民读者的章节中讨论会比较合适。

---

[1] 埃蒂耶纳·卡贝(Étienne Cabet),著名空想社会主义者,其工人合作社的主张颇受工匠群体的欢迎。——译者注

[2] Nadaud, *Mémoires de Léonard*, pp. 140-141.

[3] Pierre Pierrard, *La Vie ouvrière à Lille sous le Second Empire*, Paris: Bloud et Gay, 1965, pp. 284-289.

[4] Maurice Agulhon, 'Les Chambrées en Basse-Provence: histoire et ethnologie', *Revue historique*, no. 498, 1971, pp. 337-368.

因此，有关大众阅读的话题在整个19世纪中引发了针对法国社会和政治问题的激烈辩论。人们认为，过多被误导的阅读可能导致道德败坏与革命。对于"正确的"阅读，尽管有各种不同解释，如果能够遍及大众阶层，或许能避免冲突，并鼓励法国工人的节俭与勤劳。辩论始于1830年革命之后，于1848年趋于白热化，并在第三共和国时期延续。比如说，1870年之后，阿尔努·弗雷米哀叹阅读的黄金时代已经结束。紧接着普法战争和巴黎公社之后的那几年，成为了人们热切讨论国家的衰败以及知识分子的内省蔚然成风的时期。作者想要抱怨的任何事情都会倾向于被拿来解释1870年法国的战败。弗雷米也未能免俗，他把色当之败归因于法国阅读习惯的退化。[1]他认为阅读已经变得不加甄别且流于表面。报社每天都把严肃与琐碎的内容裹在一起抛出去。[2]在弗雷米看来，这种混杂是不健康的，并且会导致写作风格与阅读的碎片化。同画报杂志所引发的现象一样，这被进一步看作可恶的英国发明。

相较于英国，法国有关阅读的辩论具有更浓烈的政治气氛。1830年革命推翻了政权，而1848年革命中，中产阶级共和政府在巴黎民众起义的暴力中幸存了下来。接着，1851年的波拿巴主义政变摧毁了残存的早年革命热情，以

---

[1] Frémy, *Comment lisent les Français*, p. 7.
[2] Ibid., pp 74-78.

及议会共和主义的希望。自由主义改革者因此要多线作战：首先他们要对抗社会主义政治传单的传播，他们担心这种宣传物已经在1848年革命中起到了推波助澜的作用；其次，正如米什莱指出的，主要问题是断绝大众与波拿巴主义的联系。对抗教权主义的影响则对中产阶级共和主义者和自由主义帝国主义者而言同样重要。因为天主教会在通过借阅图书馆传播教育作品上领先了一步。在接下来的一些关于工人阶级阅读问题的更为具体的回应上，天主教会应被摆在首位。

好书，坏书：天主教会对于阅读的忧虑

在天主教会内部，对于大众阅读的忧虑引起了两种反应：一种是希望压制不良文学的传播；另一种是生产与推荐好书的广泛努力。这两种运动齐头并进。

在1815至1830年的波旁复辟时期，教会打算夺回那些在堕落的法国中毫无信仰的教众，他们被认为在革命的岁月中背叛了教会与君主制。与这种宗教努力相伴的是一场针对坏书与18世纪启蒙运动的反常信条的严酷运动。在1817至1830年间，教士们在全国各地组织起了火刑仪式（autodafé），公开、仪式化地焚烧那些不敬的书籍。[1]天主

---

1 Lyons, 'Fires of Expiation', pp. 240-266.

教教士旨在涤荡法国社会中的道德败坏，以及因法国大革命而不断增长的不信仰。教士希望向听众逐渐灌输悔罪的意愿，督促他们悔过，去接受集体性忏悔或是公开谢罪（amende honorable）以补偿民族的罪愆。主要的启蒙作家的作品被认为是道德传染病的源头。在全法国的城镇中，读者被要求向四旬斋的篝火"奉献"他们的书籍。教士鼓吹伏尔泰和卢梭参与了针对基督教的思想阴谋，是魔鬼的代言人。在精心安排的仪式中，他们的书籍被付之一炬。在伏尔泰和卢梭之后，其他一些哲学家的作品也被毁灭，并且不久之后，被认为是轻浮或威胁的当代小说也被扔进柴堆。

这种宗教性紧张在多大程度上影响到了一般工人还有待商榷。教士在外省城市中召集起来的大批民众中自然包括来自周围乡村的农民以及城市居民。根据瓦尔省（Var）的记录，有15000人参与了1817年在土伦竖立十字架的活动。1819年在阿维尼翁的人数据称更是多达40000。[1]然而，有大量的证据表明，城市下层阶级对于教士的活动与对抗坏书的运动兴趣索然。到了1820年代后期，教士们经常报告说，他们必须在布道中对抗地方群众的冷漠（froideur）。1819年在布雷斯特，一场公开示威将教士强行驱逐出了城市。1826年5月，鲁昂的一位教士遇袭，反教士抗议持续

---

[1] Ibid., p. 247.

了一个月。[1]教士们不得不时常应付扔向教堂的臭气弹，或者是蓄意捣乱的年轻人朝教堂会众丢掷的死猫。

1820年代，几种廉价版本的伏尔泰与卢梭的全集出版了，这加剧了"书籍之战"。不过天主教会的教士早在这些出版革新开始之前，就已经展开了妖魔化启蒙哲学家的运动。在波旁复辟期间，共计有37种伏尔泰的全集或选集出版。同一时间内，有31种卢梭作品的新版本在《法国书目》(Bibliographie de France)上公布。[2]尽管如此，这些多卷本作品中的绝大部分都超过了一般工匠的负担能力，因而主要面向资产阶级读者。天主教教士关于廉价、小开本书籍会把启蒙哲学家的经典著作带入寻常百姓家的担忧完全是杞人忧天。直到1838年沙尔庞捷采用将紧密排版的文本塞进单卷小开本（18寸耶稣式开本）的新版式，才使书价显著下降。

天主教会的反应并非全是偏执与毁灭，亦有建设性的一面。1820年，波尔多的主教设立了《好书大全》(Oeuvre de bons livres)，旨在通过收购将坏书逐出流通领域，并将其替代为圣徒传与宗教史作品这样为基督教辩护的书籍。这项工作受到了带有宗教目的的神职人员的启发，他们在

---

1 Ibid., p. 248.
2 Ibid., pp. 253-255.

1791年以拒绝向教士的公民组织法[1]宣誓的方式拒斥法国大革命。其中最著名的要数波尔多圣保罗堂区的副本堂神父朱利安·巴罗（Julien Barault）。一开始，新成立的天主教图书馆仅存在于巴罗的私人公寓中。不久之后，他就建立起一个组织良好的分配网络，这让一些历史学家将他视作法国流动图书馆的先驱。[2]图书管理员们鼓励家庭成员一同阅读，但严格控制每个家庭成员的书目选择，并执行正式的审查控制。有时，书中几行冒犯的句子会被遮盖起来，或是被撕去几页，以便让那些只有部分满足图书馆的基督教标准的书籍得以流通。1824年，这个项目获得教宗的批准，这鼓励了其他组织的加入，也吸引到了用户，因为他们获得了教宗的赦免。

1827年，天主教益书协会（Société Catholique des Bons Livres）在巴黎成立，其作用是为新的教区图书馆网络提供合宜的书籍。天主教益书协会自身演变为一家独立的出版社，以小18寸的版式为其偏好的作者出书，如洛蒙德与芬乃伦。1833年，图卢兹的大主教建立起了一个类似的益

---

[1] 教士的公民组织法（Constitution civile du clergé）是法国大革命时期通过的一项针对法国教士尤其是天主教教士的法案。它在1790年7月12日通过，根据此法，法国国内的所有罗马天主教教堂都隶属于法国政府。——译者注
[2] Noé Richter, *L'Oeuvre des bons livres de Bordeaux: les années de formation, 1812-1840*, Bernay: Société d'histoire de la lecture, 1997.

书藏书楼（Bibliothèque des Bons Livres）。[1]1843年，大主教的这个组织已经有了25000册核心馆藏，在图卢兹就有4000位借阅者和每周2000册的借阅量。这里的基督教图书馆和其他分发中心向工人和青年读者免费出借经过编辑的书籍。

事后看来，天主教会图书馆在抵抗传统宗教教育的长期衰落中节节败退。然而，他们让工人重新宗教化的努力，是在世纪初复辟时期这一有利环境中开始的。天主教会因此在影响19世纪法国的新读者上占得先机。

工人的教育与自助，1830—1851

第二共和国引入了男性普选权，并且开启了短暂的大规模群众政治参与的时期。政治俱乐部经历了一次复兴。伊波利特·卡诺（Hippolyte Carnot）领导下的新教育部资助了免费的公开朗读会，每周选择两个晚上举办。与会作家、律师和学者常常在不太舒服且没有供暖的礼堂中朗读一小时左右。然而，前来聆听在音乐学院举办的朗读会的工人有300名之多。政府选择的朗读文本一般选自17与18世纪的经典作品。随着朗读会的继续，拉梅内（Lamennais）、

---

[1] Richter, *Bibliothèques populaires*, pp. 18-19.

德·维尼（De Vigny）、雨果和拉马丁（Lamartine）的作品也被加入进来，这成功地增长了工人与工匠的阅读经验。[1] 在大多数情况下，朗读会不会引起争议，而到1849年，其吸引力逐渐减弱。1850年4月，教育经费预算的削减导致了公开朗读会的结束。

第二帝国于1850年代不断增强对于媒体与大众文学的管控，1848年的大规模思想运动就此告一段落。不过让我们先往回看，把目光投向1840年代与独立工人文化运动的起源，该运动引发了1848年革命的教育活动。尤其是，这是两份工人报纸的时代：1839年12月发刊的《人民蜂巢》（*La Ruche populaire*），以及它的对手，发行于1840年至1850年间的《工厂》（*L'Atelier*）。之所以在此提到这两份报纸是因为它们代表了独立工人的主动性，这也是许多保守主义者所担忧的。此外，这些报纸也提供文学阅读建议，并暗中为工人阶级读者树立特定的榜样。

《人民蜂巢》和《工厂》在一开始都是月刊，直到1848年2月革命的到来，促使《工厂》转变为以每周或每双周一刊这样更为频繁的节奏出版。《工厂》的典型样式是8页四开纸，每页朴实无华地刊载两栏内容。报纸的售价是每年3

---

[1] Maurice Pellisson, 'Les Lectures Publiques du Soir, 1848±50', *La Nouvelle Revue*, vol. 30, 1er octobre 1904, pp. 3170-26; Richter, *Bibliothèques populaires*, pp. 49-54.

法郎或每期25生丁。[1]《人民蜂巢》比较贵，年订阅价格是6法郎，不过它提供了32页八开纸的内容。[2]最重要的事实或许是，这两份报纸都是由工人生产、写作，并为工人服务的。例如为《工厂》创作的团队中就包括科尔伯，他是一名雕刻师，以及印刷工人莱内维克斯。在供稿人之中有锁匠吉朗和续页工热努。他们是技巧娴熟的工人，其中许多人正巧从事着印刷行业。这份期刊提到了75位供稿人，其中有26位是印刷工人。[3]他们代表了关注自我教育与工人协作的工匠精英群体。

对于一些评论家而言，工人媒体的存在本身就是全新且令人不安的。在受人尊敬的权威期刊《两世界评论》(*La Revue des Deux Mondes*)上，有撰文者认为，工人讨论文学并出版自己的诗作似乎愚蠢至极。工人突然有了文学抱负是荒诞不经的，如同"傲慢之恶魔拍打工匠的门"，他写道，"那些梦想着拥有文学名气的工人在追寻遥不可及的东西"。[4]他认为《工厂》是有价值的项目，但是它不应讨论政治。对

---

[1] L'Atelier: *Organe des intérêts moraux et matériels des ouvriers*, Paris: EDHIS facsimile reprint, 1978, 3 vols, with introduction by Maurice Agulhon.

[2] La Ruche populaire: *Journal des ouvriers rédigé par eux-mêmes*（sous le direction de Pinçard）, Paris, 1839-49.

[3] A.Cuvillier, *Un Journal d'ouvriers*: L'Atelier, 1840-1850, Paris: Felix Alcan, 1914, p. 51.

[4] Jean-Louis Lerminier, 'De la Littérature des Ouvriers', *Revue des deux mondes*,1841,vol.4,p.576.

于理念的思考应留给知识阶层。独立于资产阶级监护之外的任何工人组织所造成的焦虑是真正的问题所在。实际上,《工厂》也不同情工会主义。作为熟练工匠的喉舌,《工厂》倾向于由独立生产者协会来运作。[1]

1840年代的工人媒体当然向往着这种独立性。工人媒体的目标远非社会主义革命,而是希望不经中介地表达工人声音,评论并挑战资产阶级官方话语。[2]《人民蜂巢》在意识形态上较为折中,为傅立叶主义者、圣西门主义者、欧文主义者以及其他社会主义者提供了平台。相比之下,《工厂》则充斥着比谢(Buchez)的基督教社会主义,并且一贯赞成基督教教育。《工厂》推荐由基督教兄弟会运作的夜校,并且谴责伏尔泰是心怀怨恨的伪君子,一贯与人民为敌,并且对人民嗤之以鼻。[3]工人媒体总体上接受与资产阶级中的进步主义者对话,比如《人民蜂巢》与欧仁·苏,或是《工厂》与乔治·桑。他们在有关解放、工人阶级联合与博爱的概念中,与埃蒂耶纳·卡贝的社会主义理想保持距离。

工人媒体所详细论述的阅读哲学要求甚高,但也为那些对自我教育感兴趣的工匠树立了典范。《工厂》悲叹于

---

[1] Cuvillier, *Un Journal d'ouvriers*, pp. 156-162.
[2] Alain Faure and Jacques Rancière, eds., *La Parole ouvrière, 1830-1851*, Paris: Union Générale d'Éditions, série 10/18, 1976, pp. 12-22 and 208-12; and see Duveau, Pensée ouvrière, pp. 50-64.
[3] L'Atelier, 7ᵉ année, no. 8, mai 1847; 5ᵉ année, no. 12, sept. 1845.

工人被流行小说所腐蚀。小说与连载小说被斥责为虚掷光阴，是"一种扭曲我们智识的毒药，反过来刺激并削弱我们的灵魂。"[1]针对连载小说的攻击，与保守分子和天主教会对欧仁·苏自1842年起连载于《法国政论报》(*Journal des débats*)的《巴黎的秘密》(*Les Mystères de Paris*)一炮而红的担忧不谋而合。《工厂》谴责苏用耸人听闻的方式描绘普通工人习以为常的艰辛与悲惨境遇。《工厂》厌恶小说中的"堕落"感，并且超前使用了更加现代式的回应，认为苏没有从根本上回答他在小说中描述的社会问题。它也批评《人民蜂巢》给予苏的正面评价。

《工厂》给工人的其他阅读建议加强了其针对伏尔泰与欧仁·苏令人讶异的宗教正统主义观点。它反复推荐《美景杂志》(*Le Magasin pittoresque*)，因其提供了有益的信息，例如英国工厂中使用童工的恐怖情景。[2]1846年，《工厂》同样支持了米什莱的《论人民》，尽管他对于社会问题诉诸感性。[3]1843年11月，《工厂》进一步勾勒出工人自我教育

---

[1] L'Atelier, 4e année, no. 2, novembre 1843.
[2] L'Atelier, 4e année, no. 4, jan.1844 and no. 7, avril 1844，这期刊载了《美景杂志》的节录。这份周刊是1833年由爱德华·沙尔东（Édouard Charton）创办的，他后来成为富兰克林协会的支持者。这份杂志偶尔会有配图，一般刊载关于旅游、科学、建筑和历史的文章，同时还有伟大作者的语录。杂志中包含高度有益的内容同时试图消除一些普遍的"错误与偏见"。
[3] L'Atelier, 6e année, no. 6, mars 1846.

的路径。[1]第一个要求是学习法语，否则工人就无法学会有效地自我表达。其次，期刊建议读者带着特定目的学习历史，即学习自己可能既作为一个民族也作为一个阶级的历史传承，并且展望自己未来的命运。第三是列举了法国文学的杰作，可惜《工厂》对此未作阐明，但它无疑尊重这些经典作品。第四，工人应当阅读一些法律与政治作品，以便更好地理解自己的权利与义务。最后，工人的藏书中或应包含一些有助于提升其职业与技术能力的书。在《工厂》看来，教育最好要基于共同的基础，通过工作场所中有组织的团体来完成（这听起来非常类似于马丁·纳多回忆中说的巴黎工人在1830年代于宿舍中组织的非正式课堂）。如果基督教教义兄弟会（Frères de la Doctrine Chrétienne）也能参与其中，那就再好不过了。

这些非常笼统的阅读建议不包含任何颠覆性或引发争议的内容，除了正如我们已经注意到的，它建基于工人独立自主的成果。米什莱应该会认可对于历史的强调，同时教授法律表面上看来也无伤大雅。文学经典也没有遭到质疑。对于培养专业技术的建议完全与不列颠的技工学院及其法国追随者所鼓励的"有用的知识"若合符节。《工厂》的学习方案在其遗漏和推荐的内容两边都很重要。有两个

---

[1] L'Atelier, 4ᵉ année, no. 2, novembre 1843.

显而易见的遗漏。第一，没有明确提及政治经济学。强调学习法律的首要目的仅仅是培养公民的权利与义务意识，并不包含任何针对资产阶级国家体制的批判性观点，也没有分析资本主义的运作方式。工人显然不被鼓励致力于持续批判自由主义经济，甚至从基督教的角度看起来似乎也是如此。第二种遗漏是没有任何娱乐文学。正如我们所见，《工厂》将连载小说视作会导致工人阶级在道德与智识上堕落的劣等作品。这种非难似乎延伸到了所有种类的小说。甚至是诗歌，包括那些在《人民蜂巢》上公开发表作品的工人诗人，也无法在《工厂》推荐的学习计划上找到一席之地。在这种观点下，工人的阅读目的是功能性的：使他们更有效地交流，更熟练地工作，以及理解他们的历史。《工厂》警告那些自学的工人，他们可能要忍受孤立，而且他们在智识上的努力可能会激起其他工友的嘲弄，这是许多自学者都会遇到的典型情况。但是，自学者应坚持不懈，牺牲消遣的时间并抵制酗酒的诱惑。《工厂》所推荐的工人阅读是严肃而要求甚高之事。

《工厂》在1850年7月31日发行了最后一期。它是传媒法要求所有期刊都交纳一笔巨额押金的受害者。尽管在1848年2月的高峰时，《工厂》有多达一千名订阅者，[1]但是

---

[1] Cuvillier, *Un Journal d'ouvriers*, pp. 232-234.

它温和的立场在后来的激进圈子中失去人气。以1848年革命为顶点的1840年代，这十年时间打开了一个短暂的机会之窗，让主要由熟练工人组成的特定团体热衷于培养他们的文化自主权。在资产阶级共和国以及随后的拿破仑三世统治早期，这扇窗关闭了。

富兰克林协会与大众图书馆

正如我们所见，天主教会组织自1820年代起就已向大众传播基督教文学。几十年之后，自由主义者也察觉到了影响公众阅读方向的急迫需求。共和党人茹尔·西蒙在1863年问道，如果宗教组织能够依其利益宣传优秀作品，为何世俗组织不能做同样的事？[1]西蒙支持建立大众借阅图书馆，以便指导那些已经从学校毕业的成年人阅读。

已存在的可借阅图书的公共或市级图书馆屈指可数。它们只在有限的时间开放，并未设想去吸引那些下层阶级的读者。例如第二共和国时期的里尔（Lille）图书馆曾经开放到晚上9点，但是这一安排在1852年停止了，并且直到1865年图书馆才恢复晚间营业。即便在那时，出借图书还是不被允许。一位不满的里尔人形容当地的图书馆犹如

---

[1] Jules Simon, 'L'Instruction populaire et les bibliothèques populaires', *Revue des deux mondes*, vol. 47, 15 septembre 1863, pp. 364ff.

圣地，并不欢迎穿着衬衫和木鞋的工人。[1]若不做变通的话，法国的图书馆势必难以吸引19世纪的新读者。尚未得到专业训练的图书管理员倾向于认为其首要职责是保护图书馆的财产，而不是方便一般大众使用书籍。除了少数当地学者之外，许多传统图书馆都乏人问津，而且无论如何这些图书馆都没有大量馆藏一般文学作品。但是到了1851年，英国首次立法允许市政委员会征收1便士的地方税来资助当地图书馆，法国图书馆的供给就显得过时，并远远落后于英国与北美的公共图书馆。简·哈森福德（Jean Hassenforder）比较了利兹与里昂这两座规模相当的城市中的借阅图书馆，20世纪初的情况显示出二者之间的差距并没有缩小。利兹在比较中完全占据优势。它的中心图书馆及其14个分馆全天开放，而里昂只有6个大众图书馆，并且仅在晚间开放。[2]改革显然是必要的。然而即便当改革开始时，图书馆仍对读者，尤其是工人读者心存疑虑。许多图书管理员认为工人会窃取书籍，并且极不情愿出借任何书籍。1886年，巴黎的福尔内图书馆（Bibliothèque Forney）在开放后的阅读室中安排了两名巡逻警察监视读者。[3]

---

[1] Pierrard, *La Vie ouvrière à Lille*, pp. 267-268.
[2] Jean Hassenforder, *Développement comparée des bibliothèques publiques en France, en Grande-Bretagne, et aux États-Unis, dans la seconde moitié du 19ᵉ siècle, 1850-1914*, Paris, 1967.
[3] Richter, *Bibliothèques populaires*, pp. 45-46.

图书馆改革者与大众教育家奋力争取图书馆至少能出借馆藏中的一部分书籍，并且争取在晚间开放，以便工人在结束了一天的工作之后能够利用图书馆。他们最终的目标是建立一套共和主义课程体系，以对抗教士的影响与波拿巴主义者的独裁专制。他们很清楚要反对什么：不虔敬、无耻下流、社会主义以及宗教偏执，这些都是流动商贩或某些流行小说家散布的东西。这些东西在茹尔·西蒙看来，无法给产业工人提供任何娱乐或精神支持，无法让他们放松、变得高贵，或减轻他们的负担。[1]什么样的文学能达到这种理想呢？

大多数法国改革者和他们的英国同道一样，都同意大众图书馆应当提供那些在道德上过硬且在技术知识上有用的作品。另一小部分人认为有关法国历史的作品同样能陶冶大众阶级。为了真正且高尚的道德感，他们推荐古代与17世纪的法国经典作品。致力于推广大众借阅图书馆的富兰克林协会在为新的大众图书馆（*bibliothèque populaire*）草拟样板目录时收入了芬乃伦、帕斯卡和博叙埃（Bossuet），普鲁塔克（Plutarch）的《希腊罗马名人传》，以及高乃依、拉辛、莫里哀与拉·封丹。[2]富兰克林协会的目录也没有忽略外国经典，包括了但丁、弥尔顿、莎士比亚与席勒。协

---

1 Simon, 'L'Instruction populaire', p. 375.
2 Archives Nationales, F1a 632.

会这样来表述它的任务，每位会员都被要求想象：

> 工头、工人、工厂雇员、农民与工匠各自派来代表征询，让他指出适合有四到五百卷藏书的图书馆在书架上陈列的主要作品，这些作品能够娱乐并指导其读者，同时远离政治与宗教冲突。[1]

茹尔·西蒙似乎很乐意为人民的教育开列书单。他认为大众读者需要一剂塞涅卡（Seneca）来取代年历、宗教作品、愚蠢的童话故事和欧仁·苏。人民是"大号孩童"（un grand enfant），不能掉以轻心，不过富兰克林协会希望能有一些带注释版本的经典作品，这样大概能够帮助这些大号孩童做家庭作业。

富兰克林协会在1862年得到政府授权，从1868年起开始出版定期刊物，这是历史学家的主要材料，用以研究协会鼓励建立借阅图书馆与推荐最合宜的藏书的活动。协会的理事会（conseil d'administration）在创立时是由知识分子、政治家与政府高官组成的。66名会员中的13名，也就是约20%，以教授、文人或是高等研究机构的会员自称，如法兰西学术院（Académie française）或法兰西人文

---

[1] Richter, *Bibliothèques populaires*, pp. 41-42.

院（Académie des Sciences morale et politiques）。[1] 9位创始会员是参议员、茹尔·西蒙这样的议员，或前议员；14人是法官或公务员（fonctionnaires），比如夏尔·罗贝尔是教育部的秘书长。学校教师或校监有5位，银行家有3位，实业家有3位。其中包括一个来自法国东部的强大集团，包括当时在贝布勒南当教师的让·马塞（Jean Macé），以及米卢斯（Mulhouse）的主要实业家多尔菲斯（Dollfuss）与蒂埃里·米格（Thierry-Mieg）。正如我们下面会看到的，这群人十分积极地为工人推广图书馆，并且支持教育联盟（Ligue de l'enseignement）。因此，除了包括阿方斯·德·罗特席尔德男爵（Baron Alphonse de Rothschild）在内的5位贵族，和一位孤零零的工人代表（巴黎的石印工吉拉尔），对于工人阶级阅读的鼓励与指导完全掌握在上层资产阶级手中。

协会的名字源于最有影响力的自学成才的工匠典范：科学家、政治家与自传作者本杰明·富兰克林（Benjamin Franklin），他的名字在给工人的阅读建议中被反复提及。富兰克林的自传是给自学者的阅读建议中的关键性参照文本。它提供了近些年来最完美的典范，描绘了出身卑微之人如何在诸多领域中取得成就。富兰克林自己的文字被用来将他塑造为一个完美阅读者的形象。他是他自己命运的设计

---

[1] *BSF*, vol. 1, no. 1, 15 juillet 1868, pp. 13-15 and vol. 1, no. 6, 15 Décembre 1868, p. 108.

师。富兰克林出生于一个普通家庭，父亲的工作是制造肥皂和蜡烛。就像许许多多的自学成才者一样，富兰克林中断了早年教育，但年轻的本杰明显示出了对于书籍的热爱。他在当印刷工学徒时得到了一位赞助人的好心帮助，后者允许富兰克林从他的私人图书馆中借阅书籍。自传所宣扬的富兰克林过着省吃俭用的生活，他不喝酒，小心地存钱以便从二手商处购书。他是个非常规矩的人，永远遵守时间（不像他的许多工友），把生活组织得井井有条，以便空出尽可能多的休闲时间来阅读和学习。他还积极参与建立流动图书馆。富兰克林一生的故事被塑造出来用以让读者铭记克己与避免酗酒的美德，而这两者都是由探索知识的热情激发出来的。

给工人阶级的阅读建议指导他们去读被认为具有教化作用的特定文学类别，而非其他。非虚构类作品是最好的选择，尤其是那些旨在改进工匠的专业技术的科学手册。这些建议书在试图塑造工人阶级的阅读文化时采取了限制干扰与逃避主义的方式，以便培养实务人才并提高生产质量。英国的典范再一次得到了法国改革者的钦羡。比如普隆出版社（Plon）在1869年出版了塞缪尔·斯迈尔斯（Samuel Smiles）撰写的《自励》(*Self-Help*)的法文版。法雷将军（General Faré）在《富兰克林协会通讯》(*Bulletin de la Société Franklin*)中给了《自励》近乎谄媚的吹捧，认为这一本书就"等价于一整个图书馆"。[1]本杰明·富兰克林在法国是自我提升最负盛名的符号,正如他在英语世界一样。他的名字代表着"教导、劳动、节俭、美德",尽管人们承认富兰克林一丝不苟的自我反省方法对于法国工人而言或许要求太高了。[2]法国和英国的慈善家常常重复着同样的论调。

图书馆改革者不仅设法指导工人阶级朝着特定的有教育意义的方向阅读,像《自励》这样的模范性作品同样提供了如何阅读的指导。这本书讨论了最适合自修者的阅读方式,以及最大限度从文本中汲取养分的概括性方法。有效地利用时间至关重要。借书而极少买书的读者有时在到期还书之前只有相当有限的时间。但最大限度地利用时间不仅是应对借阅时间短的方法,还是自学者苦修与克己习惯的一部分。自我教育的工人与清教徒共享浪费就是罪恶的生活哲学。富兰克林的格言于此再次被引用,因为他建议"勿虚掷光阴,始终投身有益之事,杜绝所有不必要的行为"。因此,自我教育的读者被强烈建议善用每天中的一小时或半小时。这些节约下来的时间因此能够有益地储藏起来,如同存在银行里一样。教育家因此提倡一种新的时间经济,时间变成了值钱的通货,为谨慎的投资者带来好处。

训练记忆力是利用零碎时间阅读的最好方法。自学的

---

[1] *BSF*, vol. 1, no. 7, 15 janvier 1869, pp. 113-116.
[2] *BSF*, vol. 1, no. 1, 15 juillet 1868, p. 7.

工人很可能会记下长长的章节甚至整卷书。这对于那些无望拥有大型私人图书馆可供随时查阅文本的人而言，是非常有价值的能力。读者被引导向一种精耕细作式阅读，用背诵、个人笔记和不断重读来帮助学习。适用于消遣杂志的碎片化阅读风格遭到了强烈的反对。

1860年代后期开始出现的那些大众借阅图书馆小心翼翼地选择藏书。它们希望提供技术性建议与参考资料，提供实用作图、测绘与农学相关的作品。富兰克林协会推荐了关于农业、园艺学、家庭卫生和药剂学的特别书目。大众图书馆因此不再仅限于协助道德教育。它们也构成了关于日常实用知识的仓库，供地方社区使用。

由于一些改革者认为19世纪的小说会腐蚀人心，因此按道理说，消遣性质的文学在他们理想的大众图书馆中应该只扮演次要角色。然而，富兰克林协会在大众对小说的喜爱上是务实的。在1864年推荐给所有想要筹建图书馆的组织的目录中有516本书，其中"有指导意义的作品"占到69%，宗教作品占3%，而小说占到28%。[1]这个目录当然是一份非常粗略的指南。一些书籍跨越了小说与"有指导意义的作品"之间的边界，因此很难分类。凡尔纳的小说就

---

1 Archives Nationales F1a 632; M.Carbonnier, 'Une Bibliothèque populaire au XIXe siècle: la bibliothèque populaire protestante de Lyon', *Revue française d'histoire du livre*, 47e année, no. 20, juillet-août-septembre, 1978, pp. 628-629.

是很好的例子：他的小说常常不被富兰克林协会归类为小说，而是关于旅行和地理学的有指导意义的作品。事实上，那些由富兰克林协会催生出来的图书馆中有35%到45%的藏书是小说或其他文学作品。[1]但这依旧远低于小说在读者实际借阅的书籍中所占的比例。

然而，富兰克林协会对于工人阶级消费小说还是保持着谨慎。甚至是它认为很好的小说，都可能把认真的读者的注意力，从那些他们真正需要的健康而有用的书上转移到别处。这些小说鼓励幻想并使精神衰弱。正如一位富兰克林协会成员写道：

> 现实生活并不简单地适宜那些浪漫冲动。随之而来的就是极度的幻灭、憎恶与愤世嫉俗。当你仔细端详那些坦率的小说给质朴的工人生活造成的灾难时，你就会害怕因鼓励这种阅读而承担责任。[2]

尽管狄更斯的一些作品，以及《保罗与维吉妮》(*Paul*

---

[1] Arlette Boulogne, 'L'Influence de Pierre-Jules Hetzel, éditeur, sur les institutions de lecture populaire', in Christian Robin, ed., *Un Éditeur et son siècle: Pierre-Jules Hetzel, 1814-1886*, Paris: ACL, 1988, pp. 255-267.
拿富兰克林协会出版于1878年的目录来说，布隆发现小说和文学在理想的图书馆中所占的比例又有所提高（42%）。
[2] E. Marguerin, 'Du Choix des Romans', *BSF*, vol. 1, no. 6, 15 déc.1868, pp. 105-106.

et Virginie）和《鲁滨逊漂流记》这样的标准经典可被接受，但是只有极少数当代小说得到了富兰克林协会的认可，除了厄克曼－查特里安（Erckmann-Chatrian）的爱国小说。[1] 协会1864年的目录拒绝收录除《欧也妮·葛朗台》之外任何巴尔扎克的小说。

在教育部的赞助下，大众图书馆委员会于1882年被召集起来，旨在给借阅图书馆推荐合适的书籍。委员会采取了极端限制性的观点。它拒绝社会主义领袖路易·布朗（Louis Blanc）"引发争议"的演讲集。[2] 1885年，马基雅维利的《君主论》遭到拒斥，委员会同样认为欧仁·勒·罗伊（Eugène Le Roy）反映佩里戈尔地区（Périgord）农民反抗的小说《雅古复仇记》（*Jacquou le Croquant*）是危险的。富歇（Fouché）的《回忆录》（*Memoirs*）以及雨果的《巴黎圣母院》（至少在开始时）也是如此。委员会对于将儒勒·凡尔纳、皮埃尔·洛蒂或阿纳托尔·法朗士接纳为具有教化意义的作家感到犹豫。[3] 当局小心地不去鼓励淫乱与女性的不忠。1885年，委员会拒绝将《安娜·卡列尼娜》列入合宜的图书馆馆藏，但在1911年却欢迎托尔斯泰更为具有教导意义的故事《复活》。委员会在1897年拒绝了乔治·桑写给阿尔弗

---

[1] *BSF*, vol. 1, no. 11, 15 mai 1869, pp. 204-207.
[2] Archives Nationales, F. 17* 3236, p. 21, 30 juin 1882.
[3] Lyons, *Triomphe du livre*, pp. 182-3 for this section.

雷德·德·缪塞（Alfred de Musset）的信。从1901年的《德伯家的苔丝》开始，几乎所有托马斯·哈代的故事都被认为不适合法国工人阶级和农民读者阅读。图书馆的建议者认为易卜生过于直截了当，直到1903年才允许《人民公敌》(*The Enemy of the People*)入选。

安全的作者是那些书写保守民主传统的。他们是17世纪的传统作家和像厄克曼－查特里安这样的当代小说家。沃尔特·司各特（Walter Scott）与费尼莫尔·库珀（Fenimore Cooper）也得到认可。当1870年一位巴黎的雇主分析训练有素的工人的特质时，他会把工人描述为拉马丁这样的作家所书写的法国近代历史的读者。[1]他认为这是针对卡贝或路易·布朗那不切实际的社会主义白日梦的最好解药。他毫无疑问会欢迎大众图书馆委员会于1890年代批准将历史学家拉维斯（Lavisse）的作品纳入书单之中。布吕内蒂埃（Brunetière）、德鲁莱德（Déroulède）、大仲马和柯南·道尔在那时也被批准进入书单。直到1905年之后，委员会才放松了对诸如高尔基、凡尔纳与托马斯·哈代等作者的禁令。在1905年，甚至图书馆版欧仁·苏的《流浪的犹太人》(*Le Juif Errant*)都被接受了。或许是共和主义者争取政教分离

---

[1] Denis Poulot, *Question sociale: Le sublime, ou le travailleur comme il est en 1870 et ce qu'il peut Être*, ed Alain Cottereau, Paris: Maspéro, 1980（first published 1870），pp. 135-6 and 195.

的拉力赛最终让苏的反基督教成见变得有价值。然而有一些作者始终没有得到批准，这其中包括左拉和王尔德。

无论是在私人慈善家的努力下建立的，还是由市政机关赞助的大众借阅图书馆，在1870年代迅速普及，到了1902年已经多达3000座。[1]不过这些图书馆仅部分满足了资产阶级慈善家试图培育并指导工人阶级阅读行为的期望。1860至70年代富兰克林协会的通信与那些图书管理员绝望的呼声相互呼应，对那些不可救药的读者感到灰心丧气，因为后者偏向于选择声名不佳的小说而不是他们提供的道德说教作品。政府的控制给大众借阅图书馆的顺畅运行造成了另一个障碍。私人机构在设立新的图书馆之前需要获得行政许可，有时官员会要求每年审查目录的权利。法国政府十分细致地监察这些自发的慈善机构，1876年政府甚至向富兰克林协会的一个分支机构发去一份备忘录，规定了用来记录其作者目录的索引卡片的确切尺寸。[2]然而主要问题在于改革者对阅读的本质规定得过于苛刻。正如富兰克林协会的沙拉梅（Chalamet）在1883年承认的，学习文学经典很可能被过分强调了。"一个人不应该忘记"，他用家长般的口吻建议说，"我们人口中的大部分……在智识上不

---

[1] Maurice Pellisson, *Les Bibliothèques populaires à l'étranger et en France*, Paris: Imprimerie Nationale, 1906, p. 169.
[2] Richter, *Bibliothèques populaires*, p. 31.

过是大号孩童,你不能只给孩子喂粗面包和难以消化的食物。"[1]

图书馆改革者打算给工人阶级读者提供可靠的文学作品。然而,19世纪末借阅图书馆的大部分借阅者都不是工人阶级出身。每个图书馆都会自然吸引其所在街区(quartier)或城区(arrondissement)的那些社会群体。从巴黎市图书馆的记录和富兰克林协会的通信来看,我们发现许多士兵使用位于荣军院(Invalides)的图书馆,而大量上班族则向位于巴蒂诺尔(Batignolles)的图书馆借书。且不论区位因素,对于借阅者的分析显示借阅图书馆的访客大致分为4个主要群体。[2] 首先是大量的食利者(rentiers)与业主(propriétaires),或者换句话说,没有固定职业的资产阶级。这些人占据了巴黎图书馆借阅者的20%以上,这个类别中有许多是妇女。其次职员与当地企业的雇员(employés),他们常占据城市借阅者数量的四分之一到三分之一。再次是学生与学童,他们在巴黎和地方的城市都占据重要地位。最后是工人,他们组成了十分之一到三分之一的图书馆读者。

精确的社会分类永远有风险,当图书管理员将访客描

---

[1] Archives Nationales, F.17* 3236, p. 86, 11 mai 1883.
[2] Martyn Lyons, 'La Transformation de l'espace culturel français: le réseau des librairies et des bibliothèques, 1870-1914' in Jacques Girault, ed., *Ouvriers en banlieue, xixe et xxe siècles*, Paris: Éditions de l'Atelier, 1998, pp. 390-407.

述为"工人"（ouvrier）的时候，你永远搞不清楚他究竟是工匠还是工厂劳工。因此，上述对于图书馆使用者的区分只是一个尝试，以提供关于他们社会地位的宽泛概述。但无论如何，似乎很清楚的是，最穷困的阶级在图书馆使用者中只占少数。借阅图书馆并没有开展推广道德价值与整合工人的既定任务，因为工人只代表了读者中很小的一部分。来自其他社会阶层读者的数量大大超过工人，有时甚至占到了85%的多数。19世纪末到20世纪初的典型图书馆使用者不是工人，而是食利者、白领或当地高中（lycée）的学生。更准确地说，这些图书馆使用者或许可以被归类为小资产阶级（petit-bourgeois），而借阅图书馆并不是将工人，而是将底层中产阶级整合进19世纪法国主流文学文化的手段。

企业图书馆与教育联盟

就自由主义资产阶级试图用来指导与整合工人阶级阅读的志愿慈善组织而言，富兰克林协会并不是唯一的。它只不过是留下了最完善的活动记录。类似的目标激励了雇主在自己的工厂里设立车间图书馆。让·马塞的教育联盟背后的由头同样是类似的目标。这些项目相互重叠，正如我们所见，马塞是富兰克林协会的创立者之一，一些阿尔萨斯地区的实业家也有志于创立工厂图书馆。

1815年，马塞出生于工人家庭，后借奖学金进入巴黎的斯坦尼斯拉斯学院（Collège Stanislas）学习，并在1848年成为共和国的支持者。马塞与法国东部的联系始于1851年，当时他在科尔马（Colmar）北部的小镇贝布勒南（Beblenheim）躲避波拿巴主义者的政变。在那里，马塞逐渐萌发了对工人阶级教育的兴趣，并由此将既存的组织，例如小学教育协会（Société d'Instruction Élémentaire）与哲学技术协会（Association Philotechnique），壮大为全国性运动。马塞一开始的支持者是一位有轨电车售票员、一位石匠和一名警察，他还招募了工人国际马赛分部的发起者巴斯特利卡（Bastelica）。但总的来看，这是一场由地方精英而非工人自身主导的运动。共和派资产阶级框定出的这场运动的教育使命乃是克服天主教会宣传的影响。对于历史学家凯瑟琳·奥斯皮茨（Katherine Auspitz）而言，教育穷人只是一个隐性而非昭彰的目标。进步主义资产阶级弘扬一种工作伦理，并希望能获得驯服的劳动力。同时，奥斯皮茨将教育联盟形容为一个进步的共和主义网络，代表了与1860年代的波拿巴主义对立的反主流文化的替代物。[1]同样的，菲利浦·诺德（Philip Nord）将此网络形容为共和主义政治

---

[1] Katherine Auspitz, *The Radical Bourgeoisie: the Ligue de l'Enseignement and the origins of the Third Republic, 1866-1885*, Cambridge: Cambridge University Press, 1982.

文化的基础设施，这是在为第三共和国做准备，也有助于1870年代之后向共和民主的成功转型。[1]

由马塞建立于1866年的教育联盟被形容为"对抗教权主义之战的武器"，尽管马塞自己把他的事业看作宗教运动，但是他的基督教义务的一部分却为饱经摧残的法国东部工业地区提供了精神食粮。[2]教育联盟始终保持着地方性活动，以他在上莱茵省（Haut-Rhin）建立的图书馆为基础。马塞在《行动中的道德》（Morale en Action）一书中描述了贝布勒南及周边城镇中，图书馆与学习圈子的组织。[3]每出借一本书，他就向读者收取5生丁，因为他相信当地人对于任何免费的东西都心存疑虑。该组织的一大特征是莱茵兰（Rhineland）当地的实业家的高度参与，尤其是那些有新教背景的，他们或许认为图书馆能够让他们的劳动力变得更好而非使其分心。一个由24位成员组成的委员会负责组织创立上莱茵省的大众图书馆，其中11人是实业家或米卢斯协会（Société de Mulhouse）的官员。制衣商多尔菲斯是一位合作者，蒂埃里·米格与凯什兰（Koechlin）家族也是成

---

[1] Philip Nord, *The Republican Moment: Struggles for democracy in 19th-century France*, Cambridge MA: Harvard UP, 1995.
[2] Duveau, *Pensée ouvrière*, p. 41; Richter, *Bibliothèques populaires*, p. 7, quoting article by Macé in *Courrier du Bas-Rhin*, 25 avril 1862.
[3] Jean Macé, *Morale en action: Mouvement de propagande intellectuelle en Alsace*, Paris: Hetzel, 1865.

员之一。他们代表了一种慈善企业家的新教寡头政治,并且得到了共济会与上莱茵省的犹太法学博士的支持。[1] 位于科尔马和米卢斯之间的盖布维莱尔(Guebwiller)的图书馆是由新教的校监倡导建立的,并得到了当地实业家的支持。[2] 图书馆中收藏了《美景杂志》、法国文学经典,以及莎士比亚和沃尔特·司各特的作品。

奥迪甘(Audiganne)在出版他描述法国各地区工人阶级状况的作品时,把阿尔萨斯地区,尤其是米卢斯挑出来作为模范环境。[3] 奥迪甘的描述大量参考了1848年革命中令人震惊的事件,但同时,他也评估了自革命以来在促进阶级间和谐方面取得的进步。在奥迪甘看来,无论是工人自己还是开明的雇主所设立的那些福利机构、慈善组织与互助协会,都有助于达成阶级和谐。奥迪甘完全赞成在工厂中设立工人图书馆,并与许多其他评论家一样赞扬英国的前例,比如技工学院。[4]

教育改革者清醒地意识到,相比于小工场中的传统手工工人,工业革命所催生出的劳动力在不良影响前更为脆

---

1 Auspitz, *Radical Bourgeoisie*, pp. 72-75.
2 Macé, *Morale en action*, pp. 26-27, 55-56, 131-137.
3 A. Audiganne, *Les Populations ouvrières et les industries de la France: Études comparatives*, 2 vols., New York (Franklin reprint) 1970, I, p. 199 (first published in 1860).
4 Ibid., II, pp. 334-5 and 373.

弱。作为富兰克林协会和教育联盟支持者的茹尔·西蒙认为，现代工业的环境很容易导致道德败坏、酗酒与无知。当女性也离家前往工厂工作时，她们发挥良好影响的能力也随之减弱。西蒙在1871年成为教育部长，并在他于1877年被麦克马洪总统罢免前短暂担任过共和国总理，他是自由派资产阶级的某些焦虑态度的缩影。[1]他研究了里昂、里尔、米卢斯和鲁昂地区的工人阶级。他把社会不平等当作既定事实，并且服膺于自由主义经济原则。他反对1848年的国家工场，也投票反对将工作权纳入第二共和国的宪法。西蒙的主要目的是鼓励工人过有道德的生活，并且在不违背自由放任（laisser-faire）原则的前提下，劝阻工人诉诸罢工。这始终是资产阶级慈善家，包括图书馆和教育改革者的行动准则。因此，由富裕的资产阶级与雇主们主导的工人阅读运动中遗留着社会矛盾。社会主义报纸《鲁昂记者报》（*Nouvelliste de Rouen*）在1870年的一篇文章中一针见血地指出了这个问题。《记者报》质疑关于本杰明·富兰克林和克里斯托弗·哥伦布的讲座到底和工人阶级的实际关切有什么关系，尤其是这些演说还是那些"大人物"（les gros bonnets）组织的。[2]资产阶级改革者绝不准备放弃控制那些

---

[1] Philip A. Bertocci, Jules Simon: *Republican Anticlericalism and Cultural Politics in France, 1848-1886*, Columbia USA: University of Missouri Press, 1978.

[2] Marcel Boivin, 'Les Origines de la Ligue de l'Enseignement en Seine-Inférieure, 1866-71', *Revue d'histoire économique et sociale*, vol. 46, no. 2, 1968, pp. 225-6.

由他们建立起来的指导工人阶级阅读的机构。

当巴黎的雇主德尼·普洛（Denis Poulot）于1870年写作他关于工人态度的煽动性调查时，工人的阅读在论证中扮演了重要的角色。[1]普洛批判了劳动力的懒惰与酗酒行为，以及对于现代工厂纪律的抵制。左拉在《小酒店》(*L'Assommoir*)中很可能引用了普洛的描述，这本小说以巴黎工人阶级的生活为基础，中心主题就是酗酒。普洛把劳工分为8个类别，给他们中的大多数贴上工人的标签，普洛对这些人一般来说还是认可的；他还把那些没什么值得赞扬的人称为"自命不凡者"（les sublimes）。他给每个类型中的典型劳工一份文字描绘。普洛把那些喝烈酒的人称为"真正的自命不凡者"（le vrai sublime），这些人极少会读书，只是偶尔对报纸上的社会新闻（*les faits divers*）感兴趣，或是聆听工友朗读。[2]那些朗读者是工厂中的政治幻想家，这从他们所读的东西中就能确切地鉴定出来。在普洛语带贬损的性格素描中，他们读的是卡贝的《伊加利亚旅行记》(*L'Icarie*)，路易·布朗的《大革命》(*La Révolution*)，雨果的《惩罚集》(*Les Châtiments*)以及那位在《小拿破仑》(*Napoléon le Petit*)中刺杀拿破仑三世的角色。在普洛看来，政治演说家在阅读中寻找灵感而非指导。他们读了很多，满脑子都

---

1 Poulot, *Question sociale*.
2 Ibid. p. 188.

是社会与政治理论。[1]

　　普洛的书揭示了雇主的态度，关于工人的桀骜不驯，以及工厂俚语与文化的态度。尽管普洛以笔痛斥工人的不服从，但从某种意义上说，他的抱怨也是工人抵抗资本主义要求的间接证据。普洛提出的理想工人的形象也是由其阅读，以及对阅读的认真态度定义的。理想的雇员，即普洛所谓真正的工人（ouvrier vrai），是正式工，每年至少上工300天，周一从不旷工，而且准备着必要时在周日加班。理想的工人不仅这样积极且顺从，还能满足那些试图指导工人阶级阅读之人的两个基本要求：小心用钱因而绝不负债，以及绝不酗酒。[2] 他们阅读的首要目的是自我指导。普洛心中理想的工人尽管知道卡贝的共产主义作品，但是将其视作无法实现的乌托邦而加以拒绝。理想的工人喜好阅读法国大革命史，大概是米什莱的版本。在1848年革命时，理想的工人拒绝路易·布朗的社会主义观点，而阅读自由主义资产阶级历史学家拉马丁的作品，比如《吉伦特派》（*Les Girondins*）。事实上，普洛让他的工人尽可能地阅读历史。

　　普洛的第二类工人同样是在纪律上几乎无可指摘的榜样，尽管他们偶尔会喝酒，也并非完全符合雇主眼中那绝对完美的真正的工人形象。这类工人拒绝轻佻的中篇小说

---

[1] Ibid., pp. 195 and 203.
[2] Ibid., pp. 133-136.

而选择具有教育指导意义的《法院公报》(*La Gazette des tribunaux*) 和《人人科学》(*La Science pour tous*)。在普洛的描述中，这类工人还可以拥有苏的《流浪的犹太人》的二手副本。[1]德尼·普洛因此为我们提供了一种基于个人观察的设想场景，其中既包括了对于工人行为的严厉批评，也同时勾勒出了雇主的理想工人形象：严肃地阅读，且伴有纪律、规整、节制的良好美德。普洛关于工人阅读的观点体现了一种连续的类型等级体系。历史作品是其中最受喜爱的类型。根据重要性的顺序往下排，则是阅读实用知识和小说。那些"自命不凡者"除了耸人听闻的凶杀新闻外几乎从不阅读。那些麻烦制造者很自然地把他们的政治幻想寄托在社会主义者的政治性作品和维克多·雨果的作品上。与其他在本书中讨论的资产阶级慈善家一样，普洛认为工人读或不读什么是非常重要的，而且他对工人应当把业余时间投入到什么样的文学作品中有非常清晰的观点。

J.-J. 布卡尔 (J.-J. Bourcart) 是阿尔萨斯地区最具奉献精神的实业家之一，他于1864年在盖布维莱尔成立了一个研究小组，并为其建了新的研究设施。[2]通过模仿英国的技工学院这个典范，布卡尔推论说有知识的工人比无知的工人有更强的生产能力，并且有必要发展工人教育。他也意

---

[1] Ibid., pp. 143-144.

[2] Macé, *Morale en action*, pp. 139-170.

识到把夜晚投入到学习中可以防止浪费钱与无所事事。布卡尔预料到在一天12小时的漫长工作之后，他的工人可能会抵制雇主对其休闲时间的严格管控。他因此给工人以相当的自由去组织自己的讨论小组，允许他们选举自己的代表并选择自己的教师。不过工人的自主权也有限度，布卡尔为自己保留了开除麻烦制造者的权力。盖布维莱尔的6000名壮劳力中有500人属于学习小组，他们的课程主要包括法语、绘图、算术、物理与化学。

1864年，一份由吉恩·凯什兰-多尔菲斯（Jean Koechlin-Dollfuss）做的报告提到上莱茵地区的8个地方企业设有学校，其中4个有图书馆，不过凯什兰自己的企业只有图书馆而没有学校。[1]这5座图书馆拥有总计3000卷法语和德语藏书，包括旅游、历史与道德故事，但是没有可能引起争议的宗教或政治类书籍。图书馆的使用是免费的。1860年代之后，越来越多的企业图书馆（bibliothèques d'entreprise）被建立起来，尤其是像阿谢特这样自身就涉足图书生意的企业。在公共服务事业领域，1873年勒阿弗尔（Le Havre）为海关雇员建立了图书馆，1876年另一座为烟草工人服务的图书馆也在勒阿弗尔被建立起来。[2]这些事业常常与学徒

---

[1] Noé Richter, *Lecture populaire et ouvrière: Lecture et travail*, Bernay: Société d'histoire de la lecture, 1998, pp. 13-14.
[2] Ibid., p. 16.

培训以及内部夜校联系在一起。

在法国东部,教育联盟在当地官员的保护下茁壮成长,在法国其他地方却进展缓慢。鲁昂的纺织业制造商贝瑟利耶夫尔(Besselièvre)是一位支持者,他在鲁昂西北的马罗姆(Maromme)为雇员准备了200卷可借阅的书籍。[1]在约讷省(Yonne)这个有反教权传统的法国中部地区,教育联盟取得了一定的成果。1868年,一座为工人服务的大众图书馆在约讷的行政中心(chef-lieu)桑斯(Sens)建立起来。这座图书馆每周有两天开放至午夜。其藏书包括马塞自己的作品,还有伏尔泰的历史作品,米什莱的《贞德》(*Jeanne d'Arc*)以及富兰克林的作品。读者还能借阅到拿破仑三世关于贫困问题的作品,这使藏书的选择具有高度正统性。[2]就连桑斯的市长都被吸引参与到公共阅读中去。警方的密探注意并报告称市长向由工匠、农夫和酒农(vigneron)组成的听众朗读了两小时来自梯也尔(Thiers)的执政府与帝国的历史中的内容。[3]

马塞事业的最终目的是确保一个世俗的国家义务教育系统。他的运势在1877年急转直下,随着《道德法令》

---

[1] Boivin, '*Ligue de l'Enseignement* en Seine-Inférieure', pp. 207-208.
[2] Auspitz, *Radical Bourgeoisie*, p. 99; and Abel Chatelain, 'Ligue de l'Enseignement et éducation populaire en Bourgogne au début de la Troisième République', *Annales de Bourgogne*, vol. 27, 1955, pp. 104-114.
[3] Auspitz, *Radical Bourgeoisie*, p. 108.

(*Ordre Moral*)取得支配地位,官员不再同情马塞的组织。教育联盟的许多分支都被关闭。在拉罗谢尔(La Rochelle),面对自己的组织正走向灭亡,绝望的联盟前主席质问官员说:"你们会就此宣布阅读对公众造成威胁吗?"[1] 19世纪法国的诸多政权确实就是这样想的。不过,马塞的目标借由1880年代费里的教育法而最终得以实现。在这一成功之后,教育联盟或者说资产阶级激进主义自身失去了主要的动力。马塞因为在世俗教育事业上的成绩而在晚年当选参议员。教育联盟的成就在后来被维希政权摧毁。

结论

> 那些现如今广为流传且以最流行的版式出版的作品的普遍观点,是把社会分为富裕与贫穷两个阶级,前者代表着暴君而后者是牺牲品,由此激起的彼此之间的嫉妒与仇恨在我们如此需要团结与博爱的社会中,滋养着内战的要素。[2]

在这些警告性文字中,共和国的内政部长表达了对于

---

1 Ibid., pp. 157-158.
2 Archives Nationales BB18.1449, dossier 3160, circular from Ministry of the Interior, 6 September 1849.

19世纪新兴的、下层阶级读者阅读的恐惧。诚然，他写道，1849年社会矛盾高涨，并且1848年革命带来的冲突尚未得到解决。然而，有关下层阶级阅读的辩论在整个19世纪的不同时间吸引了政治光谱上所有位置的人。

工人阶级的阅读与当时的其他问题，例如工人阶级的酗酒、浪费与缺乏宗教信仰一起，同属于被称为"社会问题"（la question sociale）的复杂议题。对于天主教会来说，一份正确且净化过的书单能够唤回无数迷失在1789年革命的骚乱以及后续一系列篡权者统治的人。回归17世纪文学经典中的布道与道德说教能够重建信心，并将踌躇的灵魂巩固进教会的真正信条中。共和主义者同样有针对工人群体的阅读计划，在他们看来，工人阶级似乎太容易接受天主教会、波拿巴主义或保王思想。共和派开出的书目包含历史、实用知识和古代经典。借由像富兰克林协会与教育联盟这样的组织，共和派通过急需的图书馆改革推动其计划。相比于英国，他们行动得较晚，直到1860年代还未形成势头。而这距离时常被法国评论家奉为模仿典范的技工学院和有用知识传播协会（Society for the Diffusion of Useful Knowledge）的出现已经有整整一代人的时间了。这些工作很大程度上有赖于那些非天主教的雇主与慈善家，他们的目标在于建立世俗的共和国家机构。所有这些群体都在寻找能够抗衡耸人听闻的廉价小说与插图杂志的东西。他们鼓励工人阶级自我教育并努力影响工人阶级读者的阅读文化。

一些工人团体，例如《工厂》的供稿人在1840年代也发布了类似的适宜工人阅读的书目。然而有时他们推荐的读物要求太高。工人阶级读者并不必然经历过塑造了西欧中产阶级的古典教育。按照布尔迪厄的说法，工人们并不总是熟知19世纪中产阶级所继承下来的文化资本，尽管他们当中的许多人急切地宣称他们共享着文化遗产。另一方面，工人阶级中的自学成才者，在关于自我提升以及强调克己与有教育意义的阅读的意识形态上，与社会地位更高者取得了一致。工人阶级读者在选择中保留了自主权。他们听取、吸收建议但同时抵抗控制他们文化生活的企图。自我教育的工人维持着强大的阶级意识。在他们看来，不管是推荐的文学也好还是鼓励阅读也好，平等地获取知识是目标而非恩赐。正如我们在接下来的章节看到的，他们准备脱离中产阶级的监视，组织自己的文化生活。

第三章　无心插柳与抵制

尽管由教会、共和派、图书管理员和实业家提出的有关工人阅读的观点对于任何工人阶级阅读文化的研究而言都很重要，但是我们不能仅仅靠这些资料构建工人阅读的历史。这些相互竞争的话语中关于阅读的观点，仅仅是关于工人应该阅读什么的，并且它们只告诉我们故事的一个方面：它们极少谈及工人们实际上读了什么。关注此问题的精英所提供的建议如果能辅以一些工人阶级读者作为受众作何反应的信息，就会更有价值。正如乔纳森·罗斯在一篇发人深省的文章中所竭力主张的那样，我们必须"质询受众"。[1]这正是本章要尝试的，并且想要提供一些关于读者反应的线索。这些线索来自独立的工人阶级图书馆的证据，以及个体工人给出的关于自己阅读经验的陈述。这些资料

---

[1] Jonathan Rose, 'Rereading the English Common Reader: a preface to the history of audiences', *Journal of the History of Ideas*, vol. 53, no. 1, 1992, p. 70.

使我们能够不再视工人为随时可以被型塑与训练的消极客体，而是试图构建属于自己的独特阅读文化的积极读者。

这些论述的核心就存在于工人的自传当中。我一共查阅了22部自传，其中18部作者是男性，4部是女性；其中14部写的是1851年之前的情形，8部写的是1848—1871年间的事，还有9部谈到了第三共和国时期（很自然，这里面有一些相互重叠的地方）。工人阶级的自传大多涉及他们的阅读经历，有一些自传概述了指导他们的详细阅读计划。在谈及阅读时，自传作者追溯了他们成功摆脱文盲状态的奋斗历程。他们为自己的文学抱负奠定了坚实的基础。他们的书是型塑一个新的工人阶级知识阶层的工具。渴望找寻书籍知识的渴望对于思想上的解放而言至关重要，而政治行动亦奠基于此；同时它还提供了道德、理性上的自我提升所需要的知识与训练。

对于阅读的强调在工人阶级知识界中的许多成员间引起了共鸣，也为书籍史学者提出了重要的问题：工人阶级自传作者究竟读了什么？考虑到购书的成本，他们是如何获得阅读材料的？如果他们每天都被冗长而令人精疲力竭的体力劳动填满，他们又在什么时间阅读？最重要的是，他们是怎么读的，一起读或是各自读？默读还是朗读？是急切而着迷地阅读，抑或如同理查·霍加特（Richard Hoggart）所遇到的那种"漫不经心"的读者？[1]工人利用各种各样的渠道获取阅读材料，并且在面对令人煎熬的贫困与其他物质困难时依旧坚持阅读。工人眼中"有用的知识"也不总是和慈善家、教育家和政治家所提倡的对实用的定义相符。工人依据对自己所需的理解，做出自己的决定。

工人阶级自传作者在文学挪用上有相当独特的方法。尽管其中许多人上过正式的学校，但往往历时甚短且不规律。他们必须尽早挣钱养活自己，或是外出打工，这导致他们无法维持学校教育的时间。这些自传作者自学成才，他们大部分知道的东西都是自学的。他们的文学修养是拼凑的，是在教育体制的机构外偶然发展起来的。尽管尊重文学经典，但自学成才者阅读的似乎与资产阶级文化中的文学经典迥然不同。这种对官方文化的模棱两可的崇敬构成了工人阶级自学成才（autodidaxie）的核心。而且，自学成才从未妨碍工人阶级读者宣称自己的阶级认同，或使他们搞不清自己根本的阶级忠诚所在。这里所谈及的绝大多数例子中都保持着工人阶级的背景。从这个角度来看，我们完全可以把他们的阅读文化称为一种抵抗的文化。

---

[1] Richard Hoggart, *The Uses of Literacy: Aspects of working-class life*, Harmondsworth UK: Penguin, 1958.

传统读者与工人阶级的文化涵化

自我教育的工人是一个特殊的群体：他们常常是熟练工人，并且因为远大的抱负与清晰的想法而与众不同。我们不应当在总体上将他们当作广大工人的代表。为了将自我教育的工人置于正确的脉络中，我们应当先考虑工人阶级读者的典型状况，再探究其中的一小部分人如何成功地脱颖而出。

勒普莱关于工人阶级家庭生活的社会学调查让我们得以洞察一般工人阶级读者的世界。勒普莱与助手们只是部分地关注工人的阅读，他们最感兴趣的是家庭网络和家庭开支，这在他们的报告中得到了认真详细的记录。勒普莱想要检验他关于家庭的规模与结构，及其与社会稳定和道德观念之间联系的理论。他认为这些观念不仅适用于法国，也适用于欧洲其他地方，甚至是欧洲之外。事实上，他的研究越来越带有自命不凡的全球化倾向。勒普莱把他独特的研究称为"专论"(monograph)，在他的显微镜下最为基本的要素就是家庭。他根本不关心未婚工人。尽管阅读不是主要目标，但他关于工人阶级休闲活动的描述确实提供了工人可获得的阅读材料的清单。因此，勒普莱的评论受制于他特别的优先事项，以及对于工人阶级道德观衰退的忧虑。勒普莱谴责工人群体中家庭纽带的崩解与宗教冷漠，并且震惊于工人对资产阶级的怨恨。[1]然而,他与合作者寻访并报道了真实的工人阶级家庭,这是其贡献的价值所在。

勒普莱最开始的报告取自1849—1852年间,也就是正处于1848年2月与6月的那些日子的余波之中,不消说,这是资产阶级至为焦虑的时刻。进一步的系列报道由后来收集的信息构成,时间大致在1860年代中期与1880年代后期。[2]弗雷德里克·巴尔比耶(Frédéric Barbier)的分析指出,65%的受访家庭拥有书籍。[3]在这当中,19%的家庭仅拥有宗教书籍,而41%的家庭中仅拥有教科书(manuels scolaires)。根据巴尔比耶的计算,小说出现在35%勒普莱所引证的工人家庭中。这只是一个可以揭示工人拥有或在其家中出现的书籍的标识,并不是家庭成员真正阅读的作品。但这些书确实可以说明对于宗教阅读的习惯性依赖,以及学校教育对工人阶级文化的冲击。

1　Hamish Graham, 'How did 19th-century Workers get into Frédéric Le Play's "Bad Books"?', Australian Journal of French Studies, vol. XXIII, no. 1 (4th George Rudé Seminar issue), 1986, pp. 130-144.

2　Frédéric Le Play, Les Ouvriers européens: *Études sur les travaux, le vie domestique et la condition morale des populations ouvrières de l'Europe*, Paris: Imprimerie Impériale, 1855. 第二版六卷本以同样的书名由图尔母子出版社(Mame et fils in Tours)于1877—1879年出版。之后出现了 F. Le Play, Les Ouvriers des deux mondes: *Études sur les travaux, le vie domestique et la condition morale des populations ouvrières*, 2e série, vol. 1, Paris: Firmin-Didot, 1887。

3　Frédéric Barbier, 'Livres, lecteurs, lectures' in Dominique Varry, ed., *Histoire des bibliothèques françaises, vol. 3, Les Bibliothèques de la Révolution et du xixe siècle*, 1789-1914, Paris: Promodis/Cercle de la Librairie, 1991, pp. 581-582.

第二共和国期间受访的一位巴黎拾荒者（chiffonnier）有一个规模大约30卷书的个人图书馆，其中主要都是传统宗教作品。[1]这位拾荒者与他的小家庭租住在先贤祠（Panthéon）附近的一个大房间中，他有一部《圣经》、两本《新约》、两本《诗篇》、一本《师主篇》(*L'Imitation de Jésus-Christ*)、一些祈祷书、弗勒里（Fleury）的《圣史》(*Histoire sainte*)、一些给小孩子看的教育作品以及西尔维奥·佩利科（Silvio Pellico）的《我的监狱》(*Mes Prisons*)的副本，这本书常被用作天主教会的说教作品。事实上，这位拾荒者的许多藏书都带有新教启示，比如由英文翻译来的《老人的故乡》(*La Patrie du Vieillard*)，以及基佐女士（Madame Guizot）创作的儿童故事。除了这些宗教大杂烩，这位拾荒者的家庭阅读十分传统，能够获得社会地位更高者的赞许。有一些书是好心的耶稣会士赠与的，或者是慈善的资产阶级家庭买给拾荒者的女儿来上新教学校的。他带着全家（en famille）一起读《圣经》，并且表现为融入社会主流的工人的典范。如果勒普莱是个性情中人，他大概会因这个例子而狂喜吧。这位拾荒者的文化是教士与显贵塑造并培育的，如果这样的例子能推而广之，那么资产阶级的噩梦或许就能被驱散。

---

[1] Le Play, Ouvriers européens, 1st ed., pp. 272-273, *Chiffonnier de Paris*, information collected by Cochin and Landsberg in 1849 & 1852.

勒普莱的家庭研究中到处都是这种正统性的例子，比如渔夫马蒂格，他在父母的房间里放着《弥撒书》(livres de messe)，在伯母房间里放着虔敬作品，在年轻女儿的房间里同时放着消遣和虔敬书籍。[1]其他人从第二章提到的天主教会的益书藏书楼中借阅书籍。[2]毫不奇怪的是，相比于小家庭，大家庭更难获得文化资本。前面提到的作为范例的拾荒者只有一个孩子，但是1884年接受调查的一位瓦兹省(Oise)蒙塔泰尔(Montataire)的大车修理工(charron)有6个孩子，拥有"大约15本保存状况很差的书"。[3]巴尔比耶指出，当家庭拥有7个及以上数量的成员时，书籍的拥有情况就会比较糟糕。

巴尔比耶对勒普莱的主题的统计没有告诉我们发生在1849年的初次调查与勒普莱在后续30年甚至19世纪更晚时期所汇编的数据之间的变化。作为阅读大众的新成员，工人正经历着快速而重要的文化涵化过程。他们开始从图书馆借阅书籍，比如那位蒙塔泰尔的大车修理工就从他的工

---

[1] Le Play, *Ouvriers des deux mondes*, vol. 1, monograph 52, *Pêcheur-Côtier, maître de barque à Martigues, Bouches-du-Rhône*, 1879, pp. 303-304.

[2] Le Play, *Ouvriers des deux mondes*, vol. 1, monograph 55, *Gantier de Grenoble*, 1865 and 1886-7, p. 470.

[3] Le Play, *Ouvriers des deux mondes*, vol. 1, monograph 49, *Charron des forges de Montataire, Oise*, 1884, p. 148.

厂图书馆中借书。[1]他们渐渐熟悉每日新闻，比如涅夫勒（Nièvre）的陶器工（faiencier）在1864年时就定期购买《小日报》（*Le Petit Journal*）。[2]最重要的是，工人的孩子正引导他们进入新的阅读世界，正如不断出现的教科书与学校奖励书籍所常常表明的那样。因此，勒普莱及其团队发现工人家庭中传统的破烂不堪的那些年历和虔敬书籍渐渐被新的文学类别取代，后者包括孩子教育所需的书籍，以及小说与历史作品，这些书都表达着对更为普遍的文化意识的渴望。[3]

图书馆的借阅模式证明了对更为一般和消遣性的阅读的渴望。所有隶属于富兰克林协会的借阅图书馆都提供了关于所需书籍的主要类别的信息。我们在第二章讨论过，在协会于1864年颁布的模范目录中，小说占理想的馆藏的28%，而三分之二的馆藏则是有指导意义的作品。[4]然而，这种概况却与借阅者的偏好不符。我将用一些例子来说明普遍的情形。1867—1869年间，在索姆（Somme）的马里厄（Marieux）这座仅有500位居民的小市镇中，69%的出借图

---

[1] Ibid., p. 150.
[2] Le Play, *Ouvriers des deux mondes*, vol. 1, monograph 50, *Faiencier de Nièvre*, 1864, p. 184.
[3] Barbier, 'Livres, lecteurs, lectures', pp. 615-618.
[4] Archives Nationales F1a.632; Carbonnier, 'Une Bibliothèque populaire', pp.628-629.

书是小说。[1]1868—1869年间在阿尔萨斯的坦恩（Thann），图书管理员向富兰克林协会报告称近三分之二的借出书籍是小说或诗歌。[2]再如1872年的布里夫（Brive），小说、戏剧、诗歌和儿童文学占到了出借书籍总量的75%。[3]富兰克林协会对于人民热衷于小说而不是有教育意义的文学感到失望。读者的反应与计划不符。

我将巴黎图书馆的出借情况的证据汇总在图表3.1中。图表显示出读者拒绝了慈善家改革者的道德化目的，而把图书馆视为满足他们对娱乐文学渴望的工具。

1882年的数据基于363322本出借书籍的细目，而且不包括在图书馆内阅读的书籍。[4]我们可以把前三个类别，即历史、地理和科学，视作"有指导意义"的书籍。这些类别在表格中呈现的借阅水平大概会让图书馆改革者失望。它们加在一起也只占到总出借量的28%到29%，对于这些占去了图书馆书架三分之二的书籍来说，这是很难说得过去的。

---

1 *BSF*, vol. 3, 1871, pp. 59-60. Total loans = 2,425.

2 *BSF*, vol. 3, 1871, pp. 76. Total loans = 1,905.

3 *BSF*, vol. 5, no. 67, 1er mars 1873. Total loans = 2,214.

4 E. de Saint-Albin, *Les Bibliothèques municipales de la ville de Paris*, Paris: Berger-Levrault, 1896, pp. 60-61 and 262; Lyons, *Triomphe du livre*, pp. 183-192.

图表3.1 巴黎市立图书馆的出借情况，1882—1894

种类	1882年的出借总数（百分比）	1894年的出借总数（百分比）
历史与传记	8.0	7.70
地理与旅游	10.0	12.12
科学、艺术与教育	11.0	8.45
诗歌、戏剧、外文、文学批评	13.5	15.48
小说	55.0	51.54
音乐	2.5	4.75

在这些类别中，最成功的始终是历史和传记，在大部分巴黎图书馆的出借书目中占5%到10%。地理和旅游类一般也占了4%到10%。借书者经常对比较艰深的政治学或科学技术类书籍视而不见。梯也尔在历史学家中较受欢迎，尤其是他的《执政府与帝国的历史》(*Histoire du Consulat et de l'Empire*)。旅行文学很受欢迎，但它们与其说有指导意义，不如说更有娱乐性，如果它们不是完全虚构的话，比如儒勒·凡尔纳的《奇异旅行》(*Voyages extraordinaires*)。

到19世纪末，一般读者对想象文学，尤其是小说的需求难以满足，巴黎公共图书馆出借量的半数以上都是这类作品，这让那些苦心孤诣的图书管理员感到懊恼。图书管理员一开始还如此安慰自己：那些煽情的小说至少能让人们习惯于阅读和使用图书馆，长此以往，读者就会逐渐转而追求更高级的东西。人们希望"那些前来寻求一时消遣的读者，或许会一步一步被引领着开始喜欢有指导意义和能够强健精神的读物"。[1]这就是借阅图书馆的"登堂"(landing)理论：把读者引进门只是第一步，之后再逐渐引导他们更上一层楼，进行更高级的阅读。如果读者能被诱导登堂并开始攀爬阶梯，那么一切皆有可能。但是几乎没有证据显示读者会按照期望的方式"成熟起来"。娱乐性阅读的需求没有丝毫下降的迹象。图书管理员对于读者拒绝阅读那些被认为对他们有益的书籍而感到不知所措。

广大工人阶级读者因此逐渐融入新的阅读大众之中，无论是通过他们孩子的学校阅读材料，还是通过自己对于大仲马或儒勒·凡尔纳这样的畅销小说家作品的兴趣。有一小部分工人阶级读者决定更进一步，将精力用以寻求智识的解放。我们现在必须转向这群自我教育的工人。

在困难中追求知识

"在困难中追求知识"这个题目来自爱德华·克雷克（Edward Craik）的那本为自我提升的英国工人提供阅读建

1　Saint-Albin, *Bibliothèques municipales*, pp. 60-61.

议的成功作品，这本书在有用知识传播协会的赞助下于1830年首次出版。[1]这句口号同样适用于法国工匠所做出的尝试，他们在物质匮乏和敌意环伺中发展出了自己拼凑而成的阅读文化。

19世纪自学成才的工人有一些精神上的前辈。其中一位是瓦朗坦·贾米雷-迪瓦尔（Valentin Jamerey-Duval），他是18世纪早期在洛林地区生活工作的农场男孩。贾米雷-迪瓦尔曾是文盲，直到他偶然遇到一本插图版《伊索寓言》。贾米雷-迪瓦尔让牧羊人同伴为他解释那些让他印象深刻的插图，并教他阅读这本书。据他自己说，他从此一发不可收拾，狼吞虎咽般阅读廉价小册子、虔敬文学以及他在当地实际上能够借到的所有书籍。为了报答他早期的同伴与导师的努力，贾米雷-迪瓦尔朗读并背诵故事给他们听。贾米雷-迪瓦尔的学习历程强调了绘图在文盲的阅读文化中的重要性。[2]和19世纪的同类人一样，他的学习历程也有赖于与工人同伴的合作。

除了阅读，贾米雷-迪瓦尔也四处旅行。有时，工人的迁徙表达了在文化以及地理上挣脱其出生地。贾米雷-

---

[1] Edward Lillie Craik, *The Pursuit of Knowledge Under Difficulties*, new, revised and enlarged edition, London: George Bell, 1876.
[2] Noé Richter, *La Lecture et ses institutions: la lecture populaire, 1700-1918*, Le Mans: Eds. Plein Chant and l'Université du Maine, 1987, pp. 20-22.

迪瓦尔踏上旅程是为了寻找新知与想法，收获新的经验，询问遇到的人并尽可能从他们身上学习。贾米雷-迪瓦尔寻找新的地点表明了一种文化上的位移，因为他尝试建立全新的文化坐标。[1]他最终找到了为洛林大公当图书管理员的工作。阅读和旅行都拓宽了他的文化视野。

18世纪巴黎的玻璃匠雅克-路易·梅内特拉（Jacques-Louis Ménétra）的例子更为人熟知，这缘于他生动的自传在1982年出版。[2]和大多数生活在首都的工匠一样，梅内特拉不仅识字，而且还是一位技巧高明的作者和故事讲述者。但如果我们考虑他的阅读，他的文化水平似乎有限。梅内特拉几乎很少提及书籍，除了《圣经》、《小阿尔伯特》（*Le Petit Albert*，一本当时流行的魔法书）以及三本卢梭的书，梅内特拉可能见过卢梭本人。尽管梅内特拉看起来并不是杰出的读者，但他经常光顾剧场，其文学修养来自口头、视觉和印刷文字的混合经验。口头传播与工人阶级的合作努力在19世纪工人接触文化时都很重要。

自学成才者的文学素养是拼凑且自我引导的。很明显，

---

[1] Jean Hébrard, 'Comment Valentin Jamerey-Duval apprit-il à lire: un autodidaxie exemplaire', in R.Chartier, ed., *Pratiques de la lecture*, Marseilles: Rivages, 1985, pp. 38-43.

[2] Jacques-Louis Ménétra, compagnon vitrier au XVIIIe siècle, *Journal de ma vie*, ed. Daniel Roche, preface by Robert Darnton, Paris: Albin Michel, 1998, pp. 300-2. First published Paris, Montalba, 1982.

正式教育只发挥极小的作用，如果说还有作用的话。自学的工人对正式教育爱恨交加。他们一方面憎恨教育专属于富裕和特权阶层的现实，但又对教育的价值抱有强烈的信念，并且好几位自传作者都留出相当篇幅来讨论自己的教育。事实上，自学成才者常常有一些在校经历，但是他们上学的时间短暂而不稳定。如同我们所见，在19世纪的大部分时间里，工人阶级孩子的教育机会稀少而不可靠。他们以及自学成才者的阅读能力很大程度上并非由教育得来。

许多人甚至被剥夺了学习阅读的机会。或许最悲惨的得不到教育机会的故事来自长期处于文盲状态的诺贝尔·特鲁昆（Norbert Truquin），他是东北部一位金属工人之子。特鲁昆1833年出生于索姆，7岁时就被送去亚眠（Amiens）当羊毛梳理工。整整三年，雇主都强迫他睡在楼梯下的煤房中，每天3点起床生火，接着开始梳理羊毛，每天从4点一直干到晚上10点。他告诉我们他经常挨打。[1]1843年他的雇

---

[1] Norbert Truquin, *Mémoires et aventures d'un prolétaire à travers la Révolution, l'Algérie, la République argentine et le Paraguay*, Paris: Librairie des Deux Mondes, 1888, p.14. 关于特鲁昆的更多信息，请见 Michel Ragon, *Histoire de la litérature prolétarienneen France*, Paris: Albin Michel, 1974, pp. 100-3; Michelle Perrot, 'A Nineteenth-Century Work Experience as Related in a Worker's Autobiography: Norbert Truquin', in Steven J.Kaplan and Cynthia J.Koepp, eds, *Work in France: Representations, meaning, organization and practice,* Ithaca and London: Cornell University Press, 1986, chapter 10; Paule Lejeune, introduction to the 1977 edition of Truquin's *Mémoires et aventures*, published by Maspéro in Paris; Mark Traugott, ed., The French Worker: Autobiographies from the early industrial era, Berkeley, University of California Press, 1993, chapter 5。

第三章　无心插柳与抵制

主死后，特鲁昆获得了自由，但也失去了工作，只能靠乞讨和收集垃圾箱中的残羹冷炙维生。他一度被一群妓女收留，但警方的一次突击搜查再次让他无家可归。特鲁昆在流浪中干过一系列工作：制砖工人、流动商贩，以及纺纱工人（fileur de laine），这些都是他13岁之前的事。他既不会读也不会写，但是他在1846年时听闻了社会主义者作家卡贝，并开始认为自己是一名自由思想者。[1]在工厂中，他聆听一位工友大声朗读卡贝的《伊加利亚旅行记》，但是这位工人被开除了。[2]这件事证明了口头传播在工人阶级阅读中的重要性，也证明了在这个时期试图发展独立阅读文化的脆弱性。1848年时特鲁昆在巴黎，以街头流浪汉（gamin）的视角描绘了那场革命。他和父亲重逢并说服父亲移民到阿尔及利亚。特鲁昆产生了强烈的反教权主张，但是他依旧没有任何机会学习阅读。

特鲁昆在阿尔及利亚待了7年，为一位军官做仆人。1855年他返回法国，在里昂纺丝血汗工厂中从事极为痛苦的工作。他与工友探讨历史与政治，并且听人大声朗读的《里昂邮报》（Courrier de Lyon），尽管他认为这份报纸始终在诽谤工人阶级。[3]由于没有任何正式教育和阅读能力，特

---

[1] Truquin, *Mémoires et aventures*, pp. 144 and 231.
[2] Ibid., pp. 72-73.
[3] Ibid., pp. 225-7 and 235-236.

鲁昆从亲身经历中学习资本主义的剥削本质。他于1870年因参加里昂公社（Lyon Commune）而被捕。[1] 工友的口头朗读再一次让特鲁昆的教育得以延续。他说服狱友为他朗读费尔南多·科尔特兹（Fernand Cortez）征服墨西哥的历史。[2] 特鲁昆很明显对历史产生了极大的兴趣，尽管他认为历史学家只是为上层阶级唱赞歌。那些伟大的哲学家也好不到哪里去，特鲁昆在访问了北非的古代遗址之后认为，那些古典时代的伟大头脑丝毫不关心奴隶的解放，而他们辉煌的文明依赖奴隶得以维系。[3]

特鲁昆对西班牙征服墨西哥的兴趣同样说明了他对拉丁美洲的好奇，后者吸引着他。在受够了里昂丝织工厂每况愈下的糟糕条件之后，特鲁昆被以农业为基础的社会实验的新前景所吸引。1872年，年近37岁依旧大字不识的特鲁昆前往阿根廷协助建立一个社会主义殖民地。他在短暂回了一趟法国后偕妻子永久移民巴拉圭。特鲁昆在巴拉圭的经历确认了他的反基督教观点，不过他也是十有八九在这里最终摆脱了文盲状态。1887年，特鲁昆完成了他的回忆录《一位无产者的回忆与冒险》(*Mémoires et Aventures d'un Prolétaire*)，并于次年由巴黎的社会主义出版人布里安

1　里昂公社是1870—1871年间短暂存在于里昂的革命政权。——译者注
2　Ibid., pp. 294 ± 5.
3　Ibid., pp. 447-448.

（Bouriand）出版。

诺贝尔·特鲁昆一生中的许多时间都是在与饥饿和无家可归的斗争中度过的。也难怪他的自传和其他许多工人自传一样，记录了面包价格以及他挣了多少钱这样的基础信息。这种物质主义者的关切是19世纪工人阶级作品的特征。除了他的艰辛与旅程，特鲁昆收获了深受社会主义和反教权主义影响的阶级文化，并且通晓历史。特鲁昆提问，与工友讨论议题，并且批判地回应听到的材料。他的"知识"源于他的生活经历：物质上的困苦、两次革命与牢狱之灾。特鲁昆毫无根基，也没有接受工艺训练，深受文盲之苦。他被剥夺了教育的机会，他的雇主也持续防止工人接触文化。尽管如此，他在五十多岁的时候获得了足够的能力书写自传，并以对社会革命的强有力的呼唤作为结尾。[1]即便在最富敌意的环境中，工人阶级的文学文化也能够生根发芽。

无论正式的学校教育多么短暂，都会使工人产生极为负面的观感。喇沙会也不能幸免。他们的学校虽然免费但依赖市政津贴，倾向于照顾工匠精英之子，许多自学成才者都属于这个群体。然而学校并不总能受到更穷困的学生的欢迎。安托万·西尔韦尔（Antoine Sylvère）的父亲是收

---

[1] Ibid., p. 451.

成租佃农（métayer），母亲是文盲，他在1894年严厉地控诉他在多姆山省（Puy-de-Dôme）的昂贝尔（Ambert）附近上的学校。[1]他回忆说，白衣姊妹会（Sœurs Blanches）不停地使用笞杖，基督教兄弟会用的教材令人生厌，以至于成为了反教权主义散布的直接原因。与基督教修士一起学习对于西尔韦尔（人们管他叫小托万，Toinou）这样只说方言，被逼着学习法语的人来说尤其困难。不过这不是小托万唯一感到愤恨的理由。基督教兄弟会谴责"卑劣的（immonde）左拉""可憎的伏尔泰""臭名昭著的（trop fameux）勒南"，并长篇累牍地驳斥共济会给儿童造成的"火炬"[2]恐怖。[3]小托万认为，修士会为当地资产阶级提供了安静而顺从的工人，后者遭到殴打与羞辱，直至处于一种恐惧的顺从状态。不过小托万自己并不是其中的一员。

被剥夺了教育机会的人或许很自然地会去诋毁学校教育。工人阶级的自传作者是通过自己的努力获得教育的，并自豪于塑造了他们自己的文化。他们很自然地会认为生活与经历的教训比坐在教室里学习更有价值。在其中一些人看来，学校提供的是无用的学问和虚假的知识。正如马

---

[1] Antoine Sylvère, *Toinou, le cri d'un enfant auvergnat, pays d'Ambert*, preface by P.-J. Hélais, Paris: Plon, 1980, pp. 121-125.
[2] Flamaçons，可能是指共济会活动时使用的火炬或火把，常用于成员葬礼或宣誓仪式，在共济会的象征体系中有重要地位。——译者注
[3] Sylvère, *Toinou*, pp. 157, 199 and 210.

丁·纳多所言，他的文字给工人同志带来的是"一本用真心写成的书，不会使读者走入满是虚假和欺骗性诡辩花招的歧途"。[1]

自学成才者在说明自己对于学习和自我提升的愿望时语气坚定，有时甚至到了偏执的程度。确实，如果他们意欲克服挡在前进道路上的巨大物质困难，他们就必须如此。缺少阅读所需的金钱、照明、空间和时间要用牺牲与灵活变通来弥补。加布里埃尔·戈尼（Gabriel Gauny）是一位生活在1820年代巴黎市郊圣马尔索区的贫苦流浪汉，他甚至会收集种子、糖或咖啡的废弃包装纸，这些常常来自旧书旧报纸的包装纸成为了戈尼不太像样的阅读材料。[2] 身为郊区儿童的艰难生活并没有阻止他成为木匠学徒。他之后投身圣西门主义，并发展出基于灵魂重生的哲学理论。但这是之后的事情。1830年代的出版业创新降低了小说的价格，但还不足以让工人阶级读者也负担得起。缺乏阅读所需的照明是另一个问题。窗户稀少而蜡烛昂贵。1830、40年代时煤油灯十分普遍，1850年后石蜡灯出现了。但在许多工人阶级家里，只有在全家一起吃晚餐时才会点灯。

家长对于阅读的反对有时也是一种严重的阻遏。马

---

[1] Nadaud, *Mémoires de Léonard*.
[2] Gabriel Gauny, *Le Philosophe plébéien*, ed. Jacques Rancière, Paris: La Découverte/Maspéro, 1983, p. 27.

丁·纳多的回忆录提醒了这一点，他的父亲不得不克服来自马丁母亲以及祖父的强烈反对，以便送马丁去学校上学。[1] 类似的恐惧在司汤达的《红与黑》中也有文学共鸣，小说中年轻的朱利安被父亲索雷尔粗暴地辱骂为"臭书呆子"。[2] 如果我们追寻另一位工人自传作者让－巴蒂斯特·迪迈（Jean-Baptiste Dumay）的回忆，就会发现雇主对于工人自我教育的敌意就算没有更强，也同样具有破坏力。迪迈生于1841年，他的父亲此前已经死在一场矿难中，迪迈18岁的母亲另嫁了一位文盲。13岁时，迪迈开始在勒克勒佐（Le Creusot）的工厂做装配工学徒。他充满火药味的生活注定与勒克勒佐及其全能的主人——施耐德家族（the Schneider family）联系在一起。1868年，27岁的迪迈成立了名为民主图书馆（Bibliothèque Démocratique）的阅读学习小组。迪迈声称小组有300名成员，同时提供一个图书馆，它还是罢工组织的核心，以及持共和主义立场的反对派组织。[3] 1870年迪迈被开除，但在公社时期，甘必大（Gambetta）曾短暂

---

[1] Nadaud, *Mémoires de Léonard*, pp. 67-80.
[2] 让-伊夫·莫利耶经常津津有味地引用这句话，我很感激他提醒了我这一点。请见他的 'Le roman populaire dans la bibliothèque du peuple', in Jacques Migozzi, ed., *Le Roman populaire en question(s)*, Paris: PULIM, 1996, p. 587。这句话在小说的第5章开始，但在第4章父亲索雷尔已经把朱利安的《圣赫勒拿回忆录》扔进了河里。
[3] Jean-Baptiste Dumay, *Mémoires d'un militant ouvrier du Creusot* (1841-1905), ed. Pierre Ponsot, Grenoble: Maspéro, 1976, pp. 116-118.

地任命他为勒克勒佐的市长。迪迈在1871年对公社的支持换来的是被判处终身苦役，但他成功地逃亡瑞士。1879年他返回法国，成为一名旅行摄影师，并且创立了金属工人工会。又一次，他在勒克勒佐开设了一家书店。施耐德家族对此不能接受，所有在迪迈书店买报纸的工人都被工厂开除了。[1]迪迈公开反对教会，并且加入了勒克勒佐的工人互助协会。他在当地的最后一次胜利是策划了在工厂外头，对着施耐德的耳朵演奏《马赛曲》。[2]迪迈的书店于1881年关门。他后来当选贝尔维尔（Belleville）的议员，这是他战斗的一生的顶点。迪迈能做到这些离不开他不断鼓励工友阅读。他也必定会不断地刺激他以前的雇主，因为后者坚决反对不合宜的文学作品在他的工厂周围传播。

工人阶级自学成才者带着极大的热情不加歧视地追求着知识。他们承认对各种书籍都如饥似渴，在回忆时也承认自己缺乏指导。到后来才有一些人把他们的学习组织成有固定目标的模式。这种不加鉴别且不拘一格的阅读似乎是不可避免的最初阶段。自学成才者以相当任意的方式开始积累知识。他们缺乏经验与教导来把获得的文化知识分门别类，或按照重要性排列次序。用皮埃尔·布尔迪厄的话说，他们缺乏经济资本和文化资本，或者换句话说，他们

---

1 Dumay, *Mémoires*, p. 298.
2 Ibid., pp. 302-312.

既没有资源去购买书籍,也缺少教育经历来指导自己的阅读行为。没有正规学校教育提供的文化地标,自学成才者成了文化上的僭越者,在获取文化时采取了独立而"异端"的方法。[1]他们带着复杂的情感回顾这个探索,以及快速、不成系统地消化的阶段。自我提升的目标要求一种不同的阅读方式。阅读应当有一个明确的目标,而不是随意地浏览。自学成才者批判自己缺乏清晰的目标,而且也没有集中在"有用的"书籍上。

自学成才者因此把早期阶段描述为无知状态。然而从某种程度上说,当一位读者发现自己曾经的阅读是毫无条理、不加甄别和缺乏指导时,他会备受打击。他会决心在未来采用更有目的性的阅读计划。诺埃·里什泰(Noé Richter)把这个转折点有力地描述为"坏读者的转变",自学成才者在此刻决定与"坏的"阅读习惯一刀两断。[2]在这个时刻,自我提升的工匠与工人从此开始专门留出阅读时间,设定自己的计划。一个计划好的阅读方案显然在确定清晰的目标上有优势,而且每当通过计划中的一个阶段之后,无疑会获得满足感。毫不动摇的自律是必须的。我们之前提到

---

[1] Pierre Bourdieu, *La Distinction: Critique sociale du jugement*, Paris: Éditions de Minuit, 1979, p. 378.
[2] Noé Richter, *La Conversion du mauvais lecteur et la naissance de la lecture publique*, Marginé: Éditions de la Queue du Chat, 1992, pp. 9-22.

的还是小男孩时就在巴黎街头阅读废弃包装纸的加布里埃尔·戈尼就认为个人的节制是精神生活的前置条件。他称自己的个人生活为"清苦修行"(économie cénobitique),要求在衣食住行的消费上极端节省。第欧根尼与施洗约翰是他的榜样,代表了对现世之物的弃绝与对道德败坏的谴责。[1]道德、灵与肉的提升都需要在所有事情上保持整洁、清醒与节制。克己是自我教育的工人阶级读者的习性的一部分。尽管如此,这些自订的阅读计划有时过于野心勃勃,以至于让读者在精神和肉体精力上付出了沉重的代价。

青少年的阅读危机并不罕见。格扎维埃-爱德华·勒热纳(Xavier-Edouard Lejeune)在15岁时就把自己逼到崩溃的地步。他来自一个正向上流动的工匠家庭,并且在两年前就已经开始在巴黎做店员了。他的休息时间一部分用在给他的叔叔,一位不识字的1848年老革命党人(quarante-huitard)朗读报纸上。[2]勒热纳在他的青少年阅读中受到夏多布里昂和大仲马的启发,因此成为阅览室的用户。他每晚都读书,直到担忧他健康的母亲减少了他的蜡烛配给。[3]勒热纳后来常去塞纳河畔的二手旧书店,钻研17世纪的经典、

1　Gauny, *Philosophe plébéien*, pp. 99-111.
2　Xavier-Edouard Lejeune, *Calicot, enquête de Michel et Philippe Lejeune*, Paris: Montalba, 1984, pp. 104±5.
3　Lejeune, *Calicot,* pp. 117-120.

启蒙作品以及歌德与莎士比亚。他也像许多自学成才者一样经历了不加鉴别的广泛阅读阶段。勒热纳后来提到，自我提升的阅读给他造成了精神上的巨大混乱："就如同激流中的洪波冲击岩石一样，新东西在我年轻的脑袋中勃发并制造混乱，没有任何东西能够恢复秩序。"[1]在这些尝试之后，他开始分节阅读冒险小说。在15岁时，他经历了一场严重的危机。不过其结果是正面的。他在这次崩溃中产生了文学抱负，并且开始撰写自传。"无论遇到什么障碍，"勒热纳自信地总结说，"我发现自己早已拥有了大部分的人类知识。"想要涉足各个领域的愿望常常伴随着对自己的无知与自卑的感知，这是许多自学成才的工人共有的一种典型的对于阅读的热切态度。

工人阶级读者凑合着向朋友、邻居、牧师或学校教师借阅。他们光顾二手书店，比如那些一直在塞纳河畔贩售的旧书商（bouquinistes）。如果雇主或社会上流偶然伸出援助之手，自学成才者常常就会抓住这个机会，尽管他们对来自中产阶级的帮助抱有怀疑态度。集体的努力能够弥补个人资源的不足。1846年，在梅斯（Metz）当兵的塞巴斯蒂安·科米赛尔（Sebastien Commissaire）与同军营的战友一起，从当地的一家书商那里"转租"两天前发行的进步派报

---

[1] Lejeune, Calicot, p. 120-121.

纸。[1]同时，他们也开发出了获取图书的非正式网络。家庭纽带、职业与宗教联系是能在知识上提供帮助的资源，根植于工人阶级自身所处的社会环境。工人阶级的网络保护了自学成才者作为读者的自主权，并且可能过滤了他们对于所读文本的反应。这一网络确保工人读者并不总是对中产阶级中介人所传播的文学文化做出预期中的反应。

工人阶级网络可以向工人提供他们在其他地方无处寻觅的书籍和教育。工厂中发展出了非正式借阅系统，工人放弃自己的时间相互辅导。因此，读写能力得以发展，并且被用在激进的工人阶级传统的语境之中。想想一位来自法国北部的无名工人的口头证词，他是一名钉匠之子，生于1892年。他在7岁时中断了正式的学业，但是一群激进分子接管了他的教育，他回忆说：

> 当你长到七岁的时候，学业就完全结束了！年轻人并不了解50、60、80年前的情况是什么样子。他们问你"所以你是怎么学会阅读的？这是如何做到的……？"，有一群老盖得主义（guesdist）激进分子[2]……他们是好教师，开设夜校教我们读写。他们授

---

[1] Sebastien Commissaire, *Mémoires et souvenirs*, 2 vols, Lyon: Meton, 1888, vol. 1, p. 121.
[2] 指茹尔·盖得（Jules Guesde）的支持者，盖得是法国工人党的创始人之一。——译者注

课。给我们讲数学题。他们花半小时给我们讲解发生过的事情的道理，关于革命、关于行动，毕竟在那个特别的时候，从社会问题的角度来看内容是非常丰富的。我的父亲生于1852年，他拉扯我们长大时常常讲他的回忆……他告诉我们有关公社的事。他是社会主义政党的一员，而且很自然地，他告诉我们关于路易丝·米歇尔（Louise Michel）的事情。你知道的，我们是带着那些曾经反抗过不公的人的态度成长起来的。[1]

这位被简单地称为 A 的激进分子，后来成为法国共产党圣纳泽尔（St Nazaire）分部的书记。他的故事展现了学习阅读如何成为工人阶级文化代际传递的非正式过程的一部分，历史记忆与虚构借此得以保存。

鉴于这种独立性，来自社会上层的努力并不总是收获欢迎、感激或预期中的遵从也就毫不奇怪了。克洛德·热努（Claude Genoux）提供了一个好例子，体现了世纪初个体资本家和贵族在给予帮助时的矛盾态度。[2] 热努是一个萨伏伊

---

[1] Autobiography of A., in Jean Peneff, ed., *Autobiographies de militants CGTUCGT*, Nantes: Université de Nantes, cahiers du LERSCO, 1979, p. 18. 感谢雅克·吉罗让我注意到了这部作品。

[2] Claude Genoux, *Mémoires d'un enfant de la Savoie suivis de ses chansons*, preface by Béranger, Paris: Le Chevalier, 1870; Richter, La Lecture et ses institutions, pp. 123-127.

家庭的第12个孩子，在巴黎市郊圣安托万区的一座孤儿院中学会了读写与算术。1821年热努逃离孤儿院，找到了给一位布卢瓦（Blois）的律师（avocat）当家仆的工作。他的雇主花时间教他法语、拉丁语、希腊语、历史、地理、物理和数学。然而1822年热努再次逃跑，放弃了自我提升的机会。

热努旅行到意大利，并且出海工作。在1825—1826年间，一位都灵的船长教他数学、天文与航海，但也常常揍他。热努又一次逃跑，在尚贝里（Chambéry）的酒店中当擦鞋工。许多有钱的旅客会来这个阿尔卑斯山畔的度假胜地。热努遇到了出版商韦德特（Werdet），并且和一位俄国亲王成了朋友，但是他又一次没有好好利用这些关系。热努借由孤儿院，后来是个体的资本家和贵族获得文化。克洛德·热努在他生命中的各个阶段都得到了慷慨的帮助，但他的身份始终是仆人，他也痛恨作为侍从的卑躬屈膝。

在此引用的特鲁昆、戈尼、迪迈和热努，都是成功地"在困境中追求知识"的例子，他们自传的存在就证明了这一点。贫困让他们只获得了极少的正式教育，让他们不得不随机应变。他们从家庭和工作持续不断的要求中挤出一点点个人时间，用这些偷来的时间阅读。靠着各种借阅渠道，开发工人阶级网络，或是亲戚及各种各样的赞助者的慷慨，他们创造出了自己的文化。

正如我们所见，他们在文化挪用中的随机应变手段带着某些尚未解决的模棱两可。自学成才者可能会鄙视学术上毫无意义的钻牛角尖，但他们也哀叹自己缺乏持续的正规教育。此外，他们的阅读有赖于中产阶级的赞助人：友好的耶稣会士、少见的具有同情心的雇主、或许还有那些出借书籍但对借书者不屑一顾的图书管理员，以及各种有志于进步与教育的持自由主义立场的饱学之士。尽管需要中产阶级的赞助，但是"自修"仍旧被看作一种劳工独立与解放的手段。自学成才的悖论在于，正是在对资产阶级帮助的依赖之中，诞生了自力更生与对解放的渴望。只有那些成功的自学成才者向我们展现了这些矛盾。那些在自我提升之路上因为上述这样或那样的困难而失败的人的命运，只能任由我们想象了。

小说的使用与滥用

在构建工人阶级阅读文化时，工人阶级知识分子对流行小说不甚耐烦。由于他们对非虚构的偏好，他们和中产阶级图书馆改革者站在一起，共同呼吁工人挣脱低俗小说的大潮，但到了19世纪末，低俗小说已经充斥借阅图书馆了。两位工人知识分子亨利·托兰（Henri Tolain）和阿古利科·佩迪吉耶（Agricol Perdiguier）带我们进一步了解新兴工人阶级知识分子的习性。他们提出的典范将带领我们讨论那些自我教育的工人的阅读选择。

托兰是一位支持蒲鲁东主义的巴黎制铜工人，在法国建立第一国际的过程中扮演了主要角色。[1]乍一看，托兰的文学观点显示出对"高级"文化的强烈尊敬，这也是类似富兰克林协会这样的运动鼓励工人参与的文化。1865年，托兰在短命的周刊《工人论坛》(Tribune Ouvrière)中表达了对流行小说的陈腐与哗众取宠的遗憾。在他看来，低俗小说是一种腐蚀性影响与阴险的毒药，渗透进工人家庭之中并掏空其道德感。报纸上的小说，他写道，不断涌现，

> 就像有毒的蘑菇一样。秘密地或在光天化日之下，它得意洋洋地炫耀自己或是悄悄潜入穷人家中。即使做爸爸的偶尔会将其当作不良嗜好禁止，做女儿的丽莎也会将其藏在胸衣之中。暴君无能为力，他的禁令只会为这出戏剧令人心跳的吸引力，增添上禁果的苦涩。[2]

或许值得注意的是，托兰在这里指责女性读者促进了

---

[1] Duveau, *Pensée ouvrière*, pp. 302-307.
[2] Henri Tolain, 'Le Roman populaire', *La Tribune ouvrière*, vol. 1, no. 3, 18 juin 1865, pp. 9-10.

连载小说的不良影响，而且他引用了夏娃的堕落来强化他的性别偏见。

托兰谴责小说家毫无道德且没有正义的概念。他批判了煽情小说中固有之堕落的扭曲失真。他毫不忌讳地谴责歌德笔下的维特是一个自私、哭哭啼啼的情种，而巴尔扎克笔下的马尔内夫夫人（Madame Marneffe）是个女怪物。他与1840年代的《工厂》一起严苛地批判欧仁·苏的小说。但是如果我们更进一步地检视托兰的思想，就会明白他并非完全拒斥小说。他只是有自己对于理想小说的方案。托兰对于这种体裁的要求是作者有更为明确的个人信念，以及对社会政治问题的认识。他在小说中看重的，也是同时代作者所欠缺的，是对社会正义与现实的感知，而正是这一点让小说对工人阶级而言意义非凡且振奋人心。托兰认为雨果的《巴黎圣母院》就是一部具有这种理想的小说，并且除去马尔内夫夫人之外，他勉为其难地褒扬巴尔扎克为观察社会的大师。其他的一切都是浮渣，无非过度渲染的情绪与陈词滥调。小说本身并不是谴责的对象，但是托兰希望小说家能够成为传递原则与信息的哲学家。

当阿古利科·佩迪吉耶编纂一份工人图书馆的基本书单时，他的许多选择都与富兰克林协会的推荐书单相呼应。佩迪吉耶推荐建筑或农业的技术手册，以及对度量系统的研究，这些将组成熟练工人的专业参考书图书馆的核心。除此之外,他的书单还包括荷马与维吉尔、《圣经》、芬乃伦、高乃依、莫里哀、拉辛与拉封丹,外加上一些伏尔泰、孟德斯鸠、卢梭与席勒的作品。[1]然而,佩迪吉耶并非被动接受所有家长作风的中产阶级改革者所提供的有益书单。他比富兰克林协会更进一步,坚持将法国大革命的历史,以及欧仁·苏的《巴黎的秘密》与雨果的《巴黎圣母院》这样群众喜闻乐见的作品包含在内。正如乔治·杜沃指出的,佩迪吉耶的选择兼收并蓄,包含从孟德斯鸠的《论法的精神》这样的学术论著到格拉菲尼夫人(Madame de Graffigny)的幻想小说《秘鲁妇女的来信》(*Lettres d'une Péruvienne*)。[2]乔治·桑的《法兰西之行的旅伴》(*Le Compagnon de la Tour de France*)被收进了书单,这本书的主人公于格南(Huguenin)被认为就是以佩迪吉耶为原型的。另外,佩迪吉耶的理想图书馆没有忽略工人诗人自己的作品。[3]

事实上,佩迪吉耶的理想图书馆和他自己的个人藏书高度雷同,《工厂》的编辑哲罗姆-皮埃尔·吉朗于1840年在巴黎拜访佩迪吉耶后,在1851年刊载于《乡村报》(*La*

---

[1] Duveau, *Pensée ouvrière*, pp. 291-292, taken from Perdiguier's *Livre du compagnonnage*, Paris, 1857.

[2] Duveau, *Pensée ouvrière*, pp. 290-298.

[3] Edgar Leon Newman, 'Sounds in the Desert: the socialist worker poets of the Bourgeois Monarchy, 1830 ± 1848', *Proceedings of the Third Annual Meeting of the Western Society for French History*, December 1975(USA), 1976, pp. 269-299.

Feuille du village）的报道中指出了这一点。[1]吉朗注意到佩迪吉耶对法国历史的兴趣，以及他收藏的小开本、便于携带的卢梭和伏尔泰全集。他拥有大量古希腊作品，还有高乃依、拉辛和莫里哀的戏剧。他以分期付款的形式购买了一套百科全书，还有《美景杂志》。吉朗强调说，如果读者寻找便宜的版本和出版品，用负担得起的分期付款方式购买的话，就可以积累起这样的藏书。

吉朗的说法有其英雄崇拜的一面。佩迪吉耶是一个知名人物，得到了乔治·桑的推广，并且当选了1849年立法议会议员。诚然，被资产阶级圈子接受并不能帮助他在1850年代出版自己的回忆录，报纸编辑对他毫无兴趣。[2]尽管如此，佩迪吉耶视自己为一个先行者，他也是其他工人的重要榜样。公开佩迪吉耶的藏书内容以及他对于工人图书馆应当包含哪些书的个人建议，因此具有权威的地位。这样的阅读清单的出现总是带有某种不言而喻的假设。作者提出建议的重要性被认为理所当然。这样的清单常常视过去为权威，而认为当代文学近乎毫无价值。一切著名的书籍都应当是很久以前撰写的，佩迪吉耶只是部分地例外于这条规则，他建议阅读一小部分当代作者，尤其是乔

---

[1] Cited in Jean Briquet, *Agricol Perdiguier, compagnon du Tour de la France et représentant du peuple, 1805-1875*, Paris: Rivière, 1955, pp. 187-189.

[2] 关于佩迪吉耶在出版时遇到的困难，见 Briquet, *Agricol Perdiguier,* pp. 359-365.

治·桑和维克多·雨果，贝朗瑞和拉马丁。但是他把最大的敬意留给了古代文学及其17世纪的继承人。类似佩迪吉耶所提供的书单同样认为，关于什么书才最值得读，是可以有清晰而无可争议的论断的。它们暗示着，能够满足读者需要的作品数量是有限的，读者会定期重读这些少数精选的具有崇高地位的文本。和托兰一样，佩迪吉耶是对经典文本抱有高度敬意的读者，然而他对包括希腊与拉丁作者在内的人文学科之价值的坚持，或许并不能让所有工人阶级知识分子感到开心。

佩迪吉耶热爱法国文学经典。他于1805年出生在阿维尼翁附近，是一位工匠的第七个孩子，他上的乡村学校的所有早期教科书都是用拉丁语写的。佩迪吉耶在回忆录中声称，这根本就不是问题，因为就算是用法语写的他也搞不懂。小男孩时的他只听得懂普罗旺斯方言。[1]因此，他通过学习法语，以及阅读在家里找到的《伊索寓言》和《圣经》来进行个人的文化涵化过程。在路易·拿破仑政变之后，佩迪吉耶流亡比利时和瑞士，在此期间写了自传。他在自传中谈论了做木匠学徒的生活，以及强制在法国各地巡回做工的故事。[2]回忆录证实了他对戏剧和古典作者的热爱。他

---

[1] Agricol Perdiguier, *Mémoires d'un compagnon*, Moulins: Cahiers du Centre, 1914.
[2] 这里是指法国传统的职业教育方式，当时的年轻匠人必须离开家乡到全国各地学习掌握不同领域的手艺和技能，这被称为"巡回学徒制度"。这种传统开始于中世纪，到19世纪中期仍然非常流行。——译者注

描述说，1820年代的木匠会自己高声朗读迪西（Ducis）对莎士比亚的18世纪改编以及拉辛的《费德尔》(*Phèdre*)，还提到他在购买一套伏尔泰的悲剧作品时的喜悦。[1]正如约翰纳·罗斯在英文语境中论述的，这种对于"高雅文化"的偏好并不一定反映了工人阶级读者保守的政治立场。任何文本对个体的影响都难以预测。在罗斯看来，经典文学既可以让工人变得激进，也可能使其变得温和。[2]如前所述，佩迪吉耶是拿破仑三世的对头。

因此，托兰和佩迪吉耶都是有批判性的读者，他们都对理想中的工人阶级读者有清晰的方案。托兰想要与邪恶的低俗小说战斗，而佩迪吉耶则希望传递他对于人文学科、戏剧，以及古典教育的益处的热爱。但是，其他自学成才者在努力追求自我教育和思想解放的过程中又阅读了什么呢？[3]从某种程度上说，自学成才者接受了专注阅读实用书籍的建议，也从令人振奋的经典作品中获得知识。他们当中的许多人感到单纯娱乐的小说是浪费时间。但是他们对于自我提升的文学的反应并不相同。尽管常常阅读同样的书籍，但他们对这些书作何思考并不总能被预测。对他们

---

[1] Perdiguier, *Mémoires*, p. 137.

[2] Rose, 'Rereading the English Common Reader', p. 64.

[3] Martyn Lyons, 'The Autodidacts and their Literary Culture: Working-class autobiographers in nineteenth-century France', *Australian Journal of French Studies*, vol. XXVIII, no. 3, 1991, pp. 264-273 gave a short preliminary answer to this question.

反应的记录提醒我们，任何文本对于读者个人的影响从来都不是预先注定的。书籍接受史研究者不可避免会遭遇各种各样的读者反馈。在一份文本和它的挪用之间，存在着一个隐喻的空间，按照夏蒂埃的说法，这是一个清晰可读的场域（espace lisible），读者在其中形成自己独立的解读。[1] 工人与他们所获得的文本展开自己的对话，并且准备好去质疑自由主义政治经济学的假设。他们从自己的生活和工作经验中寻找答案，这种求索可能导致他们走向社会主义和理性主义。当然，这些目的地并不总是他们的道德监护人想要的。

读者个人用他们的文本构建自己的意义，尽管如此，自学成才者的阅读实践仍存在着一些共同特征。他们对不同的文学体裁有着相似的喜好与评价。从某种程度上说，在所采纳的行为准则之中，他们无意识地建立了斯坦利·费什（Stanley Fish）所谓读者的"诠释共同体"。[2] 他们基于趋于一致的什么构成了优秀文学的假设，发展出共同的阅读策略。17世纪经典文学是一个共同的交汇点，而卢梭是在许多自学成才者藏书中占据主导地位的激进主义存在。夏

---

[1] Roger Chartier, *The Order of Books: Readers, authors and libraries in Europe, between the fourteenth and eighteenth centuries*, Stanford: Stanford University Press, 1994.

[2] Stanley Fish, Is There a Text in This Class? *The authority of interpretive communities*, Cambridge, MA: Harvard University Press, 1980.

多布里昂的作品是另一种强烈影响。沃尔内（Volney）对工人阶级的反教权主义有着国际性影响，伏尔泰也是如此。自学成才者个体化的阅读与反馈尽管存在明显的分歧，但是他们分享着相同的兴趣，并热切地阅读同一种想象中的图书馆。

有一部分人肯定用他们有关政治和经济的阅读来发展社会主义思想。然而，法国社会主义有许多不同的渊源。埃蒂耶纳·卡贝的作品就是其中之一。纳多会读工人报刊《工厂》，也回忆说1834年时自己被请求在巴黎的红酒店里大声朗读卡贝的报纸《人民》。[1]卡贝的思想在里昂有一群追随者，如上文所述，文盲诺贝尔·特鲁昆在那里第一次了解了这些思想。工人阶级还遇到社会主义理论的其他分支。克洛德·热努在从烟囱清扫工转行为印刷工时，也开始接触工人报纸《工厂》，而他熟悉的是比谢的基督教社会主义。[2]里昂的丝织工人约瑟夫·伯努瓦（Joseph Benoît）属于法国社会主义的另一个分支。在里昂丝织商店1830年代饥饿、失业和暴动的环境中，他逐渐变得激进。这也要归功于他读过的那本布奥纳罗蒂（Buonarroti）初版于1828年有关1796年巴贝夫（Babeuf）的平等派密谋（Conspiracy of the Equals）的历史作品。伯努瓦阅读了巴贝夫主义报纸《博爱

---

1 Nadaud, *Mémoires de Léonard,* pp. 140-141.
2 Genoux, *Mémoires d'un enfant de la Savoie*, p. 275.

报》(Fraternité),后来他自己也成为供稿人。伯努瓦是坚定的共产主义者,卡贝在他眼中是影响里昂工人的竞争对手。[1]

对于伯努瓦和许多其他工人阶级读者而言,卢梭的影响力始终存在。或许伯努瓦特别乐于接受卢梭是因为父亲曾送他去日内瓦的学校读书。卢梭不单纯是得到了普遍认可的作家,还是激进主义思想的来源。伏尔泰和沃尔内是另外两位自学成才的工人阶级读者群体还会阅读的作家。19世纪的法国工人阶级读者已经将伏尔泰视作具有某种权威地位的作家。他的作品得到了资产阶级读者的高度评价,在19世纪早期就被承认为法国文学遗产的一部分。所以钳工学徒康斯坦·勒帕热(Constant Lepage)第一次接触伏尔泰的70卷本作品集,是缘于他在跌出(déclassé)资产阶级的父亲在勒阿弗尔的藏书中找到了它们。[2]伏尔泰还强化了许多激进分子的反教权主义,与此同时,沃尔内、霍尔巴赫(Holbach)、梅利耶(Meslier)的作品也起到了刺激作用,宗教历史作品自身也是如此,因为它们可能在无意间向读者证明了十字军东征、宗教战争和宗教裁判所的荒唐与不义。工人读者如饥似渴地阅读历史、科学作品并试

---

[1] Joseph Benoît, *Confessions d'un prolétaire*, Paris: Éditions Sociales, 1968, first published Lyon, 1871, pp. 56-7 and 73-74.
[2] X.Egapel (pseudonym of Constant Lepage), *Soixante Ans de la vie d'un prolétaire*, Paris: Vanier, 1900, p. 34.

图掌握外语。来自佩尔什（Perche）的路易-阿尔塞纳·默尼耶（Louis-Arsène Meunier）是一位吃了上顿没下顿的棉布纺织工，他在1820年代成为一位流动的学校教师，但是由于不懂拉丁语，他感到自己受到社会上层的嘲笑。因此他在当地一位律师的帮助下自学拉丁语。非凡的默尼耶宣称说，在6年的时间中他每天阅读8小时，把罗兰的《古代史》（*Ancient History*）的大部分章节都记在了脑子里。他从朋友那借书，在归还前的3周时间内通读两遍。[1]

然而，小说和消遣性阅读并不是我们通常认为的严肃的自学成才者所热衷的文学。激进的巴黎公社社员，后来因为纵火罪（pétroleuse）被判处死刑的维克托林·布罗谢（Victorine Brocher）冷峻地回忆说，在她的家庭中"我们阅读进步主义报纸"。[2]那些经历"转变"而在阅读时变得更严肃且有目的性的读者在回顾往昔时，将小说阅读视为愚蠢轻浮的浪费时间。就这一点来说，圣西门主义者苏珊·瓦尔坎（Suzanne Voilquin）回忆起了那些她给母亲朗读从当地阅览室借来的小说的夜晚。在自传中回顾这段经历时，她觉得自己从中得到的一切都是一种虚假的意识。"从这些小说

---

[1] Louis-Arsène Meunier, 'Mémoires d'un ancêtre ou tribulations d'un instituteur percheron', *Cahiers percherons, 65-6*, 1981, pp. 38-44. 默尼耶的回忆录第一次出版是在1904年作为副刊出现在教师期刊 *L'École nouvelle* 中。

[2] Victorine B.（Brocher）, *Souvenirs d'une morte vivante*, preface by Lucien Descaves, Paris（Maspéro）, 1976, p. 34.

中",她写道,"我对现实生活产生了错误的想法"。[1]尽管如此,女性读者对于小说的态度比男性更为宽容。苏珊·瓦尔坎读过乔治·桑的书并且经常提及她。

工人阶级读者将小说置于价值不高的地位,回应着托兰对于当代小说家的批评。另一方面,许多工人阶级的自传作者,如托兰和佩迪吉耶,都对小说采取了个人的和选择性的处理方法。男女读者都读过他们那个世纪的一些经典小说家的作品。夏多布里昂和雨果特别被这些自传作者铭记。

夏多布里昂尤其对两位自传作者产生了重要影响。1847年,他的《基督教的真谛》(*Génie du christianisme*)给22岁的康斯坦·勒帕热留下了深刻印象。勒帕热非常惊奇,因为他曾以怀疑的眼光看待夏多布里昂,认为他是正统主义者和虔诚的天主教徒。夏多布里昂克服了这种不信任并让勒帕热产生了一种宗教上的转变,勒帕热发现夏多布里昂和伏尔泰的怀疑主义构成了令人耳目一新的对比。勒帕热继续阅读了《勒内》(*Réné*)、《阿达拉》(*Atala*)和《殉道

---

[1] Suzanne Voilquin, Souvenirs d'une fille du peuple ou la Saint-Simonienne en Egypte, ed.Lydia Elhadad, Paris: Maspéro, 1978, p. 65(first edition 1866).更多关于瓦尔坎与圣西门主义之间的关系,见 Susan Grogan, *French Socialism and Sexual Difference: Women and the new society, 1803-44*, London(Macmillan Press, now Palgrave),1992。

者》(*Les Martyrs*)。[1]大概十年之后,年仅13岁,正准备在巴黎开始服装商助手工作的格扎维埃-爱德华·勒热纳也被夏多布里昂启发。他将自己求知欲的缘起追溯到了他在蒙马特(Montmartre)的学校中收到作为奖励的《基督教的真谛》的那一天。他那时才11岁,但夏多布里昂将他转变为了一位作者。他写道:

> 怀揣热切,带着激情,我一遍又一遍阅读这诗意与文体上的不朽杰作!我敢说,我此前闭塞而狭隘的灵魂,突然向前所未知的崇高的自然与知识的地平线敞开。[2]

夏多布里昂似乎能够导致一种突然的灵魂苏醒。

维克托·雨果同样在自学成才工人的理想图书馆中占据一席之地,因为他被当作社会激进分子阅读。维克托林·布罗谢显然从她的进步主义报刊中抽出阅读时间,因为她说《悲惨世界》启发了她,她在1860年代中叶从阅览室借阅了这本书,之后她每年都会重读一次。[3]她将这本书描述为伟大的社会哲学作品,值得每天花一法郎去借阅。工人阶

---

1 Egapel, *Soixante Ans*, pp. 178-180.
2 Lejeune, *Calicot*, p. 101.
3 Victorine B., *Souvenirs*, p. 62.

级知道自己想从虚构文学中得到什么。比如拉马丁的《沉思录》就备受推崇，但读者也注意到了拉马丁的政治立场。在工人报纸《人民蜂巢》上，一名叫塞西尔·杜富尔（Cécile Dufour）的裁缝称赞了拉马丁的声名，信誓旦旦地说他的作品在工人读者之间竞相传阅。[1] 尽管如此，杜富尔还是被拉马丁的小说《乔斯琳》（Jocelyn）中的一些段落震惊，其中认为路易十六是嗜血群众暴力的无辜受害者。有感于这位大众读者的批评，拉马丁试图为他的政治记录辩护，并试图赠送杜富尔一本免费的《乔斯琳》来安抚她。

工人阶级尊重资产阶级文学文化中的经典，但是他们根据自己的现实主义价值观和对阶级斗争的理解来判断这些作品。他们阅读高乃依和拉辛这些17世纪的经典杰作。他们学习死语和外语。比如克洛德·热努的阅读就包括但丁、彼得拉克、塞万提斯、康德和德·斯塔埃尔（de Staël），或至少他宣称如此（但是他在去秘鲁和堪察加的捕鲸船上做厨子时肯定有充足的时间阅读）。热努在之前做烟囱清扫工时，阅读沃尔特·司各特、《堂吉诃德》、卢梭的《忏悔录》和沃尔内，至少从他自传中用的文学典故中可以看出这一点。[2] 他阅读弗洛里安（Florian）和迪尔费（d'Urfé），但是他

---

[1] Cécile Dufour, ouvrière en modes, 'A M. de Lamartine', *La Ruche populaire*, sept. 1839, pp. 15-18, 另见拉马丁在十一月期上平平无奇的回应。
[2] Genoux, *Mémoires d'un enfant de la Savoie*, e.g. pp. 99, 107, 133.

认为拉马丁的《沉思录》无与伦比。这些书对于他的工作并没有任何实际用处。

工人的文学文化因此范围广泛，并非局限在社会主义经济学或是明显的无产阶级主题中。自我教育为那些自学成才者打开了文学经典世界的大门，让他们热情地进入其中。他们转向了法国和欧洲文学中公认的丰碑。自我教育的工匠所获得的资产阶级的或是学术性的文化，对他们来说可能是格格不入的。格扎维埃-爱德华·勒热纳受到夏多布里昂的启发，致力于阅读那些"各时代各国家伟大人物的作品：历史学家、哲学家、诗人、国家和宗教的奠基者"。[1] 这并非事情的全貌。自学成才的工人并非被动的读者，他们被高雅文化的文学杰作吸引并不能决定他们对这些文本的个体反应。工人阶级读者吸收"高雅文化"的作品，但是以自己的需要和标准衡量之。他们对文学经典的阅读是个人化且不可预测的。许多人阅读自由主义政治经济学是为了反对其原则以支持社会主义。他们阅读小说也是为了利用其强化他们关于当代社会不公的观念。

1　Lejeune, *Calicot*, pp. 13-14.

工人图书馆

有大量的迹象表明,在19世纪下半叶,那些大号孩童,即大众读者有了自己的想法。在未受鼓励的情况下,工人通过自主努力建立了自己的图书馆。小群工人开始聚集在一起,为独特的工人阶级阅读文化奠定基础。我们对其成就的唯一了解往往来自他们的敌人,要么是对任何独立的工人组织的目的感到焦虑的地方精英,要么是致力于把所有独立行动都纳入政府监督之下的管理人员。因此,1838年,里昂的警察开始注意到工人阶级聚集区红十字山(Croix-Rousse)存在阅读俱乐部(Société de lecture)。俱乐部的藏书包括圣茹斯特(Saint-Just)、马拉和罗伯斯庇尔的作品,它们以小册子的形式由巴黎出版社帕格内尔(Pagnerre)发行。俱乐部还制作了法国大革命《人权宣言》的海报,张贴在酒吧、车间和公共场所。[1] 这个俱乐部显然试图进行一些共和主义宣传,同时加强其成员的教育。

另一个工人阶级独立性的例子出现在1867年的工业城市圣埃蒂安(St Étienne)。这座城市在前一年建起了两座大众图书馆,这让城市里的显贵,尤其是教士精英感到惊愕。当地的报纸《卢瓦河参考报》(*Le Mémorial de la Loire*)攻

---

1 Archives Nationales, BB18. 1374, no. 6342.

击这些图书馆，而《里昂进步报》(Le progrès de Lyon) 则为其辩护。当一群天主教显贵向帝国参议院递交正式控告时，这场争论成为了全国性政治议题，在参议院中，文学批评家圣伯夫发表了激动人心的演说支持思想自由。[1]保守主义反对者则指责圣伯夫的无神论，甚至有人向他提出决斗（他对此不予理睬）。由于教育部并不准备监管全国图书馆的每个书架，圣埃蒂安的显贵最终没有得到满意的结果。

圣埃蒂安的工人自己选择书籍，消极地拒绝当地要人的推荐。教士的请愿书反对伏尔泰的《哲学词典》、《老实人》(Candide)、《查第格》(Zadig)以及卢梭的《忏悔录》《爱弥儿》。教士还反对乔治·桑和欧仁·苏，因为据说他们攻击婚姻制度、为自杀开脱并把通奸合理化。教士认为工人选择读拉伯雷(Rabelais)是危险的，读米什莱的《女巫》(La Sorcière)、勒南的《耶稣传》(La Vie de Jésus)和拉梅内的《一位信徒的话》(Paroles d'un croyant)也是如此。他们担忧在大众图书馆中收录安凡丹(Enfantin)、路易·布朗、傅立叶和蒲鲁东的作品可能会促进危险的社会学说。圣埃蒂安是个特别的例子，因为圣伯夫单枪匹马的干预而成为全国的

---

[1] Roger Bellet, 'Une Bataille culturelle, provinciale et nationale, à propos des bons auteurs pour bibliothèques populaires', *Revue des sciences humaines*, vol. 34, 1969, pp. 453-473; Charles-Augustin Sainte-Beuve, *A propos des Bibliothèques populaires* (speech in Senate, 25 juin 1867), Paris, 1867; Lyons, *Triomphe du livre*, pp. 367-369.

关注对象。但这也是个有用的提醒，工人即使面临与社会保守力量的直接对抗，也会在阅读的选择上保持自主性。

1863年，位于巴黎第三区的大众图书馆受到了内政部的猛烈抨击，因为其组织者试图逃避市政监管。[1]这座图书馆在1861年由石印工吉拉尔（Girard）牵头创立，是此类图书馆第一次出现在巴黎，如今仍在杜伦街54号，可以参观。第二座大众图书馆很快就出现在第18区。到1879年时，有8座这样的图书馆在首都运作，这种活跃程度迟早会引起当局的注意。巴黎的地方官员介入其中，使借阅者的登记"规范化"并且强制将每晚的开放时间统一在8点到10点。[2]财政补贴的提供与否取决于这些要求是否被接受，通过这种方式，独立的工人机构落入地方官僚的监督之下。

帕斯卡尔·玛丽（Pascale Marie）的研究进一步揭示了教育之友协会（Société des Amis de l'Instruction）的兴衰，这个机构在巴黎建立了好几座图书馆，包括前面提到的第三区的图书馆。[3]工人自己管理着协会图书馆。他们支付订阅费用，并负责购买新书。然而1868年之后，内政部长坚持要求监督和审查图书馆目录。第三区的图书馆有一个特

---

[1] Archives Nationales F1a 632, 10 février 1863.

[2] Saint-Albin, *Bibliothèques municipales*, p. 31.

[3] Pascale Marie, 'La Bibliothèque des Amis de l'Instruction du IIIe arrondissement', in Pierre Nora, ed., *Les Lieux de mémoire* - 1, La République, Paris: Gallimard, 1984, pp. 323-351.

别之处值得注意：它向女性开放。如果算上协会管理下的5个郊区图书馆和雷奥米尔街（rue Réaumur）上的实证主义图书馆的话，教育之友协会在1882年一共有18座图书馆。订阅者一共有8000人，其中25%是女性，40%是工人或工匠。

图书馆的馆藏一开始反映的是组织者对于有指导意义作品的偏好：技术手册、关于化学的作品以及机械制图。除此之外，教育之友协会还收藏一些当时的实证主义与科学文献的经典，比如达尔文的《物种起源》。第三大类别是历史，尤其是关于法国大革命和19世纪历史的作品。1862年时，历史类在第三区图书馆馆藏书籍目录中占据2%。[1] 教育之友协会没有显示出任何社会主义倾向。无论是傅立叶、蒲鲁东还是卡贝的书都没有出现在1862年的目录中，协会也没有订购任何关于巴黎公社的文献。直到1909年，目录中才出现了路易·布朗和让·饶勒斯（Jean Jaurès）的作品。到此时，大众对于娱乐文学的贪婪需求影响了协会的购书政策，从而使其失去了特色。协会是工人思想解放斗争的先驱，既不受教士的影响，亦不受政府监督。

劳工联合会（Bourses du Travail）在1890年代继续了这一斗争，它为工会成员提供自己的图书馆，并且有意识地帮助激进分子接受教育。劳工联合会的工作常常和费尔

---

[1] Marie, 'Bibliothèque des Amis de l'Instruction', p. 342.

南·佩卢蒂埃(Fernand Pelloutier)联系在一起,尽管他并非这场运动的创始人,而且在1901年就因罹患肺结核而早逝,年仅33岁。然而佩卢蒂埃首先把精力放在用劳工联合会的旗帜团结工会上,并且将地方性分支凝聚为全国性组织。正如佩卢蒂埃自己指出的,劳工联合会有4大目标。[1]它首先是一个互助组织,为工人寻找工作、提供失业救济、在发生意外时提供援助,以及提供津贴帮助劳工迁移他处寻找新工作。这些服务代表了手工行会(compagnonnage)中互惠主义的遗产,如今成为联合起来的工会(syndicat)的任务。其次,也是对我们的课题最为重要的,劳工联合会是一个教育工人的机构,拥有借阅图书馆和可供学习的课程。第三,它是政治宣传的中心;第四,它承担抵抗的任务,换句话说,它要为罢工积累资金。最重要的是,劳工联合会由工人组成,受工会代表管理,并且只有工会成员才能加入。这至少是理想的情况,但若是依赖公共机构的仁慈与慷慨资助就永远面临着不得不妥协让步的局面。佩卢蒂埃的思想以及劳工联合会本身都有无政府主义的一面,至少在1886年联合会建立到1905年与总工会(Confédération générale du travail)分道扬镳期间是这样的。的确,工人联

---

[1] Fernand Pelloutier, *Histoire des Bourses du Travail*, Paris: Publications Gramma/Gordon and Breach, 1971, pp. 141-143, (first published in 1902). See entry on Pelloutier in Jean Maitron, ed., *Dictionnaire biographique du mouvement ouvrier Français, vol. XIV, 3ᵉ partie, 1871-1914*, Paris: Éditions ouvrières, 1976, pp. 231-233.

合起来组织包括图书馆在内的自治机构,这个概念本身就具有无政府主义潜质。在佩卢蒂埃和早期劳工联合会处,这个趋势被无政府工团主义的理想凸显出来。比如佩卢蒂埃相信全体工人总罢工的潜力,并且他否定走议会斗争路线的社会主义的妥协与动摇。在佩卢蒂埃看来,工人必须通过自己的努力解放自己,因为永远不能相信议会立法能够做到这一点。这些激进的情绪并没有阻碍佩卢蒂埃和劳工联合会从事"可能主义"改革:缩短工时、更好的工人医疗服务,或者只是帮助工人找到一份工作。

劳工联合会的图书馆可能成为工人的大学,工人可以从中找到资料,以帮助理解自己的困境以及那些压迫他们的社会组织。佩卢蒂埃所设想的图书馆有助于训练激进分子,从技术文献以及达尔文主义与自然科学的最新作品,到当代作者如阿纳托尔·法郎士和埃米尔·左拉的想象性文学,不要忘了还有从亚当·斯密与圣西门,到马克思与克鲁泡特金的社会理论和政治经济学作品。[1]激进分子同样需要通过学习法国大革命来培养历史意识,这体现在劳工联合会图书馆中的米什莱、奥拉尔(Aulard)、布奥纳罗蒂和饶勒斯的作品。巴黎公社的历史也同样在书架上。[2]在这些书

---

[1] Pelloutier, *Histoire des Bourses du Travail*, p. 180.

[2] Juliette Spire, 'La Bibliothèque de la Bourse du Travail à Paris: Étude des acquisitions de 1898 à 1914', unpublished *mémoire de maîtrise*, Université de Paris-1, 1985, chapter 4.

籍的帮助下,工人被教导"关于自己悲惨境遇的科学"(la science de son malheur)。从这个角度来说,工人阶级的阅读具有革命潜力。[1]佩卢蒂埃的座右铭是"为了反抗而教育"(Instruire pour révolter)。

1892年劳工联合会联盟出现时有14个分会。到1898年,分会达到51个,总计有近1000个不同的工会。到1900年,佩卢蒂埃宣称他的联合会涵盖了法国48%已经加入工会的工人。[2]该网络在佩卢蒂埃死后以更快的速度成长,到1911年,劳工联合会的数量达到143个。[3]然而到此时,这些劳工联合会已经变得相当保守了。无论如何,并不是所有联合会都有图书馆,事实上唯一一座隶属于劳工联合会的大型图书馆仅见于在巴黎水堡街(rue du Château d'Eau)的总部。对于大多数省级联合会而言,有固定的购书预算和超过两三百本的馆藏就算幸运了。[4]只有在拥有5000卷藏书的巴黎联合会图书馆中,这种尝试才初具规模。

联合会图书馆向所有人开放,但只向工会成员借出书籍。开放时间为工作日和周六的上午9点至晚上11点,不

---

[1] Jacques Julliard, *Pelloutier et les origines du syndicalisme d'action directe*, Paris: Seuil, 1971, pp. 243-244.
[2] Pelloutier, *Histoire des Bourses du Travail*, pp. 130-133.
[3] Julliard, *Pelloutier*, p. 257.
[4] Daniel Rappe, 'La Bourse du Travail de Lyon des origines à 1914', unpublished *mémoire de maîtrise d'histoire contemporaine*, Université Lumière, Lyon-2, 1997.

过节假日时中午就关门。图书馆由地方政府资助，图书来源包括政府捐赠与直接购买。1898年至1905年间，根据图书管理员的购书登记，图书馆新馆藏反映了佩卢蒂埃的某些偏好。新书的主要类别是：[1]

> 社会科学、统计学和经济 36.7%
> 一般文学 17.8%
> 技术作品与手册 13%
> 历史与地理 10.65%
> 园艺学 6.2%
> 自然科学（包括人类学）6%
> 哲学、宗教、教育 2%

很明显，"一般文学"是个很重要的类别，劳工联合会并没有驱逐小说。事实上，佩卢蒂埃本人认为，图书馆应当展现出一种健康的"折衷主义"，而非完全拒斥资产阶级的人文主义文化。[2]这样也好，因为借阅者正需要小说。1906年时81%的出借书籍都属于一般文学这个类别。[3]

正如我们讨论过的，巴黎的劳工联合会图书馆与其他

---

1 Spire, 'La Bibliothèque de la Bourse du Travail', p. 135.
2 Pelloutier, *Histoire des Bourses du Travail*, p. 181.
3 Spire, 'La Bibliothèque de la Bourse du Travail', p. 83.

定义专属于工人的阅读文化的尝试一样，批判而有选择地对待小说。[1] 报刊上连载的煽情小说被拒斥，正如亨利·托兰拒斥它们一样，欧仁·苏和其他许多大师的书也都没有出现在书架上。工人阶级文化一贯偏好现实主义或自然主义小说，尤其是那些有真实工人阶级背景的小说。因此，图书馆优先考虑的是"反资产阶级"小说。这基本上就意味着巴尔扎克和左拉的作品，事实上这几乎占去图书馆所购买小说的半数。图书馆藏书中有40种巴尔扎克的作品和34种左拉的作品，此外还有乔治·桑的作品、被认为反资产阶级的《包法利夫人》、德雷福斯派的阿纳托尔·法郎士与奥克塔夫·米尔博（Octave Mirbeau）的作品。[2] 图书馆为了满足顾客的口味做出了一些让步，也收藏了一些维克多·雨果和儒勒·凡尔纳的作品。

劳工联合会很难保持其最初的斗争精神。尽管该运动曾试图建立起一个独立的工人文化中心，实际上却从未取得完全的自主。当局坚持图书管理员应由地方官员提名。而且购买只构成了一小部分馆藏，剩下的藏书来自个人捐赠，或者是官方组织、市议会、政府部门以及众议院的礼物，这些机构希望图书馆能够提供一般行政性质的书目凭

1　Ibid., chapter 6.
2　德雷福斯派（dreyfusard）即在德雷福斯案件中支持重审的一方。——译者注

证。[1]难怪研究这些图书馆的历史学家质疑其激进使命的完整性，因为工会代表并不完全负责图书馆的书籍添置。这些矛盾在1905年以牺牲工会主义者为代价得到解决，他们失去了对劳工联合会的控制。联合会落入地方政府的控制，并且越来越依赖政府当局来维持巴黎的图书馆。作为参考的馆藏得以保留，但图书馆原初的战斗功能成为累赘。比如，当局捐赠了德鲁莱德（Déroulède）的极端民族主义作品和殖民主义书籍，它们都与劳工联合会早期的无政府工会意识形态相去甚远。[2]

劳工联合会曾短暂地试图塑造一种独特的工人文化，这种文化是现实主义的、平等主义和具有反叛精神的，同时对资产阶级文学也表现出一定程度的尊重。与上文提到的其他工人图书馆一样，这种尝试受到了工人自己对小说的需求的挑战，并且最终被国家行政人员和公共机构扼杀了。事实上，尽管劳工联合会高举革命论调，但却始终依赖于当局的仁慈。

作为作者的工人

工人不仅是读者，他们也写作。如果我们要全面衡量

1　Ibid., pp. 26-28.
2　Ibid., p. 105.

他们在建设独立文学文化方面的成就，就必须同时考虑工人作为诗人，尤其是自传作家的现象。那些闯入出版业的工人的写作生涯同样有助于解释他们与惴惴不安的资产阶级之间的关系，后者不仅面临着大量"新读者"的出现，还有一类全新的作者的到来。

工人阶级作者想方设法使他们的写作努力合法化，并且几乎不可避免地模仿来自高雅文化世界中的文学人物。然而，他们文学活动的模仿性质换来的是嘲笑而非掌声。缺乏教育的工人带着骄傲向过去的知名作者脱帽致敬，这在有教养的精英看来或许是对文学经典的嘲弄。布尔迪厄准确地描绘了那些寻求被接纳的自学成才者的矛盾窘境：

> 传统的自学成才者在本质上被定义为崇敬高雅文化的人，这是他被高雅文化野蛮而仓促地排除在外的结果。这导致了对高雅文化的过分与拙劣的虔诚，因此不可避免地被官方文化的代理人看作一种滑稽的敬意。[1]

那道将他们与声称生来就属于文学世界的人分隔开的文化鸿沟，对于自学成才者而言并不是轻易可以跨越的。

1　Bourdieu, La Distinction, pp. 91-92.

一些工人成为出版了作品的诗人。诗歌并不是遥不可及的学术文化的保留地,它能够被工人阶级读者重新加工,并且被工人阶级作家创作与出版。然而,工人的诗歌常常是他们继承下来的口头文化的延伸,这种口头文化借流行歌曲得以保存下来。此外,工人诗人并不总是用法语写作,他们偏好使用更贴近大众的当地方言。比如理发师雅斯曼(Jasmin)用欧西坦语(Occitan)写作,希望在19世纪中叶出现一场地方语言的复兴。[1] 相比于散文,诗歌更接近大众的口头传统,能够表达一种新兴的阶级意识,并且在19世纪的报纸上找到现成的发表途径。

工人阶级的自传是另一个清晰的标志,表明其日益增强的自我意识与对出版文字的掌握。没有正式的指导,没有捉刀代笔者,没有文学资格证,一群杰出的人开始写作他们自己的故事。他们提供了这一时期工人阶级的个性化历史,个性化历史的口头传播此时渐渐式微,而现代的口述历史尚未发明。

本章所参考的自传通常在作者在世时就以书籍的形式或者在当时的期刊上发表。当然有一些最近才被发现,比如格扎维埃-爱德华·勒热纳的笔记本,这位退休的布料

---

[1] Alphonse Viollet, *Les Poètes du peuple au xixe siècle*, ed. M. Ragon, Paris: Librairie française et étrangère, 1846; François Gimet, *Les Muses prolétaires*, Paris: Fareu, 1856.

商直到1918年去世前,都对自己持续终身的写作秘而不宣,甚至对妻子也三缄其口。勒热纳的孙辈让这些笔记重见天日,其中一位正好就是著名的自传作品评论家菲利普·勒热纳(Philippe Lejeune)。另一位试图推迟作品出版的是法国社会主义者贝努瓦·马隆(Benoît Malon),他要求自己的回忆录要在死后(他死于1893年)至少十年再出版。他的追随者饶有兴致地遵从这项命令,直到1907年马隆的回忆录才问世。[1]只有一小部分工人阶级自传是以私人方式出版的。维克托林·布罗谢的回忆录以"维克托林B"之名于1909年在洛桑由作者自费出版,这是法国罕见的私人出版的例子。1840年代,工人的作品发表在《人民蜂巢报》和《工厂》这样的期刊上(就算是工人诗人也需要拉马丁和乔治·桑这样的知识分子的支持)。法国的自传出版在1848年之后才开始兴起,并且在1870—1914年间达到顶峰。自传很大程度上被看作一种英式体裁,并且工人阶级的自传也确实在19世纪的英国更为普遍。1866年版的《拉鲁斯字典》(*Larousse Dictionary*)把自传描述为英国人的发明,在法国仍然很少见。[2]1888年,评论家布吕内蒂埃(Brunetière)抱怨"个人

---

[1] Benoît Malon, 'Fragments de Mémoires', *Revue socialiste*, vol. XLV, janvierjuillet 1907 (several parts).
[2] Grand Dictionnaire Larousse, 1866 ed., I, p. 979. Quoted by J. H. Buckley, *The Turning Key: Autobiography and the subjective impulse since 1800*, Cambridge, MA: Harvard University Press, 1984, p. 38.

化文学"(littérature personnelle)的侵入及其自我中心论:"自我的一种病态且可怕的发展"。[1]

工人阶级作者所使用的媒介必须被独立地检视。他们写作自传的目的各有不同,为了警示、教导、记录、说教,不一而足。一些自传的书写是出于怀旧,一些是出于虚荣,还有一些是出于愤怒。他们在人生中的不同阶段书写,有些人在暮年回忆过往,有些人在经历个人创伤后重新审视自己,还有一些人为了重新评估自己而写作,以便解决如今被我们称作中年危机的问题。1849年吉朗利用被宣判入狱的时间书写他的《卑微者的传记》(*Biographie des hommes obscurs*),阿古利科·佩迪吉耶在1854年作为帝国迫害的受害者回忆了自己的一生。另一些人则在出版的诗歌与歌曲的前言中简要勾勒了自己的生活。他们以不同的风格写作,采用传统的文学习惯,但也有时跳脱既定程式以表达"未受教育"的作者更为真实的声音。我们必须考察自传事业的目的,以及主导他们自传的文学模式。

有三种类型尤其引人注目:白手起家者的成功故事、激进分子的回忆录和手工行会文学。[2] 雅克·拉菲特(Jacques Laffitte)的自传属于第一类,他是一位木匠的12个孩子之一,后来成为七月王朝中的一位领袖人物。他的自传显然是一

---

[1] Philippe Lejeune, 'La Côte Ln27', in *Moi aussi,* Paris: Seuil, 1986, pp. 264.
[2] 我粗略的分类似乎和特劳戈特的观点并不冲突,*The French Worker*, pp. 27-28。

份面向公众的文件，赞扬这位于1830年后在政治上扮演领导角色，并为路易·菲利普登上法国王位做出贡献的白手起家者的成就。拉菲特1812年出生于贝永（Bayonne），成为职员后，他利用雇主的图书馆阅读博叙埃以及芬乃伦、莫里哀、高乃依、拉辛、拉封丹、伏尔泰和卢梭。在首先消除了贝永口音这一向社会上层攀登的重要障碍之后，拉菲特像许多野心勃勃的年轻人一样来到了巴黎。在路易十八的统治下，拉菲特担任法国银行行长，成为一位帝国新贵（parvenu）。他在自传中夸耀位于时尚的绍塞当坦路的"镀金豪宅"。[1]拉菲特在回忆录中全文引述自己的政治演说，而且其中一章自负地用"国王与我"作为标题。拉菲特回忆录的大部分内容都局限在他作为政治人物的活动。作者压倒性的自负给读者留下了深刻印象。[2]他的虚荣心是典型的男性特质，表达了那些将自我价值与公共事业及行使政治权力紧密联系在一起的男性傲慢。从这个意义上说，白手起家者的自传是高度性别化的文本。

工人阶级女性作家则在第二个流行类别——激进分子回忆录——的作者群体中崭露头角。她们的兴趣不在于物

---

[1] 绍塞当坦路（Chaussée-d'Antin）是巴黎第九区的一条街道，因为地势较高环境较好而吸引了上流社会，成为豪宅聚集处。——译者注
[2] Jacques Laffitte, *Mémoires de Laffitte*, 1767-1844, ed. Jacques Duchon, Paris: Firmin-Didot, 1932.

质上的成功，而在于自我解放。这些自传真正的主题是作者逐渐的激进化过程与对压迫来源的认知。此外，她们的写作还带有历史目的，即从真实的角度，或者说从参与者和受害者的视角来叙述19世纪的革命斗争。维克托林·布罗谢的自传就是一个很好的例子，如同弗朗索瓦·马斯佩罗（François Maspéro）在20世纪出版的许多激进分子的回忆录一样。她的故事几乎完全围绕着她在1848年和巴黎公社时的经历展开。这本书动情地描述了二月革命与对巴黎公社的屠杀，在此期间布罗谢是救护车的工作人员。作者逐日记叙这些革命，最终以她被发觉并因纵火罪而被判处死刑落幕。她的叙述反映了19世纪工人普遍面临的物质生活问题，面包价格、寻找住所，以及工资水平等都得到了详细记述。维克托林·布罗谢准确地记录了买黄油和土豆的价钱，并且描述了她孩子的疾病与饮食，这在巴黎围城期间是一个至关重要的问题，那时的她在无意间发现自己正在吃老鼠肉做的馅饼。[1] 尽管工人阶级自传的风格经常是模仿性的，但它们明确表达了无产阶级的关切。这一类自传（布罗谢的也不例外）往往带有深刻的反教权主义的或无神论者的敌意，既不放过天主教徒也不放过新教徒。

在第三个普遍类型中，巡回学徒制度提供了关于手工

---

[1] Victorine B., *Souvenirs*, pp. 113-116.

行会自传的框架。他们袒露手工行会的"内幕",包括其仪式、学徒的歌曲、习惯与黑话。他们也毫不讳言酒瘾发作、内讧与频繁发生的工业事故,这些都是手工行会生活的一部分。相比于工厂中的工人,技术工人更有可能写自传。其中大部分是服装或建筑行业中的熟练工匠,比如石匠马丁·纳多,或者是从事印刷和图书销售行业的人(这些行业培养了许多文学作者和未来的记者)。服装业总是为熟练的女工提供机会。因此这些自传作者是有技术的精英,尽管如此,我们也不能想当然地认为熟练的技术、政治上的斗争精神与智识上的雄心之间具有直接而自然的联系。正如雅克·朗西埃(Jacques Rancière)指出的,政治参与和智识上的努力常常在高度以技术为基础的文化之外发展。[1]的确,他们可能会与成熟行业中的集体认同形成对立。我们不应惊讶于发现这些工人自传作者至少在他们生命中的一部分时间中四处漂泊。他们常常位于工人阶级职业文化的稳定世界的边缘,他们并未充分融入这种文化。

手工行会的传统世界在19世纪的衰落是阿古利科·佩迪吉耶这些作家的意识的基本特征。手工行会是一种互助与保护系统,能够使技术行业中的工人在一定程度上规范劳动力市场,这对于佩迪吉耶而言非常重要。在他看来,

---

[1] Jacques Rancière, 'The Myth of the Artisan: Critical Reflections on a Category of Social History', in Kaplan and Koepp, *Work in France*, pp. 317-334.

以行会成员身份周游法国，在一系列地方城市中找到工作并结交伙伴，这是收获成熟与专业技能的关键仪式。手工行会带来身份认同，一种在专业团体中扎根的感觉，但它也是分裂的。不同行会的成员与各异的责任之间相互竞争，并导致帮派冲突。他们彼此激烈争吵，有时甚至造成死伤。阶级团结根本无法在行会制度如此暴力的对抗、嫉妒与排他的精神中形成。无论乔治·桑如何美化，手工行会的共同体气质或许都无法产生19世纪末工人阶级组织所需要的斗争文化。在工人阶级自传作者当中，有工厂工作的直接经验的迪迈和布维耶（Bouvier）或许在关注劳工的不满时最接近于一种现代阶级意识。

尽管工业资本主义日益壮大，大多数在此引述的工人阶级领袖仍为保护自身利益抗争着。他们是在危机中写作，因为工作机会减少，那时的熟练技工都被迫彼此竞争。他们不必然是团结的阶级意识的一部分，他们对于工人阶级团结的概念也部分受制于行会制度。然而，他们清楚地意识到自己记录的是一种正在消失的生活方式，这要么是像木匠约瑟夫·瓦赞（Joseph Voisin）那样，为子孙后代保存工匠文化的记忆[1]；要么是像吉伦特·让-巴蒂斯特·阿尔诺（Girondin Jean-Baptiste Arnaud）那样，试图将这种生活方

---

[1] Joseph Voisin, dit Angoumois, *Histoire de ma vie et 55 ans de compagnonnage*, Tours: Imprimerie du Progrès, 1931.

式完全埋葬。阿尔诺认为工匠轻信而偏颇，并在说教味的自传中敦促他们放下暴戾的职业竞争。他认为，进步有赖于工人阶级的团结取代手工行会之间的分裂。[1]

工人阶级作者常常有意识地书写历史供大众阅读，但与此同时，撰写自传也满足了一种内在需求。自传是人确认自我认同的一个步骤，无论是作为个体还是作为群体或阶级的一员。写作行为本身带来了更深刻的自我认识与自我肯定。自传是对自我作为独一无二的个体以及工人阶级成员的一种肯定。菲利普·勒热纳将自传描述为"个人特质的历史"，并将自传设想为作者与他自己签订的协议。[2] 勒热纳认为，这个协议的目的在于救赎一个有缺憾的命运，并且挽救怀疑自我价值的人格。勒克勒佐的工人迪迈在考察了自己斗争与幻想的生活历程后满意地总结说，他已经为一项有价值的事业贡献了自己的力量（"我能够带着极大的个人满足说，我已尽我所能推动了人类进步车轮的前进"）。[3] 因此，自传赋予生命意义，并宣称：这一切终究不会是徒劳的。

对于这些"新作者"而言，问题在于找到一种合适的

---

[1] J. B. E. Arnaud, *Mémoire d'un compagnon du Tour de France*, Rochefort: Giraud, 1859, e.g. pp. 50, 65, 223, 300 and on p. 226.
[2] Philippe Lejeune, *Le Pacte autobiographique*, Paris: Seuil, 1975; and his On Autobiography, ed. P. J. Eakin, Minneapolis: University of Minnesota Press, 1989.
[3] Dumay, *Mémoires*, p. 75.

语言与风格来撰写他们的故事。比如，雅克－艾蒂安·贝蒂（Jacques-Étienne Bédé）的编辑就列举了作者的许多语法错误、时态误用、性数格不一致与糟糕的拼写。[1]他们是未受教导也不够文雅的作者，但是无论他们在正式意义上多么缺少教育，工人阶级作者在写作这项工作上有大量文化包袱。他们继承或获得了一种正确的文学风格的感觉，并且采纳了在自己的阅读中遇见的语言或风格上的模式。他们掠夺他们现有的比喻、象征与叙事技巧的文化资本，以获得最适合表达他们个人身份的风格。

自学成才的作者自然有自我意识，而且意识到悠久的文学传统的存在，他们改造这些传统为其所用。领导了1820年巴黎制椅工人罢工的贝蒂把自传写成了18世纪晚期的情节剧。贝蒂在其中不断地用一种浪漫的方式质问上帝与命运，这使人联想起迪克雷·迪米尼（Ducray-Duminil）的"哦，残酷的命运！"（O sort épouvantable）。故事始于一场精心设计的描绘了贝蒂父亲之死的演出。在雷声轰鸣的可怕雷雨中，他在自己的磨坊中不幸被一段沉重的横梁砸中。看到事故发生的叔叔晕了过去，"近乎丧命"（faillit perdre la vie）。[2]这种叙述读起来就像小说一般。贝蒂用迪

---

[1] Rémi Gossez, ed., *Un Ouvrier en 1820: Manuscrit inédit de Jacques-Étienne Bédé*, Paris: Presses Universitaires de France, 1984, pp. 45-49.

[2] Gossez, Un Ouvrier en 1820, 1984, p. 73. See the review by Michael Sonenscher in *History Workshop Journal*, 21, summer 1986, pp. 173-179.

第三章　无心插柳与抵制

克雷的方式将自传命名为"艾蒂安与玛利亚或友情的胜利"（Étienne et Maria ou le Triomphe de l'Amitié）。按照这种风格的要求，他提供了一个胜利的结局：1820年在友人玛利亚鼎力支持下，贝蒂得到了皇家赦免被从狱中释放。然而，结局（dénouement）有着小说般的反转。直到最后，贝蒂都隐藏了他挚爱的玛利亚，也就是忠实地为他从监狱释放而奔走之人的真实身份。读者了解到玛利亚其实并非贝蒂的妻子，而是他的同志比舍（Bicheux）之妻，这本书是献给比舍的，而比舍与贝蒂之间的真实关系就全凭猜测了。研究劳工的历史学家欣赏贝蒂的作品，并将其用作研究19世纪劳工斗争的珍贵史料，但他们并不总是欣赏贝蒂用来组织文本的叙事策略与小说式风格。[1]

格扎维埃 – 爱德华·勒热纳提供了另一个自学成才的作者利用伟大的浪漫主义作家的文学模板写作的例子。正如我们所见，正是夏多布里昂的《基督教的真谛》开始将勒热纳转变为一名作家。他的诗歌模仿雨果，他还效仿巴尔扎克，给他在百货商店工作的回忆录取名为"商店生活的场景"（Scène de la vie de magasin）。媒体是另一个重要的影响来源。勒热纳经常从报纸上剪下他在1860年至1918年间热切阅读的文章。他去世后留下的一些笔记本中是他收集

---

[1] Among them Traugott, *The French Worker*, pp. 47-48.

来贴在上面的剪报。[1]就像所有自学成才的作家一样，他努力从所知的模板中学习写作技巧。

工人阶级作者因此是善于表达但经验不足的少数。像拉菲特这样的少数几个人通过写作证明自己已经拥有了资产阶级的体面社会地位；其他一些人则以激进的反抗精神来教育他人。他们的作品不可避免地带有派生性质，正如他们临时拼凑的文学风格与叙事结构宣告着他们与"正统"文化的典范并存于世。

作为文化中介的工人知识分子

对于19世纪的自学成才者来说，阅读带有一种解放的目的。阅读也是培养一种宽泛的人文主义版"自我文化"的关键性手段。法国的工人阶级读者与作者采取了类似的阅读与写作实践，忍受着工人阶级整体上的贫穷、物质匮乏与缺少独处时间。他们的阅读偏好与批判性判断有一些共同的模式。基于这些原因，他们可以被认为属于一个独特的诠释性读者群体。这个群体是松散而非正式的：松散是因为它在民族与性别界限上存在分歧；非正式是因为它没有单一的组织体制来塑造他们自制的文学文化。

1　Philippe Lejeune, 'En Famille', in his Moi aussi, Paris: Seuil, 1986, pp. 199-200.

自学成才者的阅读实践源自一种克己与认真的共同审美。然而，自学成才的工人在社会心理与习惯上体现出了一些19世纪资产阶级文化的特征（节俭、节制、体面）。工人阶级读者与普通工友保持距离。阅读是一项孤独的活动，工人阶级读者个人常常被其工友回避，或是被当作特别的反社会隐士。阿古利科·佩迪吉耶回忆说，阅读的工人是被嘲弄的对象（un objet de raillerie）。[1]有些人可能会喜欢这种排斥，因为这给他们更多独处的时间来阅读。但是读者个人与同事的关系并不融洽。阅读为他们打开了中产阶级文化与中产阶级价值观的世界，这突出了他们立场的模糊性。

工人阶级的自传作者会抱怨工人的无知与酗酒，这些话出现于阶层高于他们的社会成员的口中也不奇怪。他们因此有不受欢迎的风险。当让－巴蒂斯特·迪迈反对他的孩子在学校里接受的宗教教育时，他被当成麻烦制造者。他回忆说："他的房子比任何时候都更像是被瘟疫侵袭过的"[2]迪迈想说的可能是当局要对他的遭遇负责，但迪迈这样的人也遭到了其他工人以及雇主的排斥。让－巴蒂斯特·阿尔诺将法国的手工行会形容为"盲目、轻信、偏见的崇拜者"（crédules ouvriers, aveugles et idolâtres de leurs préjugés）。[3]

---

[1] Perdiguier, *Mémoires*, p. 87.
[2] Dumay, *Mémoires*, pp. 302-303.
[3] Arnaud, *Mémoires*, p. 50.

工人读者和一般的工人之间横亘着鸿沟，彼此通常充满了难以掩饰的反感。甚至在野心勃勃的工人阶级知识分子和他们的工友之间出现了语言障碍。拉菲特为了使自己更容易成为巴黎的资产阶级而抛弃了他的贝永口音。对于佩迪吉耶和纳多来说，学习法语并抛弃方言（佩迪吉耶的母语是普罗旺斯方言）与乡音是在智识上进步的一部分。

纳多在很长一段时间中是横跨两个世界的工人。作为一名克勒兹省与法国首都之间的季节性移民工，他一部分是利穆赞人（Limousin），一部分是巴黎人，虽然说话自然带有利穆赞口音，但随着生活更为永久地集中在巴黎，他渐渐失去了乡音。自学成才的他鄙夷工友的冷漠，却也希望为他们的教育做点什么。他将自己立场的双重性描述为一种革命的先锋。他写道："在每一个行业中，最骄傲与最聪明的工人组成群体，激励大众并使他们耻于怠惰和冷漠。"[1] 纳多自认为是"最骄傲与最聪明的"，领导着其他人走出无知与冷漠。作为一位读者与自学成才者，纳多与其他工人疏离，但又自封为他们的向导与领袖。

工人阶级知识分子非常敏锐地意识到自己的与众不同。他们知道自己属于一个比大多数工人要更有决心和远见的小团体。他们倾向于用阅读实践来强化自己的区别感。在

1　Nadaud, *Mémoires de Léonard*, 1976 ed., p. 282.

孤独中，他们禁不住把自己想象成被挑选出来、具有远见的一群人。约瑟夫·伯努瓦形容1830年革命中的工人阶级先锋小团体说：

> 在人群中，在这茫茫大众之中，有一些慷慨之人。未来的秘密，如果说还没有公之于众的话，却已然透露给了他们不安而备受折磨的良知……但是这些人为数很少，并且孤立于混乱的人群中，就如同在沙漠里一样。[1]

然而我的目的并非论证19世纪的自学成才者正走在资产阶级化（embourgeoisement）的路上。我试图指出其困境远比这个过于简单化的术语所暗示的要复杂。这种拼凑的文化常常追随中产阶级的模式，但是在自学成才者所读的东西与他们作为读者对这些东西作何反应之间，存在许多可能的结果。一些情形确实是工人阶级的自学成才者决心将自己与出身彻底区别开来，但是几乎没有人会完全否认他们的阶级出身。情况是模糊的。工人阶级知识分子并不认为自己与那些在他们眼中大多懒惰且充满偏见的工人一样。但与此同时，他们也并不必然认同中产阶级版本的体

---

1 Benoît, *Confessions*, p. 32.

面。像伯努瓦和纳多这样的人把自己形容为革命先锋队的一部分，但是一般来说，自学成才者是文化中介，是拥有广泛知识的工人活动家，他们对神圣的文学传统有自己的诠释。

中产阶级的同情者从个人自律的角度来看待自我提升，而工人阶级的自学成才者常常从集体的角度来看待自我帮助。阿古利科·佩迪吉耶写道："我的生活总体上是和工人的生活联系在一起的，我在说我自己的时候便是为他们代言。我将我们的工作、习惯、风俗、过错、偏见、品质视为一体(faire communs)。"[1] 佩迪吉耶在多大程度上成功地为所有工人代言是有争议的，但尽管他自认为属于受过一些教育的先锋队，他仍然表达了与其他工人团结一致的意识。[2] 同样的道理，圣安托万郊区的锁匠吉朗坚定地宣称："我爱我的工作，我爱我的工具，尽管能够通过写作谋生，我也不想放弃锁匠的工作"。[3]

政治的激进化通过一个非正式但独特的读者群体对于小说、诗歌、历史或科学的效用的评价慢慢传开。印刷文化对于这种政治化至关重要，尽管它也依赖口头传播。私人网络、口头谣传与报道，在红酒店和其他地方的大声朗

---

[1] Cited in Ragon, *Histoire de la littérature prolétarienne*, p. 99.
[2] Traugott, *The French Worker*, pp. 28-30.
[3] Cited in Ragon, *Histoire de la littérature prolétarienne*, p. 82.

读，都在左翼激进分子的传播中发挥作用。这些自学成才者因此最好被视为文化的中介人，身处他们够得着的学术文化，与因为教育而若即若离的工人阶级出身之间。尽管在文化上有所转变，但是这些杰出的工人阶级读者极少与其根源失去联系。

只要阅读和写作还是不寻常的活动，它们就会带来巨大的牺牲与被工友排斥的风险。但是获得了资产阶级的文学文化并不一定会使工人阶级读者在政治斗争中偏离方向。相反，这其中有一个革命的目的。正如诺贝尔·特鲁昆在一个历史学家只能表示同情的请愿中敦促的那样：

> 当务之急是所有那些工作着并忍受着我们社会组织的罪恶的人们，应当依靠自己克服他们的困难（se tirer de l'affaire），并且通过团结为自己建设一个更美好的现在与未来。因此，每个人都必须以出版他们注解、笔记本和回忆录的方式，为这个共同的大厦添砖加瓦，一言以蔽之，任何文件都或许有助于摧毁不平等的旧世界并加速社会革命的到来。[1]

特鲁昆对于保护工人阶级文献的呼吁特别有趣，因为

---

[1] Truquin, *Mémoires et aventures*, p. 273.

它来自一种我们已经不再接触的阅读文化。19世纪自学成才者的文化实践已经被一个世纪的社会变迁所埋葬。普遍的学校教育让他们拼凑的阅读文化显得多余。新的休闲方式的兴起使他们的精读实践显得似乎过时了。一种普遍的文化涵化过程已经将我们所有人都转变为文化与商业化娱乐的消费者，而不是独立的自我解放的追寻者。19世纪自学成才工人的难以自拔的阅读，遥远地提醒着我们人被思想解放的热切渴望所驱动时所拥有的个人潜力。

第四章　女性读者：从艾玛·包法利到新女性

司汤达在1832年写道："让法国外省女性全神贯注的一大事情是小说阅读，因此法国才有了大量的小说消费。"他继续写道："在外省，极少有女性每月不读个5、6卷小说的，许多人读了15或20卷，而且你会发现没有哪个小镇没有两三个阅览室"。[1]司汤达对于女性图书市场的调查仔细区分了两类读者。一来是巴黎那些受人尊敬的读者，她们如司汤达所言，特别想要的是戈瑟兰（Gosselin）出版的八开本版沃尔特·司各特的小说，以供在沙龙中阅读；另一方面是小开本的"深闺女性小说"（roman pour les femmes de chambre），其中满是为了赚取外省小资产阶级读者眼泪的

---

[1] Letter to M.le Comte..., Aquila, 18 October 1832, in *Correspondance de Stendhal(1800-1842)*, ed. A. Paupe and P.-A. Chéramy, Paris: Bosse, 1908, vol. 3, pp. 89-93.

愚蠢场景。尽管外省女性有时也会尝试阅读体面的八开本小说（roman de bonne compagnie），但她们并不能完全理解。司汤达的评论暴露了一个巴黎知识分子对外省文化之平庸的偏见。但作为创作者，司汤达钦羡司各特能同时满足这两类女性读者。[1]他的证词具有双重重要性：强调了女性读者对19世纪小说市场的重要性；与此同时，在司汤达讨论"女侍小说"（novels for chambermaids）时那居高临下的口气中，我们也可以瞥见女性读者持久而具有主导性的形象。在19世纪乃至于今日，女性读者是，并且被塑造成轻浮的浪漫主义或煽情小说的肤浅消费者，这些小说不需要读者花费太多脑力。本章关注并试图取代的，就是这种对女性读者的表述。在19世纪末，天主教会和女性主义者向其女性支持者推荐了不同的阅读模式。

作为小说读者的女性

在波旁复辟时期，许多出版社都针对不断增长的女性阅读群体推出了一系列作品。它们并非都包含小说。比如勒菲埃尔和德劳内出版社（Lefuel and Delaunay）在1818年推出的《为女士挑选之书》（*Bibliothèque choisie pour les*

---

[1] On the popularity of Scott, see Martyn Lyons, 'The Audience for Romanticism: Walter Scott in France, 1815-51', *European History Quarterly*, 14:1, 1984, pp. 21-46.

dames）提供了包括像荷马、希罗多德与亚里士多德在内的希腊作家的作品选集。选集以订阅的方式出售，最开始时承诺有72卷，到1821年，出版商至少成功地以分期方式出版了其中的36卷。[1]老迪多出版社（Didot aîné）在1820至1825年间出版的《基督女性之书》（*Bibliothèque des dames chrétiennes*）是另一个提供训诫、精神指导、圣奥古斯丁作品与其他神学权威作品摘录的长期系列。它对于拉梅内而言是一个载体，他为其中许多书都撰写了前言与注释。[2]这些早期的女性文学系列有两个共同特点。第一，它们是小开本且易携带。《为女性挑选之书》是18寸开本，而《基督女性之书》是袖珍32寸，这是私人祈祷和带去教堂时的理想选择。第二，它们翻印的是简短而便于理解的摘录，或者说精选片段（morceaux choisis）。人们并不期待女性订阅者会费力读完整部《伊利亚特》，而女基督徒可以通过容易吸收的"简讯"（'bite'）或小册子（opuscule）来默想教父们的话语。

然而，女性读者的首要定位是小说和贵族回忆录的消费者。老迪多的《献给女性的最佳法语作品选集》（*Collec-*

---

1 *Bibliographie de la France*, vol. 7, no. 41, 11 juillet 1818, p. 397; vol. 8, no. 7, 13 fév.1819, p. 91; vol. 8, no. 17, 24 avril 1819, pp. 209-210.
2 *Bibliographie de la France*, vol. 9, no. 3, 15 jan.1820, p. 27 and e.g. vol. 9, no.20, 13 mai 1820, p. 250.

tion des meilleurs ouvrages de la langue française, dédiée aux dames）就推出了许多这样的私人回忆录。[1] 韦德特可能是第一位特别为女性读者提供小说的人，他在1826—1829年破产前夕出版了《献给女性的优秀法语小说选集》(*Collection des meilleurs romans français dédiés aux dames*）。他从拉法耶特夫人（Madame de Lafayette）的作品开始，收入了诸如里科博尼夫人（Madame Riccoboni）、唐森夫人（Madame de Tencin）这样的作者，以及格拉菲尼夫人的流行作品《秘鲁妇女来信》。之后出版的书收录了贝尔纳丹·德·圣皮埃尔（Bernardin de St Pierre）并在最后转向了更当代的作者，索菲·科坦（Sophie Cottin）的《伊丽莎白或西伯利亚的流亡者》(*Elizabeth ou les exilés de Sibérie*）。[2] 他的系列书籍配有插图和版刻的卷头插画，并且是非常小的32寸开本。《贵妇红书》(*Bibliothèque rose des demoiselles*)[3]、菲尔曼·迪多（Firmin-Didot）的《母亲之书》(*Bibliothèque des mères de famille*），以及戈蒂埃-朗格罗（Gautier-Langerea）出版社的《女儿之书》(*Bibliothèque de ma fille*）都是模仿韦德特的例子。出版商并不认为女性一定会买这类小说。事实上，

---

1 *Bibliographie de l'Empire français*, vol. 4, no. 20, 20 mai 1815, p. 225; vol. 4, no. 32, 21 août 1815, p. 338.
2 *Bibliographie de la France,* vol. 15, no. 24, 25 mars 1826, p. 250 and following.
3 *Bibliographie de la France*, vol. 35, no. 14, 4 avril 1846, p. 62.

正如戈蒂埃 – 朗格罗出版的书的标题所暗示的那样，出版社的目标客户是那些为妻子和女儿购买读物的男性。这种营销策略的目的是让买家相信该系列小说的内容对于容易受到影响的女性读者而言是安全的。这是要让顾客放心，他的女性亲属会得到有益的娱乐，但不会被读到的书籍所腐蚀。到19世纪后半叶，这种特别针对女性的系列书籍就过时了。作为一种营销策略，这种标签从长远来看是有局限性的。女性已经被明确地当成小说市场的重要组成部分，但是她们并非小说的唯一消费者，而出版商要寻求尽可能广泛的受众。

人们认为女性从本质上来说，在感情上对浪漫爱情小说毫无招架之力。1843年，M. J. 布里塞特的小说《阅览室》（*Le Cabinet de lecture*）展示了女性小说读者的形象，这一形象和司汤达的描述有相似之处，但在冷嘲热讽上更胜一筹。故事发生在1834年巴黎的一间阅览室中，阅览室是当时公众获得浪漫爱情小说的主要渠道之一，人们可以按卷借阅这些作品。这间阅览室由一位满脸皱纹、驼背还留着胡子的比安 – 艾梅女士（Madame Bien-Aimé）经营，[1]她出场时在给一位有抱负的小说家的成功烂俗作品中的要素提供

---

[1] Bien-Aimé 意为"受人喜爱的"，通常用于男性的名字。此处用在一位女士身上，还说她"留着胡子"可能是为了制造出一种反常怪异的形象，增加小说的滑稽荒诞感。

建议。她建议他说，为了打动女性读者，你需要"一些有吸引力的情感上的洞察力、连篇的妙语、单纯而不切实际的想法，然后是能把人卷走的激情的旋风，疯狂的妄想与壮怀激烈的长篇大论！"[1]布里塞特将女性设定为容易被狂野的风格打动的人。

两位读者进入了布里塞特虚构的阅览室，都是女性，作为故事叙述者的小说家观察她们交换书籍。两位读者分别代表了作者对于女性读者看法的不同侧面。第一位读者是十五、六岁的年轻女裁缝，居住在四楼，这在巴黎是相对贫穷的标志。她来归还迪克雷-迪米尼的煽情小说《维克多，或森林之子》(*Victor, ou l'Enfant de la forêt*)，在这本书中，一位被捡来的孩子（enfant trouvé）最终娶了贵族的女儿。她想要另一本这种哥特式煽情作品供下班后阅读，"一些包含旧城堡、地下通道、叛徒和有情人终成眷属的好东西（bien gentil）。"[2]第二位读者是时尚的巴黎人，她蔑视煽情小说，要求更激烈的东西。她表示自己厌倦了平淡无奇的英国爱情小说译本，这些小说的女主角"要么贤惠得无聊，要么多愁善感到愚蠢的地步"。[3]但是她无法摆脱这个时代的亲英风尚。比恩-埃米女士向她推荐了沃尔特·司

---

[1] Mathurin-Joseph Brisset, Le Cabinet de lecture, Paris: Magen, 1843, vol. 1, p.10.
[2] Brisset, *Cabinet de lecture*, pp. 13-14.
[3] Brisset, *Cabinet de lecture,* pp. 16-18.

各特的小说，认为这可以满足她的口味。这位巴黎妇女保证会派女佣去收集这些书。而小说家一直注视着这几位女性并觉得她们很吸引人，于是决心同时勾引多愁善感的女裁缝和无聊、富裕的时尚已婚妇女。布里塞特在此暗示，写作言情小说是一种勾引女性的方式。无论女性读者是老于世故而不满现状，还是年轻而贫穷都无所谓，因为小说玩弄着所有女性读者的感情，激起并利用她们的幻想。布里塞特创作了一个虚构的主人公，他做到了现实中的小说家只能用隐喻的方式达成之事：勾引女性读者。冒着打搅勇敢的读者欣赏布里塞特作品的风险，我可以透露，叙事者成功完成了他的双重计划。很显然，小说家也有他们自己的幻想。

许多力量汇集起来将女性定义为典型的小说读者。对指导与控制女性阅读的尝试力量强大且持续。19世纪初，西尔万·马雷夏尔（Sylvain Maréchal）半是玩笑半是严肃地认为，女性甚至不应当学会阅读。他关于这个话题的煽动性小册子在1841和1853年都得到再版。[1] 他对于女性智识

---

[1] S-（ylvain）M-（aréchal）, Projet d'une loi portant défense d'apprendre à lire aux femmes, Paris: Massé, 1801. 1841年再版于法国里尔，1847年再版于比利时，1853年由古斯塔夫·桑德雷（Gustave Sandré）再版于巴黎，题为：Il ne faut pas que les femmes sachent lire, ou projet d'une loi... 对此书及其出版史的分析见 Geneviève Fraisse, Reason's Muse: Sexual difference and the birth of democracy, trans. Jane Marie Todd, Chicago（University of Chicago Press）, 1994, pp. 1-26.。感谢巴里·罗斯（Barrie Rose）让我注意到了这个文本。

生活的否定尤其令现代读者惊讶，因为他是公开的无神论者和坚定的革命者，参与了1796年巴贝夫的那场注定失败的平等派阴谋。但是民主左派有时和宗教右派一样担忧女性的独立。马雷夏尔事实上根本不在乎女性读了什么以及如何阅读。他本质上是要阻止女性写作。他认为女性要关注的问题自然应集中在家庭和婚姻幸福上。女性在公共领域没有位置。"善良而明智的大自然的意图是，女性应专门从事家内劳动，并且应当为手里拿着针线而非书和笔而感到光荣。"[1] 马雷夏尔像许多同时代人一样，认为阅读会使女性身体衰弱，她们并没有为智识工作做好生理准备。过度活跃的大脑会损害生殖功能，在某些情况下导致早夭。[2] 然而，他最担心的是女性可能会试图凭借自己的能力成为作者，最终导致女性参与公共生活，而这违反了他所认为的自然、合理的性别角色区分。女性的阅读不受鼓励，因为这会产生发挥政治作用的渴望，从而闯入男性的领地。如果女性需要阅读，只有一个解决办法："理性希望户主、父亲与丈夫履行他们为女性朗读书籍的责任。"[3] 父权主义价值观因此原封不动地保留了下来，而且许多资产阶级家长（paterfamilias）无疑确实把为家庭成员朗读视作一项严肃的

---

[1] Maréchal, *Projet,* article 5, translation from Fraisse, *Reason's Muse,* p. 10.
[2] Maréchal, *Projet*, articles 39 and 79.
[3] Maréchal, *Projet,* provision 61, translation from Fraisse, *Reason's Muse,* p. 25.

道德责任。

马雷夏尔对于一个没有女性读者的世界的厌女主义幻想是对19世纪女性阅读内容的普遍焦虑的极端表达。我们可以从杜米埃（Daumier）为《喧闹》杂志（*Le Charivari*）创作的漫画中寻到蛛丝马迹。在1840年代的一系列漫画中，杜米埃抨击了"蓝袜"（bluestocking）这一新的社会现象。[1]又一次，这里的潜在主题是智识工作和家庭主妇的义务不相容。漫画对这个问题的处理方式当然是从中最大限度地提炼出幽默。在之前1839年的一系列被特别取名为《婚姻习俗》（*Mœurs conjugales*）的作品中，杜米埃同样探讨了家庭主妇的阅读问题。一位愤怒的丈夫抱怨自己的裤子没人补，而他的妻子正坐在扶手椅上阅读（当然是）乔治·桑。[2]丈夫因此抱怨说，"我才不管你那个桑夫人，她害得你不去缝裤子，我的马镫裤都开线了！我们应当恢复离婚制度……要不然就消灭这样的作家。"但必须指出，杜米埃的幽默是微妙的双刃剑。这则笑话针对的是那位细长腿的丈夫，他在没有裤子的情况下显得邋遢又可笑。随着工业化的进展扩大了家庭和工作场所之间的界限，公、私领域的理论使女性的阅读被限制在浪漫主义和家庭小说之中。女

---

[1] "蓝袜"代指受过教育的女性，起源于18世纪的英国"蓝袜社"，该社团可以让女性成员探讨文学艺术与教育的意义。——译者注

[2] *Le Charivari*, 30 juin 1839, mœurs conjugales no. 6.

性在19世纪被定位为小说读者，是因为缺乏教育而被认为没有资格阅读更严肃的内容。小说本身被认为就是为了娱乐，没有什么重要的教诲要传达，因此适合那些受教育程度有限且时间充裕的读者。报纸将其读者与政治和金融的公共世界联系起来，这通常被视作男性的领域，他们在酒吧或者小酒馆这些受男性欢迎的社交场所阅读与讨论。连载小说作为报纸的一部分，有时被认为属于女性的领域。无论是否连载，小说都会描写人物的内心与情感生活，因此这似乎是专门为理论上被排除于公共生活之外的女性读者而设的。[1]

同时，过度阅读小说是要避免的，因为它会唤起情绪，挑弄读者的内在感觉并使人胡思乱想。资产阶级男性霸占了稳定与理智的品质，与此相反，女性则被认为是善变而任性的。女性被认为在情感上是脆弱的，小说也就可能会催生危险的幻想甚至刺激性欲。因此尽管小说阅读可以被看作一种典型的女性行为，但反而受到男性的高度怀疑。出于这些原因，无论在资产阶级还是工人阶级圈子里，19世纪女性的阅读都受到监视。女性成年之后，父母对于阅读的监视被雇主的控制取代，直到婚姻使丈夫成为她的文

---

[1] Lise Quéffelec, 'Le Lecteur du roman comme lectrice: Stratégies romanesques et stratégies critiques sous la Monarchie de Juillet', *Romantisme*, vol. 16, no. 53, 1986, pp. 9-21.

学消费的非正式审查者。家庭中的大声朗读活动通常由男性主导，这让他有权选择和剪裁女性听到的内容。

然而，过度的家长作风总是受到嘲笑。拉比什（Labiche）在1860年首演的喜剧《佩里雄先生的旅行》（*Le Voyage de Monsieur Perrichon*）提供了一个很好的例子。[1] 滑稽的资产阶级成员佩里雄是巴黎的一位店主（commerçant），他准备带一家人去瑞士度假。喜剧的开场设在里昂车站，佩里雄走到书摊上问老板娘（marchande）有没有适合一家人在度假时阅读的东西。"夫人"，他问道，"我想要为妻子和女儿挑一本书，书里没有性挑逗（galanterie）、没有关于金钱、政治、婚姻与死亡的内容。"店里正巧有一本满足他严苛标准的书：描述性游记《索恩河畔》（*Les Bords de la Saône*），保证没有任何佩里雄担心的刺激性内容。但他还是问书贩说，"你能保证这本书里没有任何胡说八道（bêtises）吗？"

被天主教等级制度强化的公、私领域理论，以及女性读者作为轻松小说的纯粹娱乐性消费者的理论，仍旧维持不变；但这些理论常常与女性读者在其日志、日记和自传中提供的经验证据相矛盾。女性个体找到了抵抗控制与为自己的阅读空间展开谈判的方法。下一章将讨论这些内容。

---

[1] Eugène Labiche and Edouard Martin, *Le Voyage de Monsieur Perrichon,* comédie en quatre actes, Paris: Calmann-Lévy, 1949, Act 1, Scene 9. 感谢莫利耶让我关注到这份材料。

阅读的女性必须克服普遍存在的对女性阅读的偏见。19世纪女性对于知识的追求，受到家庭责任、"艺术家式"敏感性与普遍缺乏智识这些流行观念的限制。

"包法利主义"的危险

女性读者在传统上被描述为浪漫爱情小说的消费者，很容易陷入妄想。只阅读浪漫小说被认为对于年轻女孩来说是危险的，甚至对于已婚妇女也是如此，只不过后者被允许拥有更多的自由。凯特·弗林特（Kate Flint）在英语语境下讨论过，19世纪占据主导地位的医学话语强化了关于需要"保护"妇女与少女免受有害文本侵袭的父权制假设。[1] 人们认为女性的阅读能力由生理因素决定。女性的脑重量比男性低，因此在智性追求上不如男性合适。这种观点认为，与男性相比，女性大脑的形状增强了直觉能力但限制了她的理性。人们担忧女性过于激烈的情绪会导致身体衰弱。小说阅读所导致的高强度刺激可能是有害的，会导致歇斯底里和丧失生育能力。

因此，过分扩展女性的想象力是危险的。浪漫的幻想会使读者不满于现状。言情小说还可能导致性唤起，这为

---

[1] Kate Flint, *The Woman Reader*, 1837-1914, Oxford: Clarendon Press, 1993, chapter 4.

男性的焦虑提供了进一步的基础。福楼拜笔下的艾玛·包法利是最广为人知的沮丧女性读者形象，她们试图摆脱不如意的资产阶级婚姻。艾玛·包法利嫁给了一个心地善良但情感迟钝的外省医生。阅读助长了她的沮丧并将其转化为对浪漫的渴望，这使她陷入没有结果的婚外情之中。作为一种社会问题，包法利主义（bovarysme）不一定是中产阶级独有的现象。它是一种逃避主义，但这种逃避主义标志着女性拒绝被母亲、家庭主妇和孝顺女儿的角色束缚。

众所周知，福楼拜在1857年因为《包法利夫人》被指控为淫秽而被迫接受审判，他毫发无损地躲过一劫。同时代人可能被这部小说中的香艳场景冒犯，比如艾玛和她的情人在一辆拉着百叶窗的马车中漫无目的地穿过城区。更让人们气愤的是艾玛之死的场景，她深情地拥抱着十字架上的基督，福楼拜还把临终仪式与艾玛对性爱经历的回忆并置一处。或许从根本上讲，最令保守主义者震惊的是福楼拜不带感情的讽刺。他冷漠的文字掩盖了叙述者的存在。他刻意的现实主义与不带感情的描述具有冒犯性，因为如此作者便无法对令人厌恶的内容做出正确的道德回应。尽管关于《包法利夫人》的争论是我们语境的重要组成部分，但它并非目前要讨论的问题的核心。重点在于，福楼拜笔下的艾玛·包法利应被视作一种特别而具有影响力的女性读者构造。她的阅读和她不断增长的痛苦（ennui）之间的联系应当得到强调。

艾玛·包法利的浪漫主义阅读促成了她对于自我实现的追求、她灾难性的通奸和陷入破产，以及最终的自杀。艾玛·包法利到底读了什么？福楼拜告诉我们，首先她在少女时读了贝尔纳丹·德·圣皮埃尔的《保罗与维吉妮》，并幻想着故事发生的那个热带岛屿。艾玛接受的是修道院教育，其目的是将她培养为一位顺从的妻子。然而宗教的神秘却产生了浪漫的渴望。

> 圣坛的芳香、圣水的清冽和蜡烛的光辉散发出一种神秘的魅力，日子一久，她也就逐渐绵软无力了。她不听弥撒，只盯着书上天蓝色框子的圣画；她爱害病的绵羊、利箭穿过的圣心，还有边走边倒在十字架上的可怜的耶稣。[1]

她屈服于弥撒带来的感官享受，以及宗教读物那忧郁的吸引力。为了惩罚自己，年轻的艾玛试图给自己增加额外的苦修。然而她的浪漫主义倾向在读了夏多布里昂的《基

---

[1] Gustave Flaubert, *Madame Bovary*, Paris: Classiques Garnier, 1961, 1ère partie, chapter VI. English edition by Penguin Classics, trans. G. Wall, Harmondsworth UK, 1992, p. 27. 译者按：书中出现的《包法利夫人》的引文均来自李健吾的译本，人民文学出版社，2003。

督教的真谛》后得到加强,因为它唤起了"自然的抒情冲动"。[1]福楼拜告诉我们,艾玛有一种情绪化的气质,"她爱海只爱海的惊涛骇浪"。

艾玛随后成了小说读者。一位上年纪的女裁缝把一些言情小说悄悄带进修道院,女学生私下阅读并相互传阅。艾玛因此狼吞虎咽般阅读着这类故事:

> 恋爱、情男、情女、在冷清的亭子晕倒的落难贵命妇、站站遇害的驿夫、页页倒毙的马匹、阴暗的森林、心乱、立誓、呜咽、眼泪与吻、月下小艇、林中夜莺,公子勇敢如狮,温柔如羔羊,人品无双,永远衣冠楚楚,哭起来泪如泉涌。[2]

随着年龄的增长,艾玛逐渐转向了更成人形式的阅读刺激。她借来沃尔特·司各特的书,想象自己就是历史小说中的女主角,就像古老庄园的女庄主等待着骑士驭马而来。她和同学偷偷阅读那个时代流行的文学杂志(fashionable keepsakes),在注视着那些带有异国风情、描绘了相互拥抱或渴望着彼此的情人的版画时,她体验了由欢愉带来的战栗(frisson)。福楼拜的讽刺在他完全证实了煽情的阅读给

---

[1] Flaubert, *Madame Bovary*, English ed., p. 28.
[2] Ibid., 斜体为福楼拜所加,通常意指一种陈词滥调。

艾玛带来的强大影响时达到顶点。他描述了她喜爱的版画作品，以及其中所有陈词滥调与自相矛盾：

> 天边几座鞑靼尖塔、近景是罗马遗迹，稍远是几只蹲在地上的骆驼；一片洁净的原始森林，像框子一样，环绕四周，同时一大道阳光，笔直下来，在水中荡漾，或远或近，清灰的湖面露出一些白痕，表示有几只天鹅在游动。[1]

修道院学校教会了她宗教的魔力而非教条。她看重文学的地方在于它能激发她的热情，维持她的忧郁。

艾玛阅读言情小说并不仅是短暂的青少年反常现象。福楼拜非常了解中产阶级女性读者的风尚。艾玛成为鲁昂一家阅览室的订阅者。她从贝尔纳丹·德·圣皮埃尔的《保罗与维吉妮》这种感性小说开始，接着转移到像夏多布里昂《基督教的真谛》这样抒情的主题，然后沿着布里塞特虚构的巴黎女性道路直达沃尔特·司各特的小说。她逐渐阅读更为刺激和浮夸的作品。浪漫主义作者持续塑造着她的生活经验。当母亲去世时，她"由着自己滑入拉马丁的蜿蜒细流"。[2] 她阅读雨果的《巴黎圣母院》，对女主角埃斯梅拉

1　Ibid., p. 30.
2　Ibid.

达的共鸣到了把自己的宠物取名为加里（Djali）的程度，这是埃斯梅拉达的山羊的名字。[1] 之后她读了几本巴尔扎克和欧仁·苏的作品，但没有提到具体的书名，不过福楼拜轻蔑地表示，她的兴趣主要落在苏提供的圣日耳曼郊区时髦房子里的最新家具的细节。她最后读的是乔治·桑，19世纪的读者清楚这位小说家有公开的婚外情并且蔑视传统婚姻规则。[2] 与此同时，她也衡量着自己的抱负与丈夫之间的距离，她的丈夫对不懂小说、清心寡欲、一无所长，还鼾声如雷。艾玛问道："她怎么就不能把胳膊肘支在瑞士小木房的阳台上，或者把她的忧愁关在一所苏格兰小别墅里，丈夫穿一件花边袖口，长裾青绒燕尾服，蹬一双软靴，戴一顶尖帽！"[3] 她变得醉心于巴黎纸醉金迷的生活，她订阅了一些杂志，这些杂志告诉她第一次去剧院或赛马大会，还有最新的风尚。她的阅读总是刺激她梦想另一种关于奢侈、舞会与漂亮衣裳的生活。

> 她给自己买了一个吸墨板、一匣信纸、一支笔管和一些信封，虽然她没有人可以写信，她拂拭干净摆设架，照照镜子，拿起一本书，然后看着看着，想到

---

1 Flaubert, *Madame Bovary,* Garnier ed., ch. VII, p. 42; English ed., p. 35.
2 Ibid., Garnier ed., ch.IX, p. 54; English ed., p. 45
3 Ibid., English ed., p. 31.

别处，书掉在膝盖上。她巴望旅行，或者回到她的修道院。她希望死，又希望住到巴黎。[1]

艾玛感到她的生活一成不变："未来是一个过道，黑洞洞的，门在尽里关得严严的。"她的阅读与她的野心将她带上不归路。"书我全念啦。"艾玛在绝望时总如此断定。[2]

福楼拜仔细对比了艾玛的阅读与她丈夫查尔斯的实用主义阅读，查尔斯只看他的医学杂志《医林》(*La Ruche médicale*)。福楼拜清晰地描绘了女性阅读的危险，从18世纪小说天真浪漫的感伤，到沃尔特·司各特的历史小说，再到1830年代到40年代令人兴奋的情节剧，最后以女性性自由的象征乔治·桑为顶峰。福楼拜带着艾玛如但丁一样堕入毁灭，这证明了浪漫幻想的愚蠢。小说在这趟旅程中构成了重要的地标。

艾玛·包法利与莱昂（Léon）的婚外情意味深长地始于讨论小说阅读之欢愉。"思想化入人物"，莱昂告诉她，"就像是你的心在他们的服装里面跳动一样。"艾玛热情洋溢地表示赞同，补充说"我就爱一气呵成、惊心动魄的故事。我就恨人物庸俗、感情平缓，和日常见到的一样。"[3]再一次，

---

[1] Ibid., p. 47.

[2] Ibid., p. 49.

[3] Ibid., p. 66.

言情小说为艾玛的诱惑提供了词汇。莱昂读诗给她听，与她一起看时尚杂志。[1]同样，对于莱昂来说，他的情人艾玛就是"所有传奇小说里的情人、一切剧本里的主人公、任何诗集泛指的她。"[2]莱昂不在的时候，艾玛无法集中注意力。她试着学习意大利语并阅读一些历史和哲学，但是她无法读完任何东西。[3]她想象着自己陷入爱河，如今没有任何阅读能将她从道德困境中解救出来。后来，艾玛与冷酷无情的情场老手鲁道夫（Rodolphe）的关系也与此类似，其间不时会提到她的阅读，正如她回忆起所读书中的女主角，并感觉到由这些角色勾起的美梦最终可能会实现。[4]艾玛的幻灭是不可避免的，因为她发现她爱上的不是一个男人，而是她读的书中的一个形象。她的情人是一个幻影。艾玛"在通奸中发现了婚姻的平庸。"[5]

《包法利夫人》无愧为现实主义历史上的里程碑。它通常被视为资产阶级婚姻与女性越轨的小说。我们也可以把它看作一部关于阅读本身的小说，尤其是关于女性的阅读。它表明了阅读具有塑造读者情感体验的力量，并为诠释读者与他人之间的关系提供了参考。借由艾玛·包法利，福楼

1　Ibid., p. 78.
2　Ibid., p. 215.
3　Ibid., p. 100.
4　Ibid., p. 131.
5　Ibid., p. 236.

拜创造了对女性阅读的完整连续的呈现，言情小说的阅读在其中引起了对乏味的丈夫与平庸的外省生活的怨恨与不满。艾玛的阅读使她在性欲与激情中寻求满足。她的阅读经验也使她对于两位令她痴迷不已的男人的看法发生了扭曲。他们都做不到浪漫故事中男主角的程度。艾玛·包法利是一个原型性读者，由她而具体化的这些问题，我们或许可以用包法利主义来称呼。

将小说视为催情剂的观点无疑贬低了女性的阅读文化。它假定女性的反应可以被轻易塑造。女性被认为特别容易"屈服于"一部小说，因为其阅读方式依赖于与角色之间紧密的情感联系。天然的同情心是女性固有的品质，并且产生出了一种身份性阅读风格。比如，巴尔扎克的女性读者对他的一些作品无疑非常投入，因为她们不断写信给作者，时而夸奖时而谴责。巴尔扎克据悉曾收到12000封女性读者的来信，但不幸的是只有不到200封保存了下来。[1]巴尔扎克1829年的《婚姻生理学》(*Physiologie du mariage*)和后来1836年的《老姑娘》(*La Vieille Fille*)在女性读者中引起了强烈反响。他的大多数女性通信者是巴黎人，而且年长

1　Christiane Mounoud-Anglès, 'Le Courrier des lectrices de Balzac（1830-1840）: Stratégies identitaires', in Mireille Bossis, ed., *La Lettre à la croisée de l'individuel et du social*, Paris: Kimé, 1994, pp. 98-104.

女性的人数不同寻常。[1]也许对于熟悉巴尔扎克与女性的私人关系的人来说，这并不令人惊奇，不过这也使他区别于比如米什莱这样的作家，后者在《爱》(*L'Amour*)与《妇女》(*La Femme*)问世后吸引的来信多出自年轻女性。[2]并非所有女性读者都"屈服于"巴尔扎克的魅力。相反，许多人写信是因为被他的玩世不恭激怒了。然而无论是爱是恨，巴尔扎克与成千上万的女性读者之间的紧密联系已经建立起来了。

天主教的阅读典范

在19世纪的最后30年中，两种对于包法利主义之危险的明确回应出现了。其中之一来自天主教会，而女性主义者的批判随后为女性提供了另一种阅读模式。我们将依次讨论它们。天主教会对于女性阅读的观点，必须首先置于关于法国教育世俗化的持续争论之中来理解。比如1867年当第二帝国的教育部长维克多·迪吕伊（Victor Duruy）计划为女孩开设中学课程时，教职修会和一些主教就鼓噪起来。迪吕伊旨在消除夫妻之间"智识上的隔阂"。教士反应的主

---

[1] James Smith Allen, *In the Public Eye: a history of reading in modern France, 1800-1940*, Princeton NJ: Princeton University Press, 1991, pp. 77, 128, 236.

[2] Allen, *In the Public Eye*, pp. 259-266.

导者是奥尔良的主教迪庞卢（Monseigneur Dupanloup），他成为了一位在女性阅读主题上多产的作者。[1]迪庞卢认为男性教授不适合教导年轻女孩，他也反对任何可能破坏天主教信仰的教学方式。迪庞卢完全赞同国内的主流意识形态。他认为公共事务是男性的领域，而这是铭刻于神圣秩序中的。女性有其他更私人的关切，国家不应当干扰她们。[2]迪吕伊扩大女孩教育的尝试失败了。这些尝试遭到了保守派和正统派圈子的强烈抵制，并且在迪吕伊于1869年离任后就消散了。这场争论清楚地表明，天主教会坚持认为女性的文学文化应当服从于她作为母亲、主妇和慈善工作组织者的角色。

然而，在迪庞卢眼中，如果天主教会想要重新获得在法国社会中的真正地位，那么女性教育是必要的。1849年他是为准备《法卢法》（Falloux Law）而成立的超议会委员会的成员之一，《法卢法》旨在促进在法国外省建立女子学校。"女性必须接受训练"（il faut former les femmes），迪庞卢后来写道，"特别是农业和工业阶层的女性，不是为了科

---

[1] 迪庞卢生于1802年，曾是波尔多公爵和塔列朗的司祭。他于1849年成为奥尔良的主教，1871年成为非常保守的国民议会的代表，1876年成为参议员。

[2] Françoise Mayeur, 'Les Evêques français et Victor Duruy. Les cours secondaires de jeunes filles', *Revue d'histoire de l'église de France*, vol. 57, no. 159, juillet-déc.1971, pp. 267-304.

学或公共生活,而是为了家庭与内心生活。"[1]这可以通过智识上的努力来实现。对于迪庞卢而言,私塾能够加强女性的家庭责任感。学习不是引导女性拒绝家庭生活并试图逃避无聊,学习对于灌输照顾丈夫、孩子与穷人的理念而言很是重要。这是包法利主义的反面:阅读将说服女性接受她们的家庭命运,而不是在别处寻求满足。迪庞卢承认家务可能十分无聊,但学习是最好的安慰。[2]他认为女性不应觉得自己像家中的仆人。另外,阅读还能防止"不虔诚学说"的传播,此处主要指的是达尔文主义。迪庞卢说:"在神圣的斗争中,一个无知的女人无论怎样虔诚,都是一个无用的战士。"[3]

当然,过度教育和无知一样有害。女性应变得严肃而聪明,但不能变成蓝袜社式女学究(femmes savantes)。比如,女性没必要费心研究科学,因为这不在她们的能力范围之内。[4]迪庞卢写道,男性并没有垄断人类的知识,并且

---

[1] Cited in Jean-Louis Desbordes, 'Les Ecrits de Mgr.Dupanloup sur la haute éducation des femmes', in Françoise Mayeur and Jacques Gadille, eds, *Education et images de la femme chrétienne en France au début du XXe siècle, à l'occasion du centenaire de la mort de Mgr Dupanloup*, Lyon: Hermès, 1980, p. 28.
[2] Mgr Félix Dupanloup, *Femmes savantes et femmes studieuses*, Paris: Douniol, 3rd édition, 1867, p. 24.
[3] Desbordes, 'Ecrits de Dupanloup', cited p. 30.
[4] Mgr. Félix Dupanloup, *La Femme studieuse: Quelques conseils aux femmes chrétiennes qui vivent dans le monde sur le travail intellectuel qui leur convient,* Paris: Douniol, 1870.

女性的阅读应当找到一个中庸之道（juste milieu），这将帮助她们远离轻浮的追求与无所事事的诱惑。无所事事当然是富人的恶习，并且对于迪庞卢而言，让法国重新基督教化的事业必须从扭转富人的冷漠开始。

迪庞卢的作品为女性制定了阅读计划，并指导她们如何阅读。他的建议十分正统。天主教的女性阅读模式非常重视17世纪的经典作家。迪庞卢当然推荐了博叙埃和帕斯卡、《圣徒传》，特别适合大斋节忏悔的布尔达卢（Bourdaloue）和马西隆（Massillon），以及芬乃伦、拉辛、高乃依、拉布吕耶尔（La Bruyère）、莫里哀和赛维涅夫人（Madame de Sévigné）。[1]更现代的作者可能实际上被遗忘了，大概只有18世纪的弗勒里那经久不衰的《历史教理问答》（*Catéchisme Historique*）是例外。马西隆的《小斋期》（*Petit Carême*）从复辟时期开始就不流行了，但弗勒里的教理问答在整个19世纪上半叶都是家喻户晓的畅销书。[2]迪庞卢在此推荐的是法国人最常用的教义问答书，流动商贩在卖而学校里也在用。对于他来说，只要避开泰纳和勒南，一些哲学家也是可以接受的。他也推荐莎士比亚和弥尔顿的作品，但主要建议的是虔敬读物和护教作品。这是对跳舞、闲言碎语和英国言情小说的解药。

1　Dupanloup, *Femme studieuse*, pp. 49-51.
2　Lyons, *Triomphe du livre*, chapter 5, especially p. 98.

如迪庞卢提炼出来的一样，天主教阅读模式并不局限于一份推荐书单。迪庞卢同样关注建议女性如何阅读。阅读必须仔细而严肃地进行。读者应当早早上床睡觉并在第二天脑子清醒的时候阅读。换句话说，阅读必须提前计划好。肤浅或粗放的阅读方式遭到批评。重要的一点是，迪庞卢建议说，"不要在书与书、主题与主题之间不断切换（voltiger）。"[1] 书应当读到最后，不要因为缺乏兴趣就半途而废。迪庞卢强调了毅力的重要性，认为如果真要有所收获，就需要一些智识上的努力。此外，应当反复阅读书籍，这样其教导可以被充分利用。反复阅读对于租期很短的借书者而言很困难，因为他们要把书还给借出机构。迪庞卢显然在此假定自己在与那些买书的人对话。这又一次表明他的目标人群是富裕资产阶级家庭中的妻子和女儿。

迪庞卢心中的理想女性读者是积极而反应灵敏的，她会批评所读的内容、做笔记，并且在一本很普通的书中留下引人瞩目的引语。她被鼓励拿着笔阅读，并且记录下带有个人评论的摘要。读书日志应得到认真对待，否则很容易沦为无聊的日记，个人的糟糕小说（mauvais roman）。[2] 传统天主教对女性写作的怀疑显然是多余的。记个人日记此时被视为虔诚和建设性反思的辅助手段。此外，它有忏

---

[1] Desbordes, 'Ecrits de Dupanloup', p. 34.
[2] Dupanloup, *Femme studieuse*, pp. 99-101.

悔的功能，回应了重要的精神需求。迪庞卢批评了那些试图阻止女性写作的男性。他甚至建议女性应当同时记两份日志。一份是个人的私密日志（journal intime），记录思想、忏悔，大概还有他规定的阅读笔记。另一份是家庭用，记录家庭活动、备忘事项以及访问的景点。[1] 尽管女性应把婚姻放在首位，但迪庞卢建议每天至少花两个小时从事智识工作。女性会有充足的时间做这件事，只要少花一点时间用来闲聊和梳妆打扮。[2] 他的对话对象又是有闲的资产阶级女性。

从许多方面来说，这种天主教的阅读模式构成了扩大资产阶级家庭主妇知识视野的真正尝试。女性被要求学习更多的历史、地理、艺术与文学、哲学和农业，不是为了取悦丈夫，而是为了她自己。迪庞卢希望给女性提供更为坚实的知识基础以填补空洞的社交访问、剧场、比赛和关于衣服的闲聊。他提出了一种更严肃与深入的阅读方式，这消除了几乎所有的小说以及他认为显然与当代小说有关的"略读"方式。在他的建议背后，人们逐渐认识到法国社会的再基督教化不能建立在女性的无知之上，反而应依靠回归博叙埃和17世纪的天主教义。迪庞卢的阅读模式中没有当代小说、达尔文主义或实证主义哲学的一席之地。读

---

1 Dupanloup, *Femmes savantes et femmes studieuses*, pp. 64-68.
2 Dupanloup, *Femmes savantes et femmes studieuses*, pp. 69-70.

者被要求远离这些禁忌区域。

在为女性制定这种虔诚的天主教阅读模式的过程中，迪庞卢试图在塑造一种，按照文学批评家斯坦利·费什的话说，读者的解释共同体。[1]这一设想的阅读共同体并非实体，因为其成员可能都不知道彼此的存在。但他们对什么构成了文学以及什么使文学有价值有着共同的认识。他们对某个题材有着相似的偏好，比如可能偏爱布道辞而非连载小说，偏爱博叙埃而非欧仁·苏。阅读共同体对于文学种类的等级也有相似的看法，在这个例子中比如说，当代小说的优先级极低。迪庞卢试图定义他向其发声的读者群体的价值观与共同的解释策略。从某种程度上说，他将该群体视为一种对抗性群体，其成立是为了抵制强大的时代趋势，即由那些无良而逐利的出版商推动的煽情小说消费。

女性主义的阅读典范

35年后，女性主义媒体提出了另一种女性阅读模式，并勾勒出另一种可能的阅读共同体的轮廓。尽管女性主义极少表达对于天主教的支持，但女性运动显然在某些方面与1860年代晚期迪庞卢的建议有共通之处。例如，女性主义者十分严肃地对待女性阅读，并且希望利用并指导女性

1　Fish, *Is There a Text in this Class?*

阅读，以尽可能地消除女性对现实世界的无知。和迪庞卢的建议一样，女性主义的阅读模式通常针对受过教育的资产阶级女性。但二者的相似之处就到此为止了。因为女性主义读者被鼓励成为独立女性，在公共舞台上发挥积极作用的"新女性"。

1904—1906年间由娜唐（Nathan）出版的半月刊《新女性》（*La Femme nouvelle*）概述了一种未来女性读者的典范。这本配有插图的杂志每期有64页，主要由教师撰写，其中许多是男性，而主要受众是女教师和校长（directrices d'écoles）。它还有一份名为《大学女性》（*La Femme universitaire*）的副刊，其中包括教育新闻。尽管《新女性》没有涉及任何宗教与反宗教论战，但它支持世俗教育系统，并在其中寻找读者群。杂志刊载了政治新闻，这当然不在迪庞卢为女性阅读设计的项目中，还有关于艺术与教育的文章，以及科学、故事与书评。该杂志有一个明显带有女性主义色彩的系列，名为《文学专栏》（Chronique littéraire），包含了有关"浪漫主义文学中的女性"和"乔治·桑作品中的当代女性"的文章。[1]

《新女性》的封面图总是一位阅读中的女性。首先，她的肢体语言是认真而严峻的。淡绿色的封面上一位衣着考

---

[1] *La Femme nouvelle*, vol. 2, no. 3, 1er ffév.1905 and no. 11, 1er juin 1905. 感谢格伦达·斯卢加（Glenda Sluga）提醒我注意到这份材料。

究的女性坐在露台上，读着摆在身前桌子上的一本书。她半侧着身子、姿势僵硬而严肃、背挺得笔直。后来在1905年，杂志邀请读者提出新设计，封面采用了稍微轻松的特征，但没有失去对女性读者的强调。绿色的封面被粉色取代，画面上一位女性把一本《新女性》拿在身后，正在看日落。之前那种的确会使人联想到女教师的相当严肃的读书姿势，现在已经柔和下来了。或许粉色的日落是对浪漫主义的让步？无论如何，获胜的设计者是一位来自蒙彼利埃美术学院的男性读者，奖品是一篮香槟。

《新女性》提出的阅读模式针对的是独立女性，她不一定已婚，但对艺术和政治感兴趣，与这份杂志一样赞同和平主义并且关心性别不平等问题。"我们应当阅读什么？"来自南锡高中（Nancy lycée）的教师鲁瓦夫人（Madame Roy）在两篇发人深省的文章中问道。[1]她首先强调读者应当有辨别力并得到指导。女性不应沉迷于随意的阅读（lectures hasardeuses）而且要避免乱读一气（à tort et à travers）。新女性对包法利主义的回应是：鲁瓦认为在年轻时不受限制地阅读连载小说是危险的，因为它会助长浪漫的幻想。这种幻想会导致错误的期待，当婚后生活严酷的现实变得显而易见时，女性随之感到失望的风险是极大的。鲁瓦讲述

---

[1] *La Femme nouvelle,* vol. 3, no. 2, 15 jan.1906, pp. 49-57 and no. 3, 1er fév.1906, pp. 102-104.

了一个受害于盲目阅读所导致的不切实际期待的女性的警世故事：

> 婚姻对她来说就像泼了一盆凉水——如今她是一位非常接地气的主妇，不再能够感到欢愉与内心的幸福，成为她丈夫勤奋但忧郁的伴侣。梦想与现实之间的落差让她的灵魂麻木。——这当然是她年轻时过多阅读造成的可悲结果。[1]

福楼拜的小说问世半个世纪之后，女性主义仍继续与包法利主义对话。但是这一次，解决之道不是更虔诚，而是女性独立和对世界更清晰的认识。

对于《新女性》来说，阅读可以抵消物质和浪漫主义这两个陷阱。鲁瓦认为对敏感女孩的过分保护会适得其反。把少女当作纯洁的掌上明珠（petites oies blanches）毫无意义。如果没收可疑的书籍，她们只会偷偷地阅读并接受关于生活的错误观念。[2] 女孩需要的是真相，而不是一个保护她们的茧房，后者将导致她们永远在密不透风的客厅里做刺绣。鲁瓦概述自己的童年读物，令人惊讶的是，她的童年读物与迪庞卢提出的天主教读物有相当大的重叠。首

---

1 *La Femme nouvelle*, vol. 3, no. 2, 15 jan.1906, p. 50.
2 *La Femme nouvelle*, vol. 3, no. 2, 15 jan.1906, pp. 52-53.

先，在11到13岁间，她阅读了福音书和《师主篇》。高乃依与拉辛在青春期给了她一剂道德英雄主义的良药。从帕斯卡身上，她学到了一些"命运的痛楚"（l'angoisse de la destinée）。17世纪的权威作家是无法逃避的。接着来到了一个转折点。16岁的时候，鲁瓦阅读了基内（Quinet）的《我思想的历史》（*Histoire de mes idées*），这本书给了她一次刺激性智识挑战，并将她从浪漫主义文学中"解救"了出来，拜伦、拉马丁、德·斯塔尔、夏多布里昂和米什莱也起到了类似作用。在维尼（Vigny）的《命运》（*Destinées*）中，她找到了一种更富有成效的阅读，能够教导人自我约束、坚韧抵抗和道德理想主义。

这种女性主义的阅读模式坚决反对本章开头提到的那种沉浸在言情小说中的阅读，并且保留着对于女性读者的传统刻板印象的本质。在这种模式下，阅读的功能在于打开女孩的眼睛，让她们看到一个她们理应在其中积极活跃的世界。浪漫主义的诱惑应当予以抵制。鲁瓦写道："阅读是社会生活的延伸：正如我们因为害怕被传染而避免与疾病接触一样，我们也要保护羽翼未丰的年轻心灵，免遭不健康的小说中具有传染力的主角的影响。"[1]

因此，在19世纪不同时期，各种对于女性读者形象的表述都在争夺女性的注意力。一些表述是负面的，比如准

1　*La Femme nouvelle*, no. 3, 1er ffév.1906, p. 104.

备好被文学诱惑的言情小说读者,而另一些上文提到的人,试图塑造一种更有目的性、更虔诚或更具有自我意识的女性读者。这些阅读模式都假设了女性的阅读是一个社会问题。女性阅读从未受到如此重视,无论来自小说家、出版商和教士,还是急于阻止女儿虚掷光阴并保护她们免于幻想与色情刺激危险的家长。女性读者频繁出现在虚构文学中,福楼拜塑造了艾玛·包法利这个读者,她的身影在后来所有关于女性阅读有被误导的危险的辩论中似乎从未消散。

视觉艺术家也经常再现女性的阅读。她们不停地出现在马奈(Manet)、杜米埃、惠斯勒(Whistler)和方丹-拉图尔(Fantin-Latour)的作品中。在一些例子中,19世纪的画家把阅读描绘为资产阶级女性社交的一部分,例如方丹-拉图尔的《两姐妹》(*Les Deux Sœurs*, 1859)。然而,得到广泛讨论的对女性阅读的再现本身就很难读懂。[1]在某种程度上,两姐妹描绘了女人们在相互朗读给对方听的同时做针线活的熟悉场景。在这幅画中,娜塔莉(Nathalie)可能确实在听妹妹玛丽(Marie)大声朗读,但心不在焉的神情可能意味着她实际上根本没有听进去。我们知道娜塔莉患有精神分裂症,在这幅画完成后不久就被送到沙朗通(Char-

---

1 Lyons, *Triomphe du livre*, p. 245; Musée du Grand Palais, Fantin-Latour: Catalogue d'une exposition(9 nov.1982-7 fév.1983), Paris, 1982, no. 20; Allen, *In the Public Eye*, p. 3. 作者在书中第5章列出了许多视觉艺术对阅读的再现。

enton)[1]。因此朗读者玛丽和姐姐娜塔莉之间的关系模糊不清。阅读非但没有将她们连接在一起,反而使彼此分离、隔绝。

其中惠斯勒再现了女性的独自阅读。他描绘了同父异母的妹妹在晚上与一盏灯和一杯咖啡相伴阅读,1858年的《灯光下的阅读》(*Reading by Lamplight*)是资产阶级环境中非常现代的阅读形象。然而,惠斯勒笔下的女性读者一般采用慵懒的姿势,比如在《午睡》(*Siesta*)中,画家的妻子躺在床上,膝盖上落着一本书。阅读在这里似乎是一种随意的活动,鼓励读者做白日梦,但很少能抓住读者。

在方丹-拉图尔的作品中,我们发现了19世纪对女性阅读最一贯而同情的描绘。方丹-拉图尔同样绘制独自阅读的女性,她们专注而安静地沉浸在阅读中。在他1873年的《维多利亚·杜堡像》(*Portrait of Victoria Dubourg*)中,画中人手持的粉红封皮杂志很可能是文学与政治杂志《两世界评论》。在其他画像中,例如1861年的《读者,玛丽·方丹-拉图尔像》(*La Liseuse, portrait de Marie Fantin-Latour*)和1863的《阅读》(*La Lecture*),画家再现了一种宁静而专注的女性阅读风格。应该说,这些女性读者正在享受一种只有在富裕的资产阶级家庭才可能有的宁静。她们有时间坐下来在宁静中阅读。与勒努瓦(Renoir)、惠斯勒和其他画家对

---

[1] 沙朗通是法国著名的精神病人收容所的所在地。——译者注

女性阅读的许多艺术再现不同，方丹－拉图尔笔下的女性不是轻率的读者，她们阅读的东西也不会把她们送进浪漫的幻想。如同夏洛特·杜堡一样，《阅读》的画中人是积极而细心的读者。视觉艺术对女性阅读的描绘反映了个体化默读的发展与口头阅读的消失。描绘女性独自阅读的画作让我们可以将19世纪的资产阶级女性视为隐私和亲密生活的新概念的先驱者，独自阅读在这一概念具有中心地位。

在马奈的作品中，男性和女性的阅读截然不同。1861年的《读者》(Liseur)描绘了艺术家约瑟夫·加尔(Joseph Gall)，他摆出丁托列托(Tintoretto)自画像式风格，在大幅沉重的画册中，摆出沉思的姿势。他满脸胡须，如同一位父亲，全神贯注于严肃而博学的阅读中。然而，马奈1879年的《阅读画报》(Lecture de l'illustré)则展现了与此形成鲜明对比的现代女性读者形象。一位穿着优雅的年轻女子坐在咖啡厅的露台上，翻阅着一本插图杂志，脸上看不出专心致志的神情，因为她完全是为消遣和娱乐而阅读，她的目光从书页上移开，欣赏着城市街景。在此我们又靠近了女性是轻松而琐碎的阅读材料的消费者这一经久不衰的形象。博学的男性读者与轻浮的女性读者，马奈的偏见普遍而持久。在下一章中，一些个体例子也许能说明女性读者在多大程度上接受或挑战了关于女性阅读问题的主导话语。

第五章　女性读者：定义自己的空间

上一章讨论的关于女性读者的传统观点无疑部分符合19世纪法国社会文化生活的现实。我们回顾的这些阅读模式不仅部分反映了现实，也塑造了女性阅读的方式。本章旨在通过实际读者的体验进一步探索这种现实。我将介绍天主教读者、浪漫小说的读者和寻求自己独特空间的女性，她们都与前述女性读者的假想形象有一些共通之处。我们还会遇到一些女性，她们接受并内化了自己对于阅读的渴望与不可逃避的家庭责任之间存在着内在冲突这种观念。换句话说，有些女性读者似乎印证了刻板印象。但是读者反映的个体性绝不能被忽视。女性与其他读者一样，身处常常敌视她们思想自由的世界，而在谋求自己的阅读空间的过程中，找到了办法尝试抵抗被控制的状态。

后续论述所基于的这些考察女性阅读实践的主要例子，往往来自于19世纪后半叶。欧仁妮·德·介朗（Eugénie de

Guérin)是个例外,她记录了自己1834到1841年间的阅读经历。埃莱娜·勒格罗(Hélène Legros)的通信提供了1892至1898年间关于女性读者另一内容丰富的个案研究。露易丝·韦斯(Louise Weiss)对大约1890年至一战期间女性的阅读实践提供了进一步的洞见。除了这些主要人物,我们还将听到一些匿名读者回忆她们在"美好时代"(Belle Époque)[1]的童年与青年经历。她们都有其个性,都在不同程度上经历了女性阅读所遭遇的束缚和偏见。

正如贾尼丝·拉德威(Janice Radway)提醒的那样,读者有很多方式来颠覆大众文化所倡导的性别规范。她调查的那些美国中西部的言情小说读者形成了自己的女性读者共同体,对她们来说,阅读言情小说标志着暂时拒绝生育和家庭角色。[2]当坐下来阅读时,她们把家务放在一边并宣称她们拥有一个自主的空间。拉德威不单单关注她们阅读言情小说的文本,还考察她们阅读实践的整体背景,以便将她们的阅读解释为一种独立的行动。剪影与丑角(Silhouette and Harlequin)[3]出版社的读者意识到自己属于一个女性读者共同体,这个共同体大到包含了写言情小说的女性

---

[1] 特指19世纪末到一战爆发间的岁月,因为相对和平、经济繁荣而被认为是一段"黄金时代"。——译者注

[2] Janice Radway, *Reading the Romance: Women, patriarchy and popular literature*, Chapel Hill: University of North Carolina Press, 1984.

[3] Harlequin是欧洲有名的一个丑角形象,或译为"禾林"。——译者注

作者。该出版社的读者会购买著名作品，但也熟悉写作此类体裁的作者个人的姓名与风格。拉德威认为，即使是阅读言情小说也是一种温和的女性抵抗。这些书受到了挑剔的女性读者的喜爱，她们中的许多人是年轻的母亲，想要从丈夫与孩子的身心索求中暂时获得解脱。因此，我们必须考虑到读者的自主性。阅读是一个积极的过程，在此之中读者会带着能够反映出她已经或尚未拥有的文化资本的诠释策略进入这个过程。读者重构并重新想象她阅读的书籍，并生产出文本本身或建议书籍所无法预测的意义与关联。本章会提出女性读者接受、颠覆或妥协于加诸她们阅读实践之限制的一些方式。

拉德威使用的论据来自对42名女性读者的采访，还有她们对于辅助性问卷的回答。口述历史的证据也可以为我们提供1914年以前关于阅读经历的回忆。但是绝大部分19世纪阅读实践的证据来自女性的出版作品。主要的案例研究展现了各种各样的作品。欧仁妮·德·介朗撰写了著名的《私人日记》(*journal intime*)，埃莱娜·勒格罗与朋友贝尔特·威廉（Berthe Willière）维持了长期的信件来往，露易丝·韦斯则写了一本自传。此处有必要对这些资料做一些初步评论。

大部分女性的通信与日记都未得出版也无法被我们获得。许多女性的自传作品很可能被作者亲手销毁，因为她们压根就没想要出版。许多幸存下来的少女日记结束于她们成婚之时，我们或许可以认为许多其他女性在这种人生转变的关头销毁了自己之前的作品。多数女性就没指望出版她们的作品，除非她们有一个有影响力的男赞助人，或者自费出版，就像巴黎公社社员维克托林·布罗谢在逃离法国许久之后才最终出版了回忆录。[1]女性的日记也被视为19世纪资产阶级家庭中备受压抑的受害者的一种安全阀。[2]对于那些被迫在公开场合保持缄默或是感到交流困难的人而言，独自写作是一种向内心独白的撤退。少女和少妇得以享受不敢向父亲或丈夫显露的情感宣泄。秘密是日记的特点，就像欧仁妮·德·介朗为了避免被父亲发现而在半夜偷偷记日记。她写道："我的小笔记本见不得天日。它就像忏悔室中的秘密一样神圣。"[3]还有一位女性在日记中记录着丈夫不知道或是嫉妒的秘密生活。正如贝亚特丽斯·迪迪埃（Béatrice Didier）指出的，它甚至有自慰的功能。[4]恐惧、压抑与自我审查，这些都是女性公开撰写自身的可能障碍。露易丝·韦斯是这个规则的例外，因为她有一个公开的形

---

[1] Victorine B., *Souvenirs*, 于1909年首次出版于洛桑。
[2] Michelle Perrot, ed., *History of Private Life, vol. 4: from the fires of revolution to the Great War*, Cambridge, MA: Belknap, 1990, pp. 500-502.
[3] Eugénie de Guérin, *Journal,* Albi: Ateliers professionnels de l'Orphelinat St.-Jean, 60th ed., 1977, p. 195.
[4] Beatrice Didier, *Le Journal intime*, Paris: Presses Universitaires de France, 1976, p. 115.

象,而且她的自传远非秘密。它曾多次再版。[1]

个人日记或私密日记主要是一种中产阶级体裁。工人阶级女性很少有时间长久保持记私人日记的习惯。一些女性在作为激进分子、记者或教师功成名就之后,会像男性同僚一样写自传。因此我们对工人阶级女性的阅读实践知之甚少,除非她们有政治生涯。皮埃尔·布尔迪厄认为文化挪用的过程取决于个人的经济资本与教育资本之间的平衡。[2]换句话说,我们消费并珍视的文化产品,取决于我们的收入水平和教育水平。根据这个公式,大部分工人因为既贫穷又缺乏教育而遭到双重剥夺。工人阶级的女性读者既缺乏继承来的,也缺乏后天获得的文化资本,不得不通过自己的努力和旁门左道来积累文化资本。她被排除于富人享受的文化消费之外,甚至被家庭中的男性成员与身处的阶级排斥,她不可避免地成为一个文化财产的篡夺者。女性是闯入者,她被拒绝进入一个令人艳羡的文化世界。

---

[1] Louise Weiss, Souvenirs d'une enfance républicaine, Paris: Denoël, 10th ed., 1937. This forms the first part of her *Mémoires d'une Européenne*, 3 vols, Paris: Payot, 1970, 后续4—6卷在1971至1976年间以"nouvelle série"为名由阿尔班·米歇尔(Albin Michel)出版于巴黎。

[2] Bourdieu, *Distinction*.

天主教读者

女性的阅读通常是虔诚的类型，这与天主教传统惯例有关。女性也是家庭传统和仪式的捍卫者。皮埃尔 - 雅克·埃利亚斯（Pierre-Jakez Hélias）回忆他在非尼斯泰尔省（Finistère）的普洛泽韦（Plozevet），作为一名布列塔尼人的童年时，他想起了母亲与她的书。他回忆说，《圣徒传》是母亲嫁妆的一部分。他在自己的畅销回忆录中写道：

> 在房子里，除了我母亲的祈祷书和几本赞美诗外，只有两本重要的书。一本是永远放在窗台上的拉鲁斯先生的法语字典……另一本则锁在母亲婚礼用的箱子里，我们管它叫"书柜"（the press）。里面是布列塔尼语的《圣徒传》。[1]

好几种文化分支在此交织。专属于赫里亚斯母亲的《圣徒传》（布列塔尼语："*Buhez ar zent*"），以及她的婚礼箱是宗教知识的宝库。这与象征着世俗文化的拉鲁斯字典形成鲜明对比。一个代表天主教法国，而另一个代表世俗共和国。这种二元性还有另一个文化层面，与布列塔尼语的使

---

[1] Pierre-Jakez Hélias, *The Horse of Pride: Life in a breton village*, New Haven, CT: Yale University Press, 1978, p. 96, trans. J.Guicharnaud from *Le Cheval d'Orgeuil*.

用有关。赫里亚斯母亲的箱子属于讲布列塔尼语的领域，而放着拉鲁斯字典的窗台则听起来像一座法语的圣坛。不同于锁在箱子里的圣徒，这本字典放在窗户边上，面向外部世界。因此，法国与布列塔尼、男性与女性、世俗与宗教，这些对比都在赫里亚斯的描述中交织在一起。他的母亲的阅读是传统的，面向宗教、家庭与地方，以及封闭的布列塔尼文化的世界的。这似乎与公共生活或者关心外部世界毫无联系。

欧仁妮·德·介朗的日记是本章的一个主要个案研究对象，为我们提供了更为详细的关于女性宗教阅读的观点。她的世界在社会层面与布列塔尼的农民相去甚远。她在1834到1841年间，也就是30岁出头的时候，记录了自己家庭在塔恩省（Tarn）勒凯拉（Le Cayla）地区的财产情况。她的父亲是一个生活舒适的农民（*cultivateur*），有几个佃户（*métayers*）。欧仁妮的私人日记记录了她的阅读，显示出她几乎就是迪庞卢后来奉为理想的天主教女性读者的现实榜样。因此，作为精神生活的典范，这本日记被多次重印。

欧仁妮写日记首先是为了上帝，但其次是为了兄弟莫里斯（Maurice）。的确，她对莫里斯生前身后的爱贯穿了整本日记，并使日记的后半部分读来令人心痛不已。与莫里斯的亲密关系赋予这本日记完全独特的个性。欧仁妮在笔记本上书写，每写完一本，她会编辑一下，然后寄给身在巴黎的莫里斯。这本日记在1837至1838年有过几个月中断，这是因为莫里斯当时就在勒凯拉，书面交流是多余的。1839年莫里斯死于肺结核令欧仁妮悲痛欲绝。她不顾一切地继续在日记中给他写信，发誓要永远哀悼他，她写道，她的日记将变成一个"葬礼的盒子，一个圣古匣，其中可以找到一颗死去的心，因神圣与爱而不朽"。[1]有一段时间，她的阅读帮助她克服失去亲人的痛苦。她向奥古斯丁的《忏悔录》中关于朋友之死的部分寻求慰藉。[2]她同样参考了《死亡的神圣愿望》(*Saints Désirs de la Mort*)。[3]此时，她的阅读具有特定的哀悼功能。然而，即便她继续尝试与莫里斯的亡魂交流，我们也不清楚阅读和写作在多大程度上帮助欧仁妮接受她兄弟的死亡，以及在多大程度上是她完全避免接受这一现实的避难所。

这是心理学上的推测。尽管欧仁妮似乎接受了莫里斯的朋友，作家巴尔贝·多尔维利（Barbey d'Aurevilly），成为亡兄的某种替代，但是上帝越来越多地填补了莫里斯的去世在她感情生活中留下的空白。[4]上帝从未缺席。她的日记和阅读始终有属灵的目的。她用日记来忏悔过错。她在

---

1 E.de Guérin, *Journal,* entries of 2 and 21 July 1839.
2 Ibid., 27 July 1839.
3 Ibid., 17 August 1839.
4 Ibid., 19 October 1839.

其中试着每天向上帝报告自己的生活。在她的笔记本和阅读中，她独自与自己的良知对话。欧仁妮的写作和阅读是打开她丰富内在生活的钥匙，在其中，她使她的存在变得有意义、思考死亡、接近上帝。

借由欧仁妮日记中深刻的宗教忧郁，我们能够追溯她的阅读细节，无论是属灵的还是世俗的。在属灵的阅读中，她不断提及奥古斯丁以及博叙埃。这两位作家被不断引用，超过其他所有人。[1] 她经常使用《圣徒传》，通常是阅读当时圣徒的生平。这是日常启迪的来源，欧仁妮评论说："这些圣人的生活精彩纷呈、读起来极富魅力，充满了对一个虔敬的灵魂有益的教训。"[2] 她在大斋节时读马西隆，这是一个传统的选择，再次呼应了前一章讨论过的迪庞卢后来制定的理想阅读清单。天主教的阅读遵循着季节的韵律，因为文本就是为天主教历法中的特殊日子与时刻制定的。欧仁妮阅读芬乃伦的《属灵的信》(*Lettres spirituelles*) 与《神的存在》(*Existence de Dieu*)。[3] 她阅读裘德神父（Père Judde）与勒吉卢修道院长（abbé le Guillou）的作品，以及夸鲁帕尼修道院长（abbé Quadrupani）的《启迪虔诚灵魂的说明》

1　Ibid., 27 November 1824 and 8 December 1834 for example.
2　Ibid., 5 January and 15 April 1835.
3　Ibid., 22 May 1835.

(*Instructions pour éclairer les âmes pieuses*)。[1]因此，她的大部分阅读都是具有指导性的说教与冥想。这些书被反复阅读，在每年合适的时间被定期而尽责地查阅。这些书也出现在1835年欧仁妮对自己藏书的描述之中。[2]奥古斯丁的《上帝之城》在此之列，尽管她后来写到这本书对她来说太深奥（savant）了。[3]她的藏书包括冥想、反思性独白、说教、圣哲罗姆和圣额我略的信，以及圣特蕾莎和圣伯纳德的作品。她还有拉梅内的《师主篇》以及布卢瓦的路易的《属灵指南》(*Guide spirituel*)。最后的一些作品来自迪多1820年代出版的《基督女性之书》，但是我们不知道欧仁妮个人藏书的准确来源。这些作品是她最私密的读物，她通常在自己房间里私下阅读，她在那儿独自和上帝交流，以及写日记。

她也阅读其他宗教和世俗作品，有时和父亲一起看。她给父亲大声朗读林加德（Lingard）1806年出版的《盎格鲁－撒克逊教会的古代史》(*Antiquités de l'Église anglo-saxonne*)。她阅读福音书、帕斯卡和莱布尼茨的《反无神论者的自然告白》(*Confession de la nature contre les*

1　Ibid., 6 and 7 May 1837, 6 June 1838, 15 February 1840.
2　Ibid., 30 May and 13 June 1835.
3　Ibid., 9 January 1840.

Athées)。[1]她阅读拉梅内的《论冷漠》(Essai sur l'indifférence)，还有期刊《信仰传播年鉴》(Annales de la propagation de la foi)。[2]因此欧仁妮的阅读有一部分不那么个人化，包括了宗教护教学与教会史。

到目前为止，欧仁妮·德·介朗已经成为一个虔诚天主教读者的优秀典范，对她来说，阅读和写日记是她私人属灵实践的必要组成部分。但她也阅读世俗文学，包括戏剧、诗歌甚至小说。这些阅读不一定独自进行，她有时在冬季的长夜里和父亲一起阅读，这使她接近父亲。或许父亲的在场是一种保护，是她的阅读在道德上无可指摘的保证。在转向世俗文学，尤其是小说时，欧仁妮越过了一个虔诚天主教女性读者被期望遵守的规范。她很清楚这样做也许会使她遭遇危险的诱惑。这样一位虔诚天主教读者的习惯充满了精神上的渴望，但也会遭遇许多需要予以抵制的威胁。为了定义作为女性和基督徒的欧仁妮对自己的阅读施加的限制，去探究她的世俗阅读是很有趣的。

欧仁妮对莫里哀笔下的女性很感兴趣，她阅读了《可笑的女才子》(Les Précieuses ridicules)与《女学究》(Les Femmes savantes)。可惜的是我们不知道她对这些剧本作何感想。她甚至阅读伏尔泰的《路易十四时代》(Le Siècle de

---

1　Ibid., 10 March and 28 April 1835, 25 August 1839.
2　Ibid., 1 March 1838.

Louis XIV），不过有趣的是这本书是她父亲从隔壁小镇克莱拉克（Clairac）得到的。她十分明白涉猎伏尔泰的可能影响，但对于阅读历史作品，正如她自己说的："没有什么可抱歉的"。[1] 她还阅读贝尔纳丹·德·圣皮埃尔无伤大雅的《自然研究》(*Études de la nature*)。[2] 她阅读浪漫主义诗歌，首先是拉马丁的《诗意与宗教的和声》(*Harmonies poétiques et religieuses*)，之后是一些安德烈·谢尼埃（André Chénier）的作品。[3] 她也读其他浪漫主义作品，比如米什莱以及马拉丁的《东方之旅》(*Voyage en Orient*)。[4] 她热衷于维克多·雨果的《克伦威尔》(*Cromwell*)和《玛丽·都铎》(*Marie Tudor*)，并且她评论雨果作品的方式，似乎是在模仿雨果自己对于戏剧性对比的热爱。"他神圣又邪恶"，欧仁妮写道，"聪明又疯狂，是人民又是国王，是男人又是女人，是画家，是诗人，是雕塑家，他是一切"。[5] 她属灵阅读的故事让我们对于这种爆发性的赞美雨果猝不及防。在三十多岁时，欧仁妮阅读了圣伯夫的《情欲》(*Volupté*)、霍夫曼（Hoffmann）的《奇妙故事》(*Contes fantastiques*)，以及沃尔特·司各特的一系列小说，包括《艾凡赫》(*Ivanhoe*)、《清

1　Ibid., 10 December 1834 and 28 April 1839.
2　Ibid., 11 April 1836.
3　Ibid., 11 April 1836 and 20 July 1838.
4　Ibid., 5 March 1839.
5　Ibid., 4 August 1838.

教徒》(*Old Mortality*)和《威弗利》(*Waverley*)。[1]这些作品都不被视为越界。相反，他的个人关注点始终如一。她对《威弗利》最欣赏的是结尾哥哥去世的桥段。

尽管如此，小说对于缺乏警惕的读者仍构成一种诱惑。1835年9月，欧仁妮29或30岁时（我们并不清楚她准确的出生年月），有了一次证明这种诱惑的强度与她抵制禁果能力的关键体验。她在祖母位于卡胡扎克（Cahuzac）的房子里闲逛，偶然发现了一箱小说，并被诱惑着读了一些。她对这个时刻的记录值得全文引用。下面是欧仁妮不久后在日记中的记录：

> 恶魔刚刚诱惑了我，我在一个小柜子里发现了一堆小说。"稍微读一点吧"，我对自己说。左翻右捡，但是一个喜欢的书名都没有。毫无价值的东西，只会叫你内心困惑，而我从来没有这种感觉。它们是修女的情书，勇敢骑士的一般忏悔，以及其他令人愉悦的故事。得了吧，我才不会去看这些垃圾呢！我不再被它们诱惑，我会换掉这些书，甚至把它们丢进火中，这样它们就不会再起作用了。上帝保佑我没有读这类书。[2]

1　Ibid., 9 January, 2 April and 5 November 1840.
2　Ibid., 1 September 1835.

欧仁妮可能确实读了其中的一些，但是用私人日记来摆脱它们，以恢复道德上的平衡。她拒斥这种诱惑，这与我们对她所知的一切完全相符。我倾向于相信欧仁妮已经认识到她的阅读探索有一个明确的界限。她的宗教背景和强烈的天主教价值观使她把那些无聊而淫秽的小说视为禁忌。她当然对小说感兴趣也被诱惑，但是这次她在日记中保证自己拒斥了撒旦的诡计。

然而诱惑一再重现，因为撒旦永不休息。她被哥哥的那本《巴黎圣母院》深深吸引，很显然沉迷进去，她和许多女性读者一样，为埃斯梅拉达和她的山羊感到欣慰。她知道这是一个危险的领域，她写道："这些天才都有丑陋的一面，足以让女性瞠目结舌"。[1]于是她不再读文本，只看插图。不知为何，她认为这些插图不会向她揭示雨果怪诞的创作。欧仁妮显然对故事后来的发展感到兴奋。她再三考虑读下去，但没有付诸行动。这本书对她哥哥而言没问题，但对欧仁妮而言就存在一条女性不能跨越的界限。两年之后，她试着读了雨果的《一个死囚的末日》(*Dernier Jour d'un condamné*)，但发现这本书太可怕而不忍卒读。[2]后来她考虑读斯塔尔的《德尔菲娜》(*Delphine*)，但是她已经得出一个坚定的结论：除了沃尔特·司各特的作品外，她对小

---

[1] Ibid., 9 February 1838.
[2] Ibid., 4 August 1840.

说兴致不高。[1]

对欧仁妮而言，阅读几乎和支配了她内在生活的私人日记一样至关重要。她写道："早上一起床我总是找一本书或一支笔，书用来祈祷、思考、反省"。[2]家务劳动总是干扰她阅读，她也很清楚作为女性受到的要求。欧仁妮某日沮丧地写道："我是一个读书的女人，但总是断断续续地（à bâtons rompus）；有时他们问我要锁匙，各种琐事我都要亲自处理，因此不得不暂时合上书本"。[3]她坚持认为：责任重于享乐，尤其是非必要的阅读。[4]至于"非必要"的阅读，肯定不是指虔敬或帮助升华精神的作品。欧仁妮会为了针线活和管理家务而放弃阅读，因为她知道自己的工作在上帝眼中是可以接受的。

因此，欧仁妮·德·介朗既作为女性，也作为虔诚的天主教徒去阅读。阅读与沉思对她的精神幸福至关重要。在为自己划定的阅读空间内，她不断求助于说教、虔敬作品以及教父的作品。她不是为享乐，而是为灵魂的救赎而阅读。在悲痛万分之时，阅读帮助她消化挚爱兄长的死亡。

---

[1] Ibid., 3 September 1841.
[2] Ibid., 7 January 1835.
[3] Ibid., 20 November 1834. 'C'est moi qui suis lectrice, mais à bâtons rompus; c'est tantôt un clef qu'on me demande, mille choses, souvent ma personne, et le livre se ferme pour un moment.'
[4] Ibid., 10 December 1834.

这种属灵的阅读是私密而孤独的。在阅读较为粗俗的作品时，她会寻求父亲的陪伴，也不拒绝当代作家、诗人和剧作家。正如我们所见，她被一些小说深深吸引，但她抗拒这种被她视为邪恶的吸引。从私人日记中对这些冲突的描述来看，她作为读者为自己定下了严格的审查规则。欧仁妮可以作为女性读者的代表吗？答案既是也否。重要的是，她是个有独特经历的人。我们或许可以将她视为天主教读者的理想典范，但是我们也不能忘记她对伏尔泰（尽管是在父母的监视下）和现代小说的涉猎，这些书都不在天主教的议程里。另一方面，对于女性是言情小说的无法自制的消费者这种具有影响力的印象来说，欧仁妮是一个有用的修正。要找到更具说服力的女性小说爱好者，我们不得不寻求其他案例，比如埃莱娜·勒格罗的个案研究。

一种女性的阅读方式？

对于许多女性，甚或对于绝大多数女性而言，她们并不希望像欧仁妮·德·介朗那样用属灵的阅读，而是用小说来填满自己的空间。出版商知道这一点，福楼拜知道这一点，所有文学推荐作者，无论是天主教的、共和派的还是女性主义者，也知道这一点。然而，阅读小说的女性并不一定是被动而不加批判的读者，她们从自己的阅读里获得生活中不可能的观念。埃莱娜·勒格罗就是这样一位积极而具有批判性的小说读者。她明确表达出对特定作家和写作模式的偏好。她在20岁出头时的通信显示出她作为读者能够从阅读小说中产生有关女性自身角色的反思。[1]埃莱娜的例子还为男性亲属在资产阶级女性的阅读中所扮演的角色提供了有趣的见解。兄弟、父亲、情人和丈夫,他们时而支持时而限制,但始终在场。当埃莱娜·勒格罗这类女性个体试图建立自己的空间时,她们知道自己必须承认并面对男性强大的影响力。

埃莱娜·勒格罗出生于1874年,是一位乡村医生的女儿,居住在比利时城市列日附近的巴尔沃(Barvaux-sur-Ourthe)。当友人贝尔特·威廉在1894年移居塞纳河畔讷伊(Neuilly-sur-Seine)之后,她们就开始了持续终身的通信。尽管这两位女性似乎再未见过面,但是她们在近40年的岁月中彼此写信、交换礼物、分享秘密,直到贝尔特于1932年离世。这些关于埃莱娜(我将这样称呼她)的讨论,以及她的阅读,建基于对她信件的编辑筛选。遗憾的是,已经出版了的选集被简单描述为一个爱情故事,涉及埃莱娜和

---

[1] Hélène Legros, *Les Lettres d'Hélène*, ed. Dominique Halévy, Paris: Hermé, 1986. 关于遍览这些通信的作者给出的概述,请见 Anne Martin-Fugier, 'Les Lettres célibataires', in Roger Chartier, ed., *La Correspondance: les usages de la lettre au xixe siècle*, Paris: Fayard, 1991, pp. 407-426。

她的学生友人雅克（Jacques）。与许多现存的通信选集一样，只有去信得以保存，我们找不到贝尔特的回复。信件的语气和内容只能从埃莱娜的信中推断出来。尽管存在这些问题，埃莱娜的信件仍是19世纪晚期女性个体阅读实践历史的丰富资料。

失慈的埃莱娜与父亲以及两位矢志成为医生的兄弟住在一起，埃莱娜既为兄弟感到骄傲，但也心生羡慕。弟弟莫里斯小埃莱娜6岁而哥哥罗贝尔大她2岁。他们在埃莱娜短暂而不快的爱情生活中的作用必须首先被勾勒出来，以便建立埃莱娜被迫与之协商的男性监督的背景。埃莱娜此生唯一的爱人是雅克·狄维舒维尔（Jacques Divelshauvers），一位年轻的药学生，也是罗贝尔的朋友，埃莱娜最初在1891年时对他产生了兴趣。但埃莱娜只能通过哥哥了解雅克，二人未来的见面取决于罗贝尔。直到他们遇见四年之后，埃莱娜才鼓起勇气开始行动。她让贝尔特参与了一个复杂的密谋，向雅克传递一封"匿名"信件。最终，埃莱娜和雅克成功通了信，尽管埃莱娜清楚地知道对方并未回应她的爱意。她十分明白自己的生活与个人自主权都因为这段关系而处在危险之中，并且爱情与失望的经历有时比书本能够给她的还要强烈而严重。[1]

---

[1] *Lettres d'Hélène*, pp. 266-7, 15 January 1897.

这段关系结束于埃莱娜的父亲发现这些信件，并且按照埃莱娜对于此事的说法，父亲把她叫到书房里大吵了一架。[1]狄维舒维尔到底哪里不合适我们并不清楚，但是勒格罗先生交代罗贝尔写信让狄维舒维尔不要再与埃莱娜通信的。通过一系列中间人的通信，这个家庭的男人们终于成功扼杀了这段关系。罗贝尔故意当着埃莱娜的面把她珍藏多年的雅克的照片撕碎，然后把碎片丢进火中。[2]埃莱娜显然没有对此表示出什么愤怒。她似乎接受了自己的命运。她继续利用贝尔特作为同谋来获得关于雅克的消息，并且秘密地打开哥哥的邮箱，以便发现更多关于狄维舒维尔的事。[3]然而，她知道自己无法避开父母和兄弟的监视。她利用与贝尔特·威廉的通信来表达她对于梦想破灭的悲伤与失落，以及在雅克最终娶了另一个女人时发泄自己的嫉妒。正如我们所见，甚至埃莱娜的阅读也面临着与其通信一样的某种家庭控制。

埃莱娜的阅读首先表明了女性常常将她们的阅读视为一种社会经验。书籍在朋友之间分享，无论是作为礼物或单纯作为讨论的话题。分享书籍是埃莱娜和贝尔特·威廉之间持续通信的重要组成部分。埃莱娜要求贝尔特给她送来

1　Ibid., p. 281, April 1897.
2　Ibid., pp. 305-306, 10 April 1898.
3　Ibid., pp. 290-291, 7 and 14 September 1897.

一本关于意大利绘画的书籍，这是雅克推荐给她的，1895年时贝尔特还把《战争与和平》作为礼物送给了埃莱娜。这个女性网络还包括她们之前的文学教师，后者发现埃莱娜正在学习意大利语，便寄去一本孟佐尼（Manzoni）的《约婚夫妇》(*I Promessi Sposi*)。

书籍与阅读在女性朋友之间成为讨论的话题和互换之物，但书籍的获取有赖于男性中介。埃莱娜的兄弟一直是她书籍的主要来源，他们自己从朋友处借书，或者在布鲁塞尔或列日买书后带回家。埃莱娜不可避免地受制于他们的选择，并且接受他们对于她阅读的审查。然而，她偶尔会在兄弟不知情的情况下拿走他们的书，她将其描述为从兄弟那里"窃"（chipé）书。父亲也是书籍的来源，她常常在父亲的书柜中发现有趣的东西。有时她拿这些书也是偷偷摸摸的。埃莱娜写到有些书必须从上层书架的藏身之处（déniché）取出。通过混合利用依赖和诡计，埃莱娜蹭到了男性亲属进入城市及其书籍的特权。

埃莱娜在少女时期和20出头的年岁里阅读浪漫主义诗歌。当她想去意大利看看的时候，她读了拉马丁的《乔斯琳》以及《格拉齐耶拉》(*Graziella*)。[1] 她的卧室里有拉马丁和德·缪塞（De Musset）的画像。她还读了勒孔

---

[1] Ibid., pp. 22 and 78, 11 April 1894.

特·德·利勒（Leconte de L'Isle）和拜伦。[1]阅读使她想要自己写诗。她读了英文的伪凯尔特诗歌作品"莪相"（Ossian），尽管知道这是臭名昭著的文学骗局的产物，但她只是为了鼓励自己进一步为自己写作。[2]然而，她承认读德·维尼的作品让她为自己的努力感到羞愧。[3]她在家人不知道的情况下试图创作小说和戏剧，并把手稿送给贝尔特点评。正如西尔万·马雷夏尔曾在1801年预言：阅读的女性会变成写作的女性。埃莱娜的例子说明，整整一个世纪之后，女性宣扬这样的文学抱负仍然是不明智的。

除了诗歌，埃莱娜还读了许多小说。她读了皮埃尔·洛蒂（《冰岛渔夫》与《我的兄弟伊夫斯》）。她读了《玛农·莱斯科》（Manon Lescaut），不明白为什么这本书被认为是不道德的。她读了《保罗与维吉妮》，并且随着她试着掌握英语，她同时阅读司各特的两本小说：《拉美莫尔的新娘》（The Bride of Lammermoor）和《外科医生的女儿》（The Surgeon's Daughter）。[4]她读了《战争与和平》《尼古拉斯·尼克贝》（Nicholas Nickleby），她读的可能是英译本，并且评论贝尔

---

[1] Ibid., pp. 52 and 58, 9 February and 8 March 1893.
[2] Ibid., p. 108, 1 December 1894. "莪相"的诗歌据称是一位古代凯尔特诗人的作品，由詹姆斯·麦克弗森（James Macpherson）于1763年出版。
[3] Ibid., p. 75, 30 March 1894.
[4] Ibid., p. 47, 19 January 1893 and p. 91, 24 August 1894（Loti）; p. 51, January 1893（Manon Lescaut）; p. 151, 6 June 1895（Paul et Virginie）; p. 80, 18 April 1894（Scott）.

特说:"他们边喝茶边说着最惊人的事情(des choses renversantes),我独自对此发笑"。[1] 她读大仲马的《基督山伯爵》《布拉热洛纳子爵》(*Le Vicomte de Bragelonne*),并且很喜欢《三个火枪手》。[2] 正如我们所见,大仲马的其他书对她而言是禁区。埃莱娜是一位具有批判性的读者,在阅读时表达强烈的意见。她十分欣赏《少年维特之烦恼》而谴责立顿的《福克兰》(Falkland)拙劣地模仿前者。[3] 她认为洛蒂是缺乏自然风格的"装腔作势"(poseur)的人。她与哥哥争论玛格丽特(Marguerite)在歌德的《浮士德》中所扮演的角色。[4] 她有明显的偏好和鉴别力。她的个体反应不能被兄弟视为理所当然,也不能被阅读史研究者预测。

有一本小说给埃莱娜留下了最深刻的印象。歌德的《威廉·麦斯特的学习时代》(*Wilhelm Meister*)是她个人心中杰作中的杰作。她18岁第一次读这部作品,随后立刻重读了两次。1895年她再次重读此书。[5] 她发现这是一本充满了对人类天性之观察的道德书籍,且没有许多法国小说中常见的浮夸表达。麦斯特既不过于世俗,也不过分浪漫。他为理想的生活提供了一个平衡的典范。《威廉·麦斯特》变成

---

[1] Ibid., p. 183, February 1896.
[2] Ibid., pp. 30-34, October-November 1892.
[3] Ibid., p. 145, 16 May 1895.
[4] Ibid., p. 120, February 1895.
[5] Ibid., pp. 40 and 45, December 1892 - January 1893; pp. 126-128, 13 February 1895.

了她衡量其他小说的准绳。埃莱娜按照偏好将小说分为三种类型。首先,她看重"那些故事并不复杂,但包含了大量的反思、散文式探讨、各种短暂的离题——当然,必须是经过深思熟虑并和主题相关联的。"[1]《威廉·麦斯特》就是最好的例子,"我最大的快乐,这是你可以读一千遍的书。"埃莱娜列出的第二类小说是那些直奔目标而没有从旁反思或枝蔓的作品,比如梅里美(Mérimée)的作品。最后是纯粹描述的小说,没有告诉读者任何东西,埃莱娜承认她会跳读这些作品。

在这篇关于自己小说阅读的文学评论中,埃莱娜似乎勾勒出了我们可以称之为女性阅读风格的特征。她偏好一种开放的叙事,而不是把目光完全锁定在故事的发展上。她欣赏反思性的中断和智性的短暂离题。她可能不喜欢侦探小说这种最男性化的体裁,在侦探小说中,读者可能的确会被具有误导性的枝蔓伏击,但直到故事结局揭晓之前并不会察觉到这一点。埃莱娜希望小说家能够一路上带着她做有趣的短途偏离,这似乎要比把情节的各方面都整齐地串联一体并有逻辑地说明重要得多。

埃莱娜在其他方面可能也采取了一种独特的女性接近小说的方式。比如,她习惯重读小说。一系列20世纪的阅

---

[1] Ibid., p. 48, 19 January, 1893.

读调查发现女性远比男性更倾向于重读她们最爱的书。[1]埃莱娜也不例外。除了经常阅读《威廉·麦斯特》之外，她还重读了《冰岛渔夫》，以及在《两世界评论》上阅读泰纳的《意大利游记》(*Voyage en Italie*)。[2]她也符合这样一种观念：女性在阅读时采用了一种强烈的认同风格，与小说中的角色互动并产生共鸣。例如埃莱娜想象着威廉·麦斯特这个角色并画成肖像画，在她的描绘中，威廉·麦斯特有着漂亮的黑色双眸、额头高耸、鼻似鹰钩、妙语连珠，面相冷峻却常带笑容，还容易害羞。她后来承认对小说主人公如此狂热是愚蠢的。[3]关于《战争与和平》，她讨论了安德烈与皮埃尔的优点，并最终认定她更仰慕安德烈。[4]正如琳内·皮尔斯提醒我们的，文学挪用有时涉及情感，研究阅读过程的学者必须将读者的乐趣考虑在内。[5]正如在言情小说中，读者会深深被带入到虚构角色之中，体验真挚、焦虑以及与浪漫爱情相关的满足与嫉妒。这些想法似乎符合埃莱娜进入文本的方式。她非常喜欢那些女主角，尤其欣赏歌德笔下的女主人公："多萝西、夏洛特、玛格丽特等都令人钦佩；

---

1 Martyn Lyons and Lucy Taksa, '"If Mother caught us reading!": Impressions of the Australian woman reader, 1890-1933', Australian Cultural History, 11, 1992, p. 45.
2 *Lettres d'Hélène*, p. 125, end of February 1895.
3 Ibid., p. 56, 23 February 1893; p. 65, November 1893.
4 Ibid., pp. 197-198, end of March 1896.
5 Lynne Pearce, *Feminism and the Politics of Reading*, London: Arnold, 1997.

人们无法想象她们可以再完美、再诗意一点了——她们还都如此简单、天真且质朴。"[1]正如这条评论所表明的那样,埃莱娜并不是传统的女性主义者。她拒斥女性作为知识分子或学者的观念。她知道女性有着特殊的责任与美德。歌德比其他任何作家都更明白这一点,因为他对女性的刻画自然而简单。

然而作为女性,埃莱娜不能忽视周围男性控制她生活的方式。她向贝尔特抗议说,年轻女孩渴望结婚毫不奇怪,她们"只是为了逃避愚蠢且毫无价值的生活,而这是几乎所有地方都在灌输给她们的"。[2]埃莱娜的阅读和通信一样受到父兄的监视。罗贝尔把卢梭的《忏悔录》锁起来,他认为这本书不适合年轻女孩读。大仲马的《玛戈王后》(*La Reine Margot*)也被禁止阅读,这次是姑姑下的禁令。[3]埃莱娜阅读《包法利夫人》是一个有趣的例子,这部分是因为小说本身就是关于女性阅读的。1893年,埃莱娜在哥哥的一本文学杂志上读到了这本小说的第一部分。她以为罗贝尔会对此感到震惊,但他并没有,尽管他之前曾禁止埃莱娜阅读福楼拜的《圣安东尼的诱惑》(*Tentation de St Antoine*)。

---

1 *Lettres d'Hélène*, p. 49, 19 January 1893.
2 Ibid., p. 89, 20 July 1894.
3 Ibid., p. 123, February 1895.

这一次埃莱娜得到了默许。[1]值得注意的是埃莱娜当时19岁，而自认为是她监察者的哥哥不过长她两岁而已。埃莱娜知道无论哥哥给她多大的自由，父亲也肯定会强烈反对她阅读《包法利夫人》。这种监察并不是出于宗教动机：这是一个反教权的医生家庭，他们公开讨论达尔文主义并且在选举中支持自由派候选人，反对天主教政党。尽管如此，埃莱娜的道德纯洁是受到严密保护的家庭资产。罗贝尔这次同意帮助埃莱娜，帮她获取这部小说并让她在没有任何人察觉的地方随意阅读。[2]埃莱娜请教了朋友贝尔特，但贝尔特不赞成这个欺骗计划。堕落到不诚实的境地不是解决办法。埃莱娜同意贝尔特的态度是在道德上唯一能够接受的选择，她决定如果没有得到允许就不读《包法利夫人》。

埃莱娜又一次显然默许了迟早到来的家长审查。即便有哥哥的帮助，她也不会僭越父亲的统治。埃莱娜也并非始终如此。她违抗家里对邓南遮（D'Annunzio）的禁令，不顾一切地读了他的书。[3]1895年，20岁的埃莱娜强烈抗议父亲"建议"她停止阅读大仲马的《巴黎的莫西干人》(*Les Mohicans de Paris*)。她向贝尔特表达了自己被当成十岁孩子的愤怒。但是她服从了，说虽然这本书是无辜的，但不

---

[1] Ibid., p. 58, 8 March 1893.
[2] Ibid., pp. 79-80, 18 April 1894 and following.
[3] Ibid., p. 242, October 1896.

值得为它争吵，因为它是一本垃圾，她有很多更好的书要读。[1] 这种说法是否能让她平静下来还很难说。埃莱娜靠在纸上发泄愤怒与羞辱挺了过来。她与贝尔特的通信是她所有家庭内不满的发泄窗口。

埃莱娜转向了易卜生。她发现易卜生一点也不漂亮，却能引起她思考。家里的男性讨论着《人名公敌》(*The Enemy of the People*)，埃莱娜却在读《玩偶之家》(*The Doll's House*)时找到了自己沮丧的共鸣。[2] 之后她读了德语译本的《野鸭》(*Wild Duck*)并发现这本书十分出色，然而她也承认自己对《布朗德》(*Brand*)不甚理解。[3] 虽然她知道易卜生很难读，但她开始发现易卜生不可或缺。她告诉贝尔特她正在创作一部名为《拖鞋》(*Les Pantoufles*)的易卜生式戏剧，其中有很多自杀情节。到1897年时，埃莱娜已经很清楚地将易卜生和她对于命运的反抗精神联系在一起，她作为家中唯一的女儿，被限制在照顾父亲和姑姑中。她与雅克·狄维舒维尔的失败关系以及她受到的监护，都导致了她的怨恨。[4]

我认为，埃莱娜展示了经常被视为特别女性化的阅读方式的一些方面。她经常回头重读最爱的书，这从统计学

1　Ibid., p. 122, 15 February 1895.
2　Ibid., p. 75, 30 March 1894.
3　Ibid., p. 110, December 1894 (*Wild Duck*); p. 115, January 1895 (*Brand*).
4　Ibid., p. 264, 7 January 1897.

角度来看是显著的女性特征。书籍和阅读是她和终身互相通信的贝尔特之间友谊的纽带。对许多女性来说,阅读是一种社会经验,交换书籍让她们与女性社交网络联系在一起。并且,在阅读小说时,埃莱娜会深度认同小说中的人物,喜欢或仰慕这些角色对她而言十分重要。她也清楚地表达了对喜欢讲刺激性题外话的小说家的偏爱,而非那些用最短的可能路径直奔结论的作者。正如她的阅读方式带有女性特征,她阅读的内容同样如此。她通过书籍反思自己的命运和加诸于女性的社会责任。她既反对女性主义运动,也反对其对立面:叔本华的厌女症。她抱怨叔本华把女性称为"人类物种中的第二位"。[1]在易卜生处理这一问题时,她发现了一个对自己思想造成挑战的作家,相比于易卜生,其他的阅读都似乎平平无奇。[2]

与此同时,埃莱娜也有批判性和鉴别力。从这一点来说,她截然不同于当时有关女性阅读的话语所认定的那种脆弱而易受影响的女性读者。她谴责跟风模仿的作品,拒绝她认为肤浅的东西。她在对歌德的反应中表达了自己与浪漫主义的夸张保持着距离。她知道自己想从小说中得到什么,但也始终愿意从新的阅读中获得乐趣。就像欧仁妮·德·介朗,她的个体反应不能被当作理所当然之事。

---

1 Ibid., p. 51, January 1893.
2 Ibid., p. 115, January 1895.

埃莱娜的例子清楚地揭示出这一时期女性阅读受到的一些限制。她的爱情生活遭受父兄的阻挠,埃莱娜发现她的阅读也被他们以及姑姑限制。她受到家庭的监视,这不断提醒她自己在家中的从属地位。通常她会让步。她不希望激怒她深爱着的父亲与哥哥。最重要的是,埃莱娜还要依赖他们提供书籍。她承认作为年轻女性,有些东西是不应该读的。在某些情况下,她通过写信来表达愤怒或反抗;而另一些时候她也不是完全没有小伎俩。埃莱娜把自己被单独留在家里做家务的日子称为"鲁滨逊·克鲁索日"(Robinson Crusoe days),埃莱娜可以翻找哥哥的信件寻觅雅克的新消息,或是发掘出她好奇的书。顺从、愤怒和欺骗只是女性对于男性控制的一些可能反应。与贝尔特的通信给了她最大的拯救。有时候贝尔特会被争取过来作为逃避父兄监视的同谋,比如让她在邮票底下用小字传递信息,埃莱娜可以用热水抹除这些字。[1]在其他时候,这些通信单纯让埃莱娜得以在私下表达她永远无法坦然公之于众的东西。

在此分析的通信只呈现了埃莱娜生命中五六年的短暂时光。然而,这是关键的几年,在这段时光中埃莱娜最好的朋友去了巴黎,她追寻爱情的努力失败了,她局促的未

---

[1] Ibid., p. 291, 14 September 1897.

来的可能性变得愈发清晰。埃莱娜费了很大劲才适应了家庭加诸于她的，作为父亲、姑姑和兄弟的唯一照顾者的责任。无论如何，她照办了。1895年时，就像是为了纪念她走向这种命运一样，她烧掉了旧日记、笔记本、与之前教师的通信，还有珍藏多年的属于雅克的手帕。"我感觉，"她写道，"很大一部分生命的重量被交了出去。"[1]埃莱娜接受了成年女性的所有妥协，而与贝尔特的通信支撑着她。两位挚友在近40年的时间里周复一周地交换着信件、回忆录、压花、书籍和小礼物。埃莱娜在写给贝尔特的信中说："我生命中最美好最重要的部分似乎是通过书信度过的，我认为右手对我来说是最珍贵的东西。"[2]贝尔特逝世于1932年。一年后，当埃莱娜59岁时，她写信给贝尔特的妹妹弗洛尔（Flore）说："我常常想起她，她与我的生活紧密相连——并且有时，当邮差下午到来时，我发现自己在搜寻邮筒，仿佛仍希冀找到她蓝色的大信封。"[3]

非法的与间歇的阅读

相比于欧仁妮·德·介朗或埃莱娜·勒格罗这样受过教

1　Ibid., p. 137, April 1895.
2　Ibid., p. 273, 15 February 1897.
3　Ibid., p. 334, 16 August 1933.

育的女性，了解工人阶级女性的阅读经验要困难得多。正如我们已经注意到的，下层阶级的女性不大可能在通信或个人日记里讨论阅读，即使她们有在写这些东西。因此，无论我们要考虑工人阶级女性个人抑或集体的阅读，我们都要找到更巧妙的方法。口述历史的方法已经创造出一种可以追溯到1890年代关于阅读经验的新资料。[1] 对年长读者的采访让我们对于他们及其父母辈的阅读经验有了宝贵的了解。

他们的记忆被不同的透镜筛选，受访者回首往事时常常依据如今的重要之事而非当时的关切来做出价值判断。他们往往给出自己认为采访者想要听到的内容，因此每份口述历史证据都是采访者与受访者相互协商的产物。信息提供者从来都不是以一种完全透明或"真实"的方式回忆其经历的。他们针对特定问题做出回应，而这些回答又会经历转录、编辑和出版的过程。并且，口述的自传倾向于修正并重新排列过去的事件与想法，以便在混沌的生活中创造出回顾性意义，并从中建构出个人认同。但在这一点上，口述的生活史和书面的自传在诠释上存在同样的问题。这

---

[1] Martyn Lyons and Lucy Taksa, *Australian Readers Remember: an oral history of reading*, Melbourne: Oxford University Press, 1992; Anne-Marie Thiesse, *Le Roman du quotidien: Lecteurs et lectures populaires à la Belle Époque,* Paris: Chemin Vert, 1984.

些存疑之处似乎至关重要，但口述历史学者并不总是铭记于心。尽管如此，口述证言确实能够让历史中沉默的大多数得以发声，即使模糊不清或曲折委婉，但这些声音让我们得以聆听那些常常被传统历史书写边缘化的人们的日常经历。

从这个角度来说，安妮-玛丽·蒂耶斯（Anne-Marie Thiesse）对1914年之前下层阶级读者的调查，可以帮助我们更全面地了解法国女性的阅读。在1979和1980年，蒂耶斯开展了一个关于1900年至1914年法国的休闲史和家庭生活的研究项目。受访者约有100人，都生于1883年至19世纪末之间。他们来自两个截然不同的地方：一个是巴黎郊区，另一个是阿尔岱什省（Ardèche）的农村和部分山区。从工人阶级和农民读者的角度来看，他们的反馈说明了通俗小说流传很广。蒂耶斯的采访证实了，由于报纸的连载和小说被分期销售，人们大量阅读小说。采访还提供了关于女性阅读实践的线索，可以与我们已经提出的有关资产阶级妇女的阅读相比较。

就像埃莱娜·勒格罗和贝尔特·威廉一样，这些女性受访者把阅读当作一项社交活动来享受，因为阅读拉近了她们与其他女性之间的距离。与朋友交换书籍或是向她们借书，在各个社会层面构成了女性社交网络的一部分。连载小说或系列小说是女性之间日常谈话的主题，可能就像如今人们讨论电视肥皂剧的最新剧集一样。一位1900年出生于沃克吕兹（Vaucluse）的制鞋匠女儿说：

> （连载小说）在我们女性当中相互传阅。周六晚上，男人都去咖啡馆了，女人就会在我们自己的地方围坐在一起打牌。一个重要事项就是交换连载小说，比如《洛卡博》（*Rocambole*）或《面包小贩》。[1]

通过这种方式，流行小说获得了巨大的"隐形"读者群，远超连载小说的购买者本身。

蒂耶斯的女性受访者也明确地表示，性别偏好也决定了阅读报纸的习惯。女性回忆说，他们父亲阅读政治新闻，而女性则对犯罪报道、社会新闻，当然还有连载小说感兴趣。通过这种方式，报纸可以被分为男性和女性的领域。一位1896年出生于奥弗涅的女性回忆她的铁路雇员父亲说，他曾阅读社会主义的《星期日导报》（*Moniteur du Dimanche*），不过负担不起每天的报费，只能一周买一次。受访者回忆说，家里的每一位成员都阅读这份报纸，但是她会把报纸中的连载小说剪下来和闺蜜交换。她回忆说："它们都

---

1 Anne-Marie Thiesse, 'Mutations et permanences de la culture populaire: la lecture à la Belle Époque', Annales-économies, sociétés, civilisations, vol. 39, jan-fév.1984, p. 75.

是些爱情故事，导报的连载小说并不很社会主义。父亲从来不读这些连载作品。哦不！"[1]然而这并不意味着连载的流行小说只适合女性读者。像《方托马斯》(Fantomas)这样的犯罪故事就是针对男性读者的，而家庭剧和地下恋情则有广大女性读者群体。[2]

蒂耶斯的调查中的女性与中产阶级家庭的情况不同，她们既不买书，也不认为阅读有重要的教育功能。她们的文学文化是借来的、拼凑成的。此外，阅读还有些神秘色彩，因为对于工人阶级女性而言，阅读并不是一项完全合法的活动。许多受访女性表示她们每周都会把报纸上的连载小说剪下来，再把这些节选的内容缝或订在一起组成一部完整的、自制的小说。一位1895年出生于东南地区的工匠之女回忆说："我和母亲会把写得不错的连载小说从报纸上剪下来，再缝合成一本小书。"[3]有些杂志会通过提供特殊的活页夹来鼓励这种拼凑的个人图书馆。对于从未加入购买书籍大众之列的人来说，学校奖励的书籍也是家庭图书馆的重要补充。书籍可以从教师或工友那里借到。上文提到的那位来自奥弗涅的女性解释说：

1　Anne-Marie Thiesse, 'Imprimés du pauvre, livres de fortune', *Romantisme*, vol. 43, 1984, p. 106. See Appendix A.
2　Thiesse, 'Mutations et permanences', pp. 73-74 and 81.
3　Thiesse, 'Imprimés du pauvre', p. 91.

> 家里一本书都没有,因为书太贵了。我曾从修女那获得学校奖励的书,但没有从国立学校获得过。镇子里有个图书馆,我如饥似渴地阅读,但藏书量不多。教师们把少女读物借给我读。我过去常常在周日下午照看动物时读书:我没有其他时间阅读,因为我要做花边。我读连载小说、教师的书、自己学校的书,甚至拉鲁斯字典。我总是定期阅读字典,我甚至带着它去养老院。[1]

这位读者凸显了工人阶级女性读者长期存在的问题:"我没有其他时间阅读,"她说,"因为要做花边"。工作,尤其是家务需求限制了女性的阅读。这位受访者在28岁结婚之前,一直与说方言的小农户父母住在一起。她每天工作很长时间以补贴家用,每半个月要把完成的花边交给收集成品的商人,换取微薄的收入。在这种情况下,阅读或许是奢侈品,是一种在日常工作中偷闲秘密享受的乐趣。当一家人试图节约照明费用的时候,阅读似乎尤其不合时宜。[2] 女性的工作压力导致许多女性读者把阅读活动看作应受谴责的无所事事。

其他口述历史学家也遇到过相似的现象:那些受访的

1　Ibid., p. 106. See Appendix A..
2　Thiesse, 'Mutations et permanences', p. 72.

工人阶级女性对自己的文化追求评价很低。[1]毫无疑问，采访者受过高等教育和大学训练的身份是这种反应的部分原因，即使采访者出发点很好，也可能让受访者产生一种文化自卑感。然而从某种程度上来说，这也表达出一种常见而真实的压抑。家务和其他工作被摆在第一位，而那些阅读的女性认为自己是在懒惰和放纵。女性受访者倾向于完全否认自己会阅读，尽管进一步的询问常常揭示出她们经常且有规律地在读书。这样的读者或许对什么是文学有相当清晰的概念，并且将其定义为自己不读也从未读过的东西。她们有一种强烈的贬低自身文学文化的倾向。

因为不得不和其他家庭义务竞争，女性的阅读不得不退居其次。正如我们已经看到的，甚至欧仁妮·德·介朗都哀叹自己的阅读常常被操持家务的需求打断，导致她只能"断断续续地"阅读。工人阶级妇女面对的问题更为尖锐。她们要在工作和家务责任的间隙中阅读。这意味着她们只能在周日、短暂的休息时间或是照看牲畜时阅读一小会，正如上文引述的那位奥弗涅的女性。她们被迫利用可得的零碎时间。珍妮特·吉尔菲德（Jeanette Gilfedder）在她关于战后意大利出版业的研究中，将这种现象称为"间歇的

---

[1] Lyons and Taksa, *Australian Readers Remember*, pp. 158-63; Lyons and Taksa,"'If Mother caught us reading!'" pp. 39-50.

阅读"(interstitial reading)。[1]她将其定义为一种特别的现代都市现象，通勤者如饥似渴地阅读迷你书，而这些迷你书就是为了这些日常搭火车在家与工作地点间来往的消费者而生产出来的。这种现代通勤者在他们繁忙生活的"间隙"阅读。但我们也可以把这个概念用到女性阅读上，她们为自己和她们的连载小说挤出时间。埃莱娜·勒格罗表达了所有社会阶层中女性的一些困难，她抱怨说自己不得不一整个下午都用砂纸打磨餐厅的家具，做面团、果酱和猪血肠（boudin），还要随时为兄弟提供茶和咖啡。虽然埃莱娜对他们的医学知识一窍不通，但是她知道他们的生活与己不同，正朝向一个特定的终点不断前进，这给了他们自由与目标。她写道："我后悔没有像他们一样，我对自己作为一个年轻女孩的处境感到愤怒。"[2]在这种情况下，女性的阅读，尤其对于工人阶级女性和家庭主妇来说，既是非法的，也是间歇的。

现实主义画家邦万（Bonvin）在创作他经常描绘的女性农民或仆人阅读的场景时，展示的是她们短暂停下工作来阅读。他笔下的女性人物仍穿着工装、围裙和帽子，袖口

---

[1] 出自一篇至今尚未发表的论文，宣读于第六届国际欧洲思想研究会，海法，1998年8月。
[2] *Lettres d'Hélène*, June 1892, p. 28 and 17 November 1894, p. 106.

故意卷起，好应付眼前的书卷。[1]邦万的画作有报告文学的特质。他出其不意地捕捉人物，从背后窥视他们，观察他们的姿势而不暴露自己的存在。他描绘女性读者的画作捕捉到了生活的一个片段，一个她们在工作中得以休憩的瞬间。他笔下的女性都是非常隐秘的读者——在1871年表现女仆偷窥主人信件的作品《冒失的女仆》(*La Servante indiscrète*)的例子中，这种隐秘是必然的。这些极端的例子或许构成了隐秘与不合法阅读的"零度"。邦万笔下阅读的女性，都要从被中断但未完全搁在一边的日常工作中偷闲。她们是米兰—佛罗伦萨快车上吉尔菲德式间歇的读者的祖先。

蒂耶斯告诉我们，她调查的女性是"文盲读者"。[2]她们缺乏埃莱娜·勒格罗所强调的那种阅读小说的批判性方法。她们基本上记不得所读故事的作者之名。她们也没有在阅读上下多少功夫。但这不是事情的全貌。有些人"狼吞虎咽"地读借阅图书馆中的书，还有人急切地从她能找到的任何来源借书读。在蒂耶斯自己采访的人当中，有些女性在对她们的阅读思索了足够久之后，感觉到有必要定义出一个自己的文化空间。一位匿名受访女性提供了堪称典范的证词，值得稍长的篇幅引用。她出生于1899年，一直住

---

[1] Martyn Lyons, 'New Readers in the Nineteenth Century' in G. Cavallo and R. Chartier, eds, A *History of Reading in the West*, Oxford: Polity, 1999, p.323.
[2] Thiesse, *Roman du quotidien*, title to section 1.

在索姆河畔的一个集镇，直到第一次世界大战结束。她的背景极为普通：父亲是一名农业工人，母亲在一家帽厂工作。她说："我的父母从不读书"。但是她想办法拼凑并借书，并如此回首她试图获得文学文化的早期尝试：

> 我13岁进厂工作。在那里，大概13或14岁时，我和一位女伴交换了小说。它们都是价值13个苏的精装小书，包括《贞洁与鞭笞》(Chaste et Flétrie)、《伯爵夫人与乞丐女孩》(Comtesse et Mendiante)、《在新婚之夜被抛弃》(Chassée le Soir de ses Noces)……它们都是小册子，每周出售，每个故事持续差不多一年时间。我的女伴觉得这些故事棒极了，但我很快就对其感到厌倦……我同样得到父母的朋友的建议，他们告诉我哪些书是我必须要买的。有一次他们让我去读《大鼻子情圣》(Cyrano de Bergerac)。我去书店询问这本书，店员给了我一本西拉诺·德·贝尔热拉克（Cyrano de Bergerac）写的完全不同的书！最重要的是，在战争期间，一位和我们住在一起的军官给了我一些书，因为我们生活在战区。他是一位里昂的丝织工人，他白天整日读书，只有在晚上才执行补给任务。他经常每天买两三本书，读完之后就送给我；这些书是亨利·波尔多（Henry Bordeaux）、保罗·埃尔维厄（Paul Hervieu）、

阿贝尔·阿尔曼（Abel Harmant）、亨利·拉夫当（Henri Lavedan）、保罗·布尔热（Paul Bourget）、马塞尔·普雷沃（Marcel Prévost）或吉普（Gyp）的小说。他很注意不给我看情色书籍，但是我偷偷地看！那时我同样阅读皮埃尔·洛蒂、阿纳托尔·法郎士、梅里美、雨果……母亲相信我，并且允许我读一切我想读的东西；但是所有这些小说都是关于更大、更广阔的世界，而我错过了它。有一次我读了马塞勒·蒂奈尔创作的小说《叛逆》(La Rebelle)，她在小说中讲述了她的人生故事。这本书引起了一场丑闻，我因为读了这本书而遭到同事们的严厉批评。这本小说谈论了女性的解放，我非常喜欢这一点。[1]

我们应当对这样的反思保持警惕，因为不幸的是，在抄录口述证词的过程中，采访者的声音被抹去了。因此，这位读者的叙述可能会比她最初回答的时候更有逻辑，也更具备逐步进展的叙事结构。另外，她的证词刚好处于我们时代的边缘。尽管如此，她定义的阅读轨迹的若干特点似乎呈现出一种特定的女性阅读的特征。首先是和女伴交换一些耳熟能详的流行小说，尽管这位读者小心翼翼地和

1　Thiesse, 'Imprimés du pauvre', p. 107.（See Appendix A.）

这个阅读网络保持距离。她描述了自己原本蹒跚的脚步逐渐变得更为稳健，之后通过一位正巧借住在她家中的军官中介人，在纯粹的偶然中获得了文化资本。和许多年轻女性一样，她的阅读也受到了审查，来自军官的，以及暗示来自母亲的，他们的授权很重要。她将自己的阅读经历构建为一个稳步推进的过程，通向一种对世界的更强觉知。阅读小说首先通向对她身处的小镇与局促生活之外的广阔天地的沉思。她的阅读最终导致了对女性地位的总体性思考，这与其同龄人的判断相悖。或许，那些只读连载低俗小说，并且极少买书的工人阶级女性是不成熟的读者。但这并不意味着她们的阅读一定是被动的或纯粹逃避现实的。有些人通过阅读来探索意想不到的知识路径，这些例子提醒我们在接受女性读者这样笼统的分类前要三思而行。

她自己的空间：好学女儿的问题

一些拒绝接受传统女性角色的人转向逃避现实的阅读，就像福楼拜笔下的艾玛·包法利。然而，有一小部分从事新闻、教育或政治运动的女性则以不同的方式运用她们的阅读。她们的阅读经验既非内省的也非主观的。相反，它确保她们融入一种更加宽广、公共的文化。阅读帮助女性进入公共或政治生活。这一现象在19世纪的最后20年以及20

世纪初越来越普遍。在留下了阅读记录和自传经历的女性中，苏珊·瓦尔坎成为了圣西门主义者，参与巴黎公社的维克托林·布罗谢因纵火罪被判处死刑，珍妮·布维耶（Jeanne Bouvier）成了工会主义者。[1]这些先驱者的事业涵盖了从政治煽动到为上帝服务。她们选择了截然不同的道路，但所有这些事业都让女性读者进入了公共领域。

工人阶级女性自学成才者的努力面临着多重障碍，其中包括态度敌视的父母、家庭暴力的背景以及缺乏正规教育。除此之外，她们遭遇（但克服了）女性被排除于知识和公共生活之外的问题。她们提醒我们，工人阶级女性读者有至少两种面貌。在一些时候，她们是非常隐秘的浪漫主义及历史小说的读者，其阅读是主观而孤独的，孕育着多愁善感的幻想，这在后来被她们拒斥。在另一些时候，我们发现女性转向社会主义哲学、历史和政治新闻。女性的阅读并不总是引导她们进入浪漫主义、想象或宗教虔诚的内部世界。相反，它可以将她们引导进政治生活和革命激进主义。比如，苏珊·瓦尔坎告诉我们，她一开始很享受小说，主要读的是科坦夫人（Madame Cottin）、德·让利斯夫人（Madame de Genlis）和德·斯塔尔夫人这类女性作家。

---

[1] Voilquin, *Souvenirs d'une fille du peuple*; Victorine B., *Souvenirs*; Jeanne Bouvier, *Mes Mémoires ou 59 années d'activité industrielle sociale et intellectuelle d'une ouvrière, 1876-1935*, Paris: La Découverte/ Maspero, 1983（1st ed.1936）.

与许多女性读者一样,她倾向于给小说以较男性为高的评价。瓦尔坎回忆起给母亲朗读从当地阅览室借来的小说的夜晚。她写道:"这些不同的作品,激发了我的想象力并让我内心充满了对未知的渴望,以此颂扬爱并成为自然的伙伴。"[1]然而,当瓦尔坎在自传中回首往事时,她会与这段阅读经历保持距离。她觉得自己从这段经历中只得到了具有误导性的想法。[2]

瓦尔坎出生于1801年,父亲是一个激进但不识字的制帽工人。在1825年结婚之前,她一直是一位贫穷的绣花工人(brodeuse)。她加入了圣西门主义的组织,尽管其在女性平等问题上态度暧昧。[3]她对母性及其道德力量评价很高,但自己想要孩子的尝试却不断受挫。她最终在埃及产下一子,但婴儿只活了几天就夭折了。她的多次流产可能与丈夫传染给她的性病有关。瓦尔坎与丈夫于1833年分手(丈夫偕情人去了美国),瓦尔坎追随圣西门主义组织的领导人安凡丹去了埃及,在那里学会了助产术。她自己的理想受挫,但至少可以帮助和养育其他女性的孩子。瓦尔坎与父亲一样没有接受正式教育。她的文学修养一方面来自被开除出神学院的哥哥,另一方面来自她的第一位爱人,一名

---

[1] Voilquin, *Souvenirs d'une fille du peuple*, p. 77.
[2] Ibid., p. 65.
[3] 关于这一问题的讨论,见 Grogan, *French Socialism and Sexual Difference*。

医学生，他将哲学作品介绍给了瓦尔坎。她读了伏尔泰、卢梭、沃尔内以及圣西门的作品。尽管出身贫寒，也没有接受正规教育，瓦尔坎还是自己完成了政治教育。她原谅了丈夫的离开，加入安凡丹的队伍，实践了自己关于婚姻与社会主义的非正统思想。在圣西门主义运动中，她成为了女性解放的"使徒"。

这些女性成功地模糊了公共和私人之间的传统界限。她们与父亲、牧师和雇主对抗或谈判，后者的态度多数是威胁，少数是鼓励。一些女性将自己的反叛转化为个人日记和小说式幻想作品。阅读吸引其他人思考公共事务和社会问题。[1]阅读和写作不仅展现了个人解放的途径，也具有社交功能。阅读和写作使她们进入组织、发挥领导作用并承担更广泛的社会责任。写作自传的行为有时是她们在寻求话语权的斗争中迈出的更远一步。

教育的发展最终使农村和产业工人阶级的妇女有机会从事文书或服务行业的工作。经过一些教育之后，她们可以成为女店员，之后也可以成为打字员和教师。她们得以摆脱体力劳动并升入白领或专业性职位。第三共和国时期的法语教师就是被勒热纳称为"社会突变"（social mutant）

---

[1] 关于这种双重性，见 Marie-Claire Hoock-Demarle, 'Reading and Writing in Germany' in G. Fraisse and M. Perrot, eds, *A History of Women*, vol. 4, *Emerging Feminism from Revolution to World War*, Cambridge, MA: Belknap, 1993, pp. 145-65。

的绝佳案例。[1]她们大多出身于农民或工匠背景，利用新的教育机会加入了不断扩大的国立教育系统。例如1868年出生于歇尔省的L女士说，当本地的教师建议她应当为教师生涯做准备时，她的父母简直不敢想象他们的运气。她的阅读与学习为家庭带来了好处。虽然农村教师的工资仍然很低，但这意味着她们有机会永远摆脱劳累的农活。L女士回忆说："我可怜的父母一定是看到了天堂的大门向他们敞开。他们把脚踏进门内，这样大门就不会突然再关上。对我来说，这就像童话故事一样。"[2]小学教师是一个向上流动的群体，其自传不仅回顾了法国教育的进步，也回顾了他们个人在不同社会阶层之间的转变。

从这一点来说，女性阅读和在智识上努力的故事成为了19世纪末社会流动性叙事的一部分，这绝不仅限于女性。与此同时，阅读在提升女性普遍的社会与政治利益的斗争中至关重要。本章以露易丝·韦斯的简要个案研究作结，这可以阐释上述联系。韦斯的自传是一部涵盖了整个20世纪上半叶政治历史的多卷本作品。第一卷描述了她受的教育和年轻时的阅读，这部分是我们要关注的。[3]

1　Philippe Lejeune, 'Les Instituteurs du XIXe siècle racontent leur vie', *Histoire de l'Education*, no. 25, janvier 1985, pp. 57-58.
2　Jacques Ozouf, *Nous les Maîtres d'École. Autobiographies d'instituteurs de la Belle Époque*, Paris: Julliard, 1967, p. 75.
3　见本章的注释6。

与成为教师的农村女性不同，露易丝·韦斯家境优渥。她大约生于1890年，成长于一个源自阿尔萨斯地区的富裕政府官员家庭。这是一个有教养的、资产阶级且支持德雷福斯的环境。然而，即使到了这个水平，正如我们所见，露易丝还是遭遇了针对女性智识工作的偏见。她享尽一切可能的社会优势。她一开始在位于首都西侧极为舒适的奥特伊区（Auteuil）的莫里哀高中（Lycée Molière）就读。后来她被送到位于贝克斯希尔（Bexhill）的一所寄宿学校，她在那里学习并表演了莎士比亚的作品。这位精英阶层的女儿在位于巴登（Baden）的一所精修学校完成了教育。露易丝完全有条件在最优越的社会阶层中占据一席之地。

露易丝接受的不仅是富家子弟的教育，最重要的是一种国际化教育，部分法语、部分英语还有部分德语。这种普世主义，至少是欧洲的普世主义，启发了她后来成就的事业。当露易丝想要提升英语水平，以便参加教师资格会考（agrégation examination）时，她不满足于折衷的办法。为了学好这门语言，她前往牛津大学。在一战爆发前的几年，正在牛津求学的露易丝经历了一场不可思议的左翼政治哲学的洗礼。在那里，她在学生的讨论中发现了社会主义和卡尔·马克思。但她还有许多东西要学：后来遇到莱昂·布鲁姆（Léon Blum）时，她惊奇地发现一个社会主义者居然在吃鹅肝。她访问了中东和圣地，她的经历受到文学典故的制约。她写道："我们生活在天方夜谭中"。[1]1912年，她以相当豪华的方式，乘汽车游览了西班牙。

国际主义和国外旅行，以及她的阅读对露易丝将来的事业至关重要。她成了一名激进的记者，起初没有薪水，但她完全负担得起。她参与了残疾士兵的福利保障工作。她是战后捷克民主的支持者，并通过《新欧洲》(*L'Europe nouvelle*)杂志支持东欧国家的独立事业，她在这家杂志中的作用越来越大。她前往苏联并采访了托洛茨基。然而她拒绝了列宁，并且投身于国际联盟的公开宣传之中，这寄托了她全部的国际主义理想。正如露易丝所说，相比于莫斯科，她更喜欢日内瓦。之后她又投身于另一项事业：女性选举权。很明显，露易丝·韦斯作为护士、记者和政治活动家的事业都是失败的。到了1930年代，国际主义运动已然没落，而女性投票权不得不等到战争结束才能实现，而战争是欧洲最关注的事。1940年，露易丝的情人在战斗中阵亡，这意味着她个人和政治野心的终结。可以理解的是，情人的死亡在她的自传中变成了英雄般的爱国主义牺牲。她加入了屡战屡败的抵抗组织。

然而，在另一个层面上，露易丝·韦斯获得了不折不扣的成功。她作为女性占有了一席之地，就算不是站在欧洲

---

[1] Weiss, Souvenirs, p. 164.

政治生活的中心，也至少属于那些用专业知识评论欧洲政治生活并试图影响其前进方向的前沿人物之一。通过《新欧洲》，她参与到先锋文学以及包括科克托（Cocteau）、毕加索和阿波利奈尔（Apollinaire）在内的艺术家圈子中。如果没有她的阅读和学习，这是不可能的。她的家中有丰富的藏书可以利用。她记得自己读卢梭的《忏悔录》，夏多布里昂的《墓畔回忆录》（Mémoires d'Outre-Tombe）以及塞居尔伯爵夫人（comtesse Ségur）为儿童创作的故事。她还发现了厄克曼-查特里安最近的一些小说，它们可能让一个来自阿尔萨斯的家庭产生了特别的共鸣。她的阅读爱好绝不限于法国文学。她阅读济慈的选段，在英国上学期间熟悉了莎士比亚的作品。她读了托尔斯泰的《复活》。然而，爱默生的诗歌对她启发最大。她是家庭中天然的朗读者，并且会大声地给双目失明的祖父朗读。

尽管露易丝的阅读不拘一格且会多种语言，但她接受的并不是培养知识分子的训练。通往女性独立的艰难道路上被系统性地设置了障碍，在这样的环境中，她也要克服好学女儿（fille savante）的问题。在此方面，正如露易丝的例子所显示的那样，来自社会高层家庭的女性与出身寒微的女性面临着相似的困难。露易丝17岁从寄宿学校离开时带回了一大堆学校奖励的书。但回家之后，母亲警告她不要宣扬自己的智识成就。露易丝许多年后在回忆录中回忆

母亲的忠告:

>当你进去时藏起你的书。没必要让你父亲看到它们。他对于读高中把你变成一个好学的女儿这件事已经足够不爽了,然而你的兄弟们在班级里并不是样样名列前茅。因为你学习很好,你很像他,他可能无法原谅你。[1]

因此露易丝被送去巴登的一所家政学校(École Ménagère),年轻的女士在那里接受厨艺和家务训练。不仅是父亲,母亲也把她学业上的进步和她的兄弟们做比较,并且觉得她超越他们是不合适的。回首这一切,露易丝将生命中这一阶段的特性描述为不顾家人的成见,去寻找一个可接受的事业的斗争。她拒绝了巴登女子精修学校对她的未来所描绘的一切。

露易丝此时找到了一位盟友。她得到了高中时代一位女教师的指导。女性导师是许多中产—上层阶级女性回忆录中的常见角色。富有同情心的女教师在她们的故事中反复出现,代表着独立、有知识的女性的强有力的榜样。露易丝也是如此,她在老师的建议下,继续在巴黎的国家

1　Ibid., p. 125.

图书馆中学习，并决心准备中学教师的最高等级资格考试——教师资格会考。与此同时，她仍旧受到爱默生的启发，至今仍阅读着爱默生的原作。不久，露易丝就长大了，爱默生和老师都跟不上了。然而，当露易丝表示出成为新闻工作者的兴趣时，姑姑被这个想法吓坏了，大声喊说："职业！为了什么？和你母亲待在一起。你梦寐以求的新闻工作会降低你的身份（te déclassera）。"[1] 又一次，一位女性亲戚试图劝阻露易丝不要学习和找工作。

1914年，露易丝达成了她年轻时最大的目标，通过教师资格会考。虽然用的是家里的钱，但她通过自己的努力和学习已经攀上了学术高峰，并且职业生涯正在向她招手。但如今，她已经不满足于教育系统了。当被分配到一个她认为是可悲的乡下小镇教书时，她高傲地拒绝了。这次，她父亲开了一瓶香槟庆祝和他如此相像的女儿的成功，不过露易丝的自传中并没有准备告诉我们父亲态度转变的原因。1914—1918年的战争夺去了露易丝的许多朋友和相识之人的生命，这标志着她"生命第一阶段"（première vie）的结束。

思想解放要求与教会决裂。1830年代激进的女性社会主义者苏珊·瓦尔坎就是这样，露易丝·韦斯也是如此。即

---

[1] Ibid., p. 223.

使宗教真的在她的生活中扮演了什么重要角色，她的自传也没有显示这一点。虽然她有一半犹太血统，但这对于露易丝想要讲述的关于自己的故事而言也不重要。露易丝的阅读和教养都是非常世俗的。她回忆录的标题"一位女性小共和派的回忆"（*Souvenirs d'une enfance républicaine*）试图强调这一点。露易丝后来成为了激进派领导人爱德华·赫里欧（Edouard Herriot）的熟人和支持者，赫里欧的政党将捍卫世俗国家作为其核心信条之一。

我们的三位主要个案研究对象：欧仁妮·德·介朗、埃莱娜·勒格罗和露易丝·韦斯，她们的生活涵盖了从1830年代到第一次世界大战的广泛时期。她们描绘了19世纪与紧接着的一段时期中多种多样的女性阅读实践。欧仁妮·德·介朗是一位虔诚而内倾的天主教读者，对她来说，阅读和写作是一种属灵的练习，她藉此发现、承认并忏悔自己的过错，以及使自己的生活从属于上帝。而生活在半个世纪之后的埃莱娜·勒格罗则是一位批判性小说读者，阅读和写作对她来说是一种直面她作为女性的命运，并与局促的未来和解的手段。得到其社会地位眷顾的露易丝·韦斯则更进一步，无视传统障碍而追求某项事业。她广泛阅读不同语言的书籍，并且为了成就独立的职业生涯而阅读学习。

她们每个人对于自己阅读的描述都嵌入在不同的史料

中。欧仁妮·德·介朗和埃莱娜·勒格罗都没有考虑过为出版而写作。欧仁妮为上帝和兄长写作；贝尔与那位我们不幸无缘听闻其声的朋友保持通信。而且只有经过编辑挑选的信件才得以公开。露易丝·韦斯的自传需要更多的关注。其中存在缺漏和不一致之处。例如，她对自己失败的第一次婚姻讳莫如深。她父亲的角色仍然很模糊，他一开始以一位专横的家长身份出场，但后来又高兴地庆祝女儿的成功。他被露易丝的才华和坚持打动了吗？是她拒绝在乡下任职的决定让他放下心来吗？是露易丝夸大了父亲最初对她计划的反对，以便突出她个人的决心吗？我们不得而知。就像所有自传作者一样，露易丝编辑并重构了她的生活，将其解读为一段安慰性叙事：关于她的独立、战后成就以及随后她的国际主义和女性主义抱负的崩溃或推迟。胜利属于她自己。绝望的是这个盲目和腐败的世界。

这三位女性的故事表面上证明了当时女性阅读的一些传统观点。欧仁妮·德·介朗的例子本身就被用来定义和加强19世纪下半叶天主教会有关女性阅读的论述。埃莱娜·勒格罗对于小说无节制的消费，以及独立并沉浸在政治辩论中的露易丝·韦斯同样与那个时代各种相互竞争的阅读模式形成共鸣。然而，她们的阅读轨迹终究挑战了广义的泛化。每个案例都有其不可还原的核心个体性，而她们的实践与回应也并不与指定的模式若合符节。通过她们的阅读和写作，我们跟随她们的脚步，看到她们朝着意想不到的方向扩展了内心对话的范围。每个人的故事都向我们诉说了围绕着女性阅读的困难与诱惑，她们或巧妙应付，或妥协，或顺从又或坚决抵抗，她们用各自的方式，寻求属于自己的一片天地。

第六章 农民读者：书面文字的实用目的

19世纪早期的地主阶级期望农民顺从并明白自己的地位。所以对于家在塔恩省有产业，为人十分虔诚的欧仁妮·德·介朗来说，当她在1837年听闻一位劳工敢于和当地本堂神甫（curé）争论特伦托议会的重要性时，感到一阵恐慌。[1] 农民读者是一个全新的现象。他（这样的农民通常是男性）构成了针对地主心中关于社会等级传统观念的潜在挑战，在传统观念中，农民的顺从与智识上的依赖性似乎是自然且永恒的。接着，在第二共和国期间，自由派资产阶级目睹了社会主义、正统主义和波拿巴主义作品在刚刚获得投票权的下层阶级中已经取得了惊人的进展。大量农民的支持确保了路易-拿破仑在1848年12月轻松当选总统。3年后，东南各省农村发生抵抗，人们打着"民主和社

---

[1] E.de Guérin, *Journal*, entry of 7 mai 1837.

会的共和国"的旗号向波拿巴主义者的夺权行为发起挑战。1848年革命中产生的群众政治参与经验,并未导向自由主义者期待的结果。1848年革命的"过激"常常被归咎于骇人听闻的无政府主义小册子,它们在易受影响的群众中传播。农民的阅读已经成为一个重要的政治议题。

因此农民读者的问题必须被置于天主教会、正统主义者、世俗共和派、社会主义者和波拿巴主义者争夺控制权的语境中来思考。然而,不同阵营的同时代人站在远处的观察点讨论并"解读"农民的文化实践,就好像它要么是一个操着野蛮、腐败而有缺陷的方言,急需启蒙的封闭宇宙,要么是一种注定快要消失的民俗学奇珍。无论是像乔治·桑那样将乡村理想化,还是像巴尔扎克和左拉那样把乡村视为贪婪和暴力横行的原始丛林,他们的论述都与乡村生活的现实相去甚远。历史学家也常常不得不求助于间接资料,比如那些关注于规定而非描述农民阅读的规范性文本所提供的线索。官方对于农村读者的调查,比如1866年做的那次,是非常有价值的资料,尽管问卷并不是由农民,而是由学校教师、警长和地方官员填写的。

直到19世纪末,农民才用自己的声音向历史学家说话。罕见的农民自传作者,例如亨利·诺尔(Henri Norre),埃米尔·吉约曼(Emile Guillaumin)、安托万·西尔韦尔以及更晚期的皮埃尔–杰克斯·赫里亚斯(Pierre-Jakez Hélias)

为历史学家提供了更为直接的接触农村地区文化实践历史的途径。然而，甚至有一些农民的"自传"，也要归功于发起、转录和编撰它们的受过教育的中介人。农民更愿意向其他作家诉说自己的生活而不是自己写。因此亚历山大·梅洛（Alexandre Merlaud）允许热拉尔·库隆（Gérard Coulon）整理他的回忆录，[1]格林纳杜（Grenadou）也类似地允许阿兰·普雷沃（Alain Prévost）利用他们的采访。[2]在1914年前的一段时间内，口述历史学家和民族学家收集了一些口述证言，进一步丰富了法国乡村文化的证据。因此，除了那些模糊难辨的声音，在这个时代结束之前，我们极少能听到农民的声音。就农村地区的读者而言，我们无法像对待善于表达的女性和工人自传作者那样自由地"质询读者"。因此本章高度依赖那些"解读"农民的人，而不那么依赖阅读的农民个体。

农民阅读的问题对时下关于农民的社会与政治"整合"的辩论十分重要。在诸多现代化理论假设的支持下，对整合过程的研究试图阐明其机制、精确的地理与时间。或许除了强调其拟古成份外，它似乎并不重视分析这一过程中

---

[1] Gérard Coulon, *Une Vie paysanne en Berry de 1882 à nos jours*, Buzançais (self-published), 1979.

[2] Ephraim Grenadou et Alain Prévost, *Grenadou, paysan francais*, Paris: Seuil, 1966.

可能面临的抵制。[1]按照其最粗略的表现形式，现代化的论述勾勒出了文学在乡间的"散播"，城市文化形态对农村地区的"渗透"以及农村随后的"开放"——农村只是其之前的自我封闭的（纯洁的？）受害者。在涉及19世纪的《法国农村史》(*Histoire de la France rurale*)第三卷中，法国农村两次被铁路渗透、接着又被社会反抗的思想渗透，最后又经历了来自城市的"制度、模式与吸引力（appâts）"的第四次渗透。[2]这些概念的性别意象或许会让19世纪的进步主义人士感到欣慰。

然而，这个问题依旧真切而重要。在研究农民文化遭遇印刷文化时，我们检视的是农民的文明与一种不断扩张的国家文化的相遇。正如罗杰·夏蒂埃最近提醒的那样，我们不应过于仓促地得出结论，认为这种相遇的结果必然是全新而更为强大的文化同质性，也不是说国家化的力量击败了农村文化并使其处于瓦解状态。历史学家过去如此频繁地为流行文化写讣告，以至于我们必须开始怀疑19世纪的法国怎么会仍存在尚未被压制或整合的流行文化。对夏

---

[1] Eugen Weber, Peasants into Frenchmen : *the modernization of rural France, 1870-1914*, London: Chatto & Windus, 1977. But see also Peter McPhee, *The Politics of Rural Life: Political mobilization in the French countryside, 1846-52*, Oxford: Clarendon Press, 1992.

[2] Maurice Agulhon et al. *Histoire de la France rurale, vol. 3, De 1789 à 1914: Apogée et crise de la civilisation paysanne*, Paris: Seuil, 1992, pp. 171 & 172 (railways), p. 494 (social revolt), & p. 490 (the city).

蒂埃来说，"流行文化的历史命运总是这样被扼杀、挫伤和拒绝，与此同时总是从灰烬中重新崛起。"[1]大众文化在适应了新的环境并形成新的表达方式后如凤凰涅槃。历史学家必须再次尊重读者的自主性，对所读内容的各种可能反应，以及读者拒绝强加的意识形态的能力。读者个人会将所读的东西吸收进既存的诠释框架之中。正如贾尼丝·拉德威在不同的语境中提醒的那样，"在大众传播的过程中，个人仍有机会抵抗、改变和重新利用那些在别处为了让他们购买而设计出来的材料。"[2]

农民和印刷文化之间关系的动态变化离不开19世纪改变了法国农村生活的更广泛的发展。这包括国家经济的逐渐成型、面向国内和国际市场的专业化农业生产的发展（葡萄酒种植是具有国际视野的农业行业的一个明显例子）。正如罗歇·塔博（Roger Thabault）在总结自己村庄的历史时所意识到的，与书籍世界的接触不断增多，是农业变化以及与多元交换经济的联系不断加深的结果。[3]工业集中的过程同样影响了农村生活：导致了农村的去工业化，加速了七月王朝时期就已经开始了的农村人口外流。此外，与阅读

---

[1] Roger Chartier, *Culture populaire: Retour sur un concept historiographique,* Valencia: University of Valencia, Eutopías, Documentos de trabajo vol. 52, 1994, p. 4.
[2] Radway, *Reading the Romance*, pp. 221-222.
[3] Roger Thabault, *Education and Change in a Village Community: Mazièresen-Gâtine, 1848-1914,* trans. P.Tregear, London: Routledge Kegan Paul, 1971.

能力的最低标准在提高也显然相关，这从能够签名的夫妇和入伍者的数量增加可以看出来。然而识字率的提高决不能与初等教育的普及相混淆，后者在响应当地需求时遵循着不同的节奏。正如第一章中提到的，大众识字率的提高先于茹费理在1880年代提出的旨在使小学教育免费、义务和世俗的立法。[1]

农村阅读的历史不可避免地与这些更广泛的趋势联系在一起。出于这个原因，这一研究所基于的年表，应当反映莫里斯·阿居隆（Maurice Agulhon）及其同事在关于法国农村史的概述中采用的时代划分，这样才合乎逻辑。[2]在19世纪上半叶，农民世界在很大程度上仍然对印刷文化很陌生。然而有证据表明，在第二帝国统治时期和第三共和国早期，越来越多的书籍和报刊出现在法国农村。在19世纪的第二阶段，印刷品的日益普及与精英分子对控制与引导农村人口的文化生活之能力日益严重的忧虑相互交织。然而，印刷物在此时的出现并不一定意味着它们总能得到农民读者的欢迎，或者农民已经学会了用印刷品达成自己的目的。许多农民仍只是勉强识几个字而已。然而在第三阶段，农村读者表现出对印刷和书面文化更强的掌控力。这是相对晚近的阶段，始于19世纪的最后20年。这种简单按

---

1 Furet et Ozouf, *Lire et ecrire*, p. 56
2 Agulhon et al., *Histoire de la France rurale*, vol. 3.

时间顺序排列的模式掩盖了地区和性别差异，以及其他方面的不平衡发展。然而，本章的主要论点是，决定性转变出现在1880年代之后。农民不再对印刷和书写文字感到陌生，与此同时，他们也不再是印刷品那无所不包的权力的受害者。

身处阅读文化边缘的农民

法国语言的多样性，加上接受小学教育的困难，使农民一直处于书面文化的边缘，特别是在19世纪上半叶。尽管1833年的基佐法案提出了在每个公社建立学校的宏伟计划，但它只得到部分实施。学校的出勤率仍然取决于其可负担性；即使学费"全免"，上学仍剥夺了家庭中潜在的年轻劳动力的工资收入。农村地区的教育是断断续续的，服从于农民家庭的经济需要。例如在收获季节，学业就荒废了。实际上，学校只能期望在农活的季节性需求较小的冬季月份提供教学。

地主和雇主经常阻碍其佃户和劳工的智识抱负。在《简单生活》(*La Vie d'un Simple*)中，梯耶农（Tiennon）想要他的孩子掌握基本的读、写和计算知识，却遭到了资产阶级的强烈敌意。[1]在勒凯拉，欧仁妮·德·介朗认为教磨坊主的

---

1 Emile Guillaumin, *La Vie d'un simple*, Paris: Stock, 1943 & Livre de poche, 1972, pp. 190-191.

女儿缪(Miou)学会阅读是她的责任。只要农民的阅读受到监督,大概就没什么问题。在另一些情况中,对农民读者的假想令她感到震惊。她在1840年的日记里说:"让劳工口袋里放着念珠要比书好得多!让他们去种田,以便其他人培育知识。"[1]

历史学家常通过死者的遗产清单(inventaires après décès)来调查个体家庭的图书保有水平。不幸的是,大多数关于遗产清单中图书情况的研究都以城市地区为背景。人类学家苏珊·塔迪厄(Suzanne Tardieu)在马孔内地区(Mâconnais)的调查是罕见的以农村为背景的调查。[2]调查结果表明,农村家庭的书籍保有量很低。在被分析的1790—1909年间的58份清单中,只有7份出现了书籍(占12%)。其中4份私人藏书是马孔内城市居民拥有的,另一份则属于来自里昂的大商人(négoçiant),因此严格意义上讲只有两份清单来自农村的图书拥有者。马孔内的农民几乎没有时间和空间读书或建立个人图书馆。

然而,从遗产清单中总结说书籍对于农民而言是外物,这种结论是危险的。这也许只是单纯因为他们拥有的书籍价值太低,不值得列入遗产清单。我们再一次从塔尔迪厄

---

[1] E.de Guérin, *Journal*, entries of 13 mai 1837 & 11 février 1840.
[2] Suzanne Tardieu, *La Vie domestique dans le Mâconnais rural pré-industriel*, Paris: Institut d'ethnologie, 1964, p. 358& annexes.

处得知，农民家里可能有历书，和其他家用物品一样用钉子挂在天花板上。[1]鲁埃格地区（Rouergue）与此类似，农民的图书馆（bibliothèque paysanne）用木头做成，挂在主桌上方，里面放着家庭的阅读材料：一些历书、可能有一份报纸或者一本旧祈祷书。[2]在法国中部，历书也像厨房用具一样挂在主要的房间里，供家庭使用。[3]

报纸直到19世纪末在很多地区都相当罕见。埃米尔·吉约曼回忆说，1840年代只有波旁地区（Bourbonnais）的资产阶级才读报纸。[4]相比之下，历书则经常出现在对农民家庭的描述之中，并且挂在如此显眼、供整个家庭一起使用的地方，表明它经常被家庭团体用到。虔敬书籍也是农民家庭中必不可少的参考书，但是如果家庭中有一定数量的其他书籍，虔敬书籍很可能会被分开存放。马孔地区的一位农夫在1823年死后留下27本虔敬作品和一本拿破仑法典的副本，它们存放在不同的地方。[5]

农民常常认为印刷文字拥有神奇的魔力，这是农村地

---

1 Ibid., p. 232.
2 Roger Béteille, *La Vie quotidienne en Rouergue au 19e siècle*, Paris: Hachette, 1973, p. 78.
3 Ulysse Rouchon, *La Vie paysanne dans la Haute-Loire*, Le Puy en Velay: Imprimerie de la Haute-Loire, 1933, p. 24.
4 Guillaumin, *Vie d'un simple* (1943), p. 126.
5 Tardieu, *Vie domestique dans le Mâconnais*, pp.67-70, inventory of Claude D., propriétaire at Pouilly.

区书籍匮乏的症状之一，书籍似乎构成了一种农民无法掌控的威胁。书籍经常与超自然与宗教力量联系在一起，向问询之人提供神秘的力量。这些人是当地的牧师或村里的智者（或女人），他们可能是村庄里最有文化的两个群体。书籍有时被认为是神秘力量的来源，《大阿尔伯特》(*Le Grand Albert*)和《小阿尔伯特》或许是最受欢迎的两本魔法书，是巫师的重要配饰。[1]这些书籍的流行只会导致对流动贩卖书籍传播迷信与非理性信仰的谴责。

如同咒语和神秘魔法中一再重复的套语一样，文字符号与信息被文盲赋予了超自然的力量。佩里戈尔地区圣庞蓬（St Pompon）的男巫显然能治愈狂犬病，其名声传到了洛特（Lot）和多尔多涅地区（the Dordogne）的村子。医学科学院（Académie Médecine）开出一大笔钱给这位男巫，想揭开处方中混合物的成分。尽管男巫并不情愿透露祖传秘方，专家们最终还是分析了他的药丸。他们在每个药丸中都发现了小纸片。据说，男巫的追随者对这个结果丝毫没有感到失望：

> 这并没有削弱那些目击了他治愈能力之人的信念。不如说这种信念被加强了，因为传统上认为，文字裹

---

[1] Daniel Fabre & Jacques Lacroix, *La Vie quotidienne des paysans du Languedoc au 19e siècle*, Paris: Hachette, 1973, p. 388.

在蜡中被病人吞下，伤害就以这种方式被转移走了。在一种情况下造成伤害的东西，在救济之手中就能造成改善！[1]

亨利·马苏尔（Henry Massoul）记得另一位当地的狡诈男子，他在马苏尔家的门阶上阅读马蒂厄·兰斯伯格（Mathieu Laensberg）的历书，并且从一本厚厚的古书中配制药方。[2] 书籍是治疗和诅咒的源泉。在贝瑞（Berry），一些牧师会把疾病或事故归咎于阅读了坏书，如果能确定是哪一本书造成的，他们就会将其焚毁。[3] 受到"恶魔的"文学威胁的乡村牧师有时会成为研究巫术文本的专家，并建立起专门研究神秘学的丰富图书馆。

魔法如同夜间聚会（veillée）和流动贩卖书籍一样，遭到禁止或是招来教会与国家怀疑的眼光。这种禁忌使得书籍对那些无法在学校接触到它们的人具有特殊的吸引力。这种排斥尤其适用于女性，直到20世纪她们在以学校为基础的扫盲活动中常常处于边缘地位。

像《小阿尔伯特》这样的魔法书籍会对读者造成生理上

---

[1] Georges Rocal, Le Vieux Périgord, Toulouse: Guitard, 1927, p. 131.
[2] Henry Massoul, *Au bon vieux temps. Souvenirs du Gâtinais et de la Brie,* Paris: Mercure de France, 1944±45, pp. 43-44.
[3] Claude Seignolle, *Le Berry traditionnel*, Paris: Maisonneuve & Larose, 1969, pp. 269-271.

的影响，可能造成恍惚或惊厥状态，阅读时见不得人的情况无疑加剧了这一点。阅读被禁止的魔法作品是疯狂和恶魔附身的标志，正如丹尼尔·法布尔（Daniel Fabre）在鲁西永（Roussillon）收集的口头证词所示："一位来自拉夫尔斯的女性翻开《小阿尔伯特》中著名的那一页，恶魔就出现了。恶魔附在她身上（se logea en elle）并使她的双腿瘫痪。只有去卢尔德（Lourdes）朝圣才能治愈她"。另一位受访者给人类学家讲述了《小阿尔伯特》的故事："我听我祖母说，有一位女学校教师读这本书，而且在阅读时，她看到一只小老鼠拿着点燃的蜡烛跑来跑去。"[1]这两篇回忆都与女性读者密切相关，第二篇可能表达了对一位独立女性知识分子的普遍不信任。

然而，书本的力量可以通过复制来驯服。战前时代留下来的农民私人备忘录（cahiers）是各种实用的小知识的选集。它们通常包含治疗疾病的方法、食谱、歌词和特别的祈祷词。这类备忘录最杰出的作者是1900年出生于上比利牛斯省的年轻羊倌让－皮埃尔·拜拉克（Jean-Pierre Baylac）。他读便宜的小说、历书和在当地集市上买的旧书。他从当地的学校教师图书馆中借阅米什莱、蒲鲁东、拉马丁和庞森·杜·特拉尔（Ponson du Terrail）。在古老的牧羊人

---

[1] Daniel Fabre, 'Le Livre et sa Magie', in Chartier, Pratiques de la lecture, pp. 191-192.

传统中,他可以阅读,使用和召唤魔法。[1]在20岁因胸膜炎去世之前,他写满了60本笔记本,其中记载了他对阅读以及羊倌工作的评论、第一次世界大战的新闻、他的自慰和兽交性经历。他还记录了当他在孤独的山坡上屈服于这种诱惑时对自己施加的惩罚。尽管社会地位低下,但拜拉克并不仅仅是在玩弄文学,而是为了最隐秘的目的而掌握文字的力量。[2]

冬季的夜间聚会有时被视作农民阅读故事和民间传说的场合。我曾在其他地方指出,很少有来自19世纪的证据来支持罗贝尔·曼德鲁(Robert Mandrou)关于集体阅读蓝皮书(Bibliothèque Bleue)[3]通常发生在夜晚的观点。[4]19世纪的教士对夜间聚会感到不安,不仅是因为它与阅读迷信的民间故事和其他亵渎作品有关,还因为他们将夜间聚会视为跳淫靡舞蹈和香艳约会的场合。然而他们的调查并没有发现夜间聚会的广泛传播。1845年,朗杜主教(Monseigneur Rendu)询问北萨瓦省(Savoie du Nord)的阿讷西(Annecy)主教辖区的本堂神甫有关农民的文化实践与迷信的问题,

---

[1] On the special association of shepherds with magic, see Daniel Fabre, *Ecritures ordinaires*, Paris: POL/Centre Georges Pompidou, 1993, pp. 269-313.

[2] Fabre, 'Le Livre et sa Magie', pp. 200-203.

[3] 蓝皮书指的是出现在法国近代早期的一种出版物,主要记载了短暂的坊间趣闻和小故事,受到各阶层人们的喜爱。——译者注

[4] Martyn Lyons, 'Oral Culture and Rural Community in Nineteenth-Century France: the veillée d'hiver', *Australian Journal of French Studies,* vol. 23:1, 1986, pp.102-114.

122个回答中只有1个清晰地提到了在夜间聚会中阅读的习惯（并且报告提到的是阅读教义问答书）。[1]在郎杜的主教辖区内，能确认冬季存在夜间聚会的堂区只有三分之一。1859年，凡尔赛主教辖区中的一次类似的主教问询也显示107个堂区中只有35个存在夜间聚会。[2]勒普莱收集的关于夜间聚会幸存的零星证据也没有提到这种场景下的阅读。[3]在19世纪的最后10年中，阅读很可能已经渗透进了夜间聚会，因为更多的小说（雨果、大仲马、凡尔纳、莫泊桑）都可以在当地的学校图书馆中获得。[4]然而，在19世纪的绝大部分时间中，夜间聚会还是最好被视作一种传统形式的以工作为中心的农民社交活动，这种形式保留了集体庆祝的元素，口头的传播形式几乎用不到书籍。

夜间聚会的节庆氛围遭到了攻击。它被指责为助长了不道德行为，教士和其他一些人怀疑夜间聚会允许放肆痛饮、自由交媾以及危险迷信的传播。教士自相矛盾地喜欢

---

[1] Roger Devos & Charles Joisten *Moeurs et coutumes de la Savoie du Nord au XIXe siècle: l'enquête de Mgr. Rendu*, Annecy: Académie Salésienne & Grenoble: Centre alpin et rhodanien d'ethnologie, 1978, p. 261（response from St Nicholas-la-Chapelle）.

[2] Archives Départementales Seine-et-Oise 2V25/26, visites paroissiales, diocèse de Versailles, 1859.

[3] Le Play, Les Ouvriers Europeans, p. 225（agricultural day-labourer from the Sarthe, 1848）; p. 237（emigrant harvester and petit propriétaire from the Soissonnais, 1848-50）; p. 243（charcoal burner from Nièvre, 1842）; p. 249（rural forge-worker from Auvergne, 1850）.

[4] Fabre, 'Le Livre et sa magie', p. 185.

把阅读引入夜间聚会，以便把这种行为从道德堕落中"拯救"出来。但是夜间聚会真正的冒犯之处可能是表达了一种不接受主流意识形态说教的农民自主文明的价值观。19世纪晚期法国的村庄通常被描绘成牧师和作为世俗共和国代理人的教师之间的竞技场。这种传统观点往往掩盖了牧师和教师之间的共同点：他们都是印刷文化在农村的代表，他们都批判坏书，也都认为农民是粗俗且非理性的。乡村中的文化斗争不仅仅是两个代表教育和印刷文化的对立党派之间的决斗。这实际上是一场三方对决。农民在斗争中不仅仅是棋子，他们要在教会与学校的反对压力下保卫其独特的文化实践。

即使不识字的人也能作为听众接触到印刷文化。书籍经常在晚间被全家大声朗读。读书不仅是一种家庭活动，而且对农民来说，聆听把文字说出来的声音是一种特别的享受。通过《圣徒传》学会阅读的赫里亚斯（Hélias）发现他作为朗读者的服务在村里很受欢迎。许多家庭邀请他来朗读《圣徒传》或者《拉封丹寓言》，"为了听听文字发出的声音（pour écouter le bruit que ça fait）"。[1] 每个农舍都有自己的《圣徒传》，家庭仪式要求最小的孩子在晚餐后大声

---

[1] Pierre-Jakez Hélais, *Le Cheval d'Orgeuil: Mémoires d'un Breton au pays bigouden*, Geneva: Famot, 2 vols, 1979, vol. 1, p. 169.

朗读。[1]也许这在如下布列塔尼（Basse-Bretagne）这样被统计数据描述为严重文盲的地区，是令人惊讶的。在19世纪，许多年轻的布列塔尼读者可能没有上过正规学校，就官方意义来说，他们确实是文盲——不懂法语。但官方数据没有考虑布列塔尼语的阅读能力。

在欧仁·勒·鲁瓦（Eugene Le Roy）笔下19世纪中叶佩里戈尔的农村生活中，年轻的主角埃利（Hélie）给叔叔大声朗读勒德吕–罗兰（Ledru-Rollin）的文章《蜂巢》（*La Ruche*）。19世纪60年代，他的祖父偶尔会在当地集市或拍卖会上买几本书。如果不是埃利拯救了这些书，并且大声地朗读给钦佩而惊讶的乡村同伴听，它们最终无疑会被用来卷烟草。作者评论说："在我们生活的佩里戈尔偏远农村，这就是你了解希腊人和罗马人的方式，希腊人、罗马人通常对于农民来说都是闻所未闻的，更不要说想象他们的样子了。"[2]朋友和家人之间的大声朗读是被官方认定为文盲或半文盲的农民接触书籍的重要方式。印刷文字由此被同化为口头形式的交流和文化。

在其他情况下，书面文字的受众比发行量数据所显示的要广泛得多。在第二共和国时期，社会主义学说在农村

---

1 Yann Brekilien, *La Vie quotidienne des paysans en Bretagne au 19ᵉ siècle*, Paris: Hachette, 1966, pp.90-91.
2 Eugène Le Roy, Le Moulin du Frau, Paris: Fasquelle, 1905, pp. 330-331.

的轻易传播使当局大为不安。社会主义的传播既不受识字情况，也不受报纸订阅费用的限制。在普罗旺斯的小城镇中，《人民之声》(La Voix du Peuple)在主广场上(sur la place publique)被大声朗读。1849年在上加龙省(Haute-Garonne)的圣高登斯(St Gaudens)，《解放》(L'Emancipation)被公开朗读，当地的镇长从公共资金中拨款促成此事。[1]在普罗旺斯的政治小组(chambrée)中，集体阅读以社会组织的框架出现，而官员对转变这种组织不抱希望。正如1851年一份来自普罗旺斯地区艾克斯(Aix-en-Provence)的报告抱怨道："所有的不满分子都加入了政治小组。政治小组的成员订阅反对派的报纸，并且向文盲农民大声朗读。"[2]

这类证据突出了依赖识字率数据作为了解农村地区读写情况的指导的危险。虽然签名测试的证据作为全国法语读写能力的基准具有巨大的价值，但阅读史研究者必须采用更灵活的步骤来分析农村社会中阅读与写作的运用情况。例如必须尽可能区分能读会写的识字和只会读不会写的识字，只会读不会写的现象更普遍但也更难以发现。此外，那些既不会读也不会写的人仍然有机会与印刷世界发展出

---

[1] Archives nationales, BB30.370, report from *procureur-général du cour d'appel*, Aix, 14 March 1850; AN BB30.388, report from *cour d'appel*, Toulouse, 4 January 1850.

[2] Archives Nationales BB30.370, report from arrondissement of Aix, 5 June 1851.

创造性的接触。即使那些聆听文本的人，也参与了德·塞托所谓沉默生产的过程。[1]

面对印刷与书写世界的乡村读者

19世纪中叶以后，尤其在第二帝国时期，农村人口日渐熟悉了无处不在的对印刷和书面文化的需求。即便农民自己是文盲，村里也总会有能读写的中介人：当地的镇长或许会朗读报纸给村民听，或为他们写信给更高层的当局。例如1855年一位来自吉伦特省（Gironde）卢皮亚克（Loupiac）的警察遗孀希望免除自己儿子的学费，她找到镇长为她起草了必要的请愿书。[2] 乡村教师也参与课外活动，其中包括沟通当地居民与书面文化。其中许多人是镇上的办事员，他们能够就抵押贷款和遗嘱提供建议，或是为当地居民写信。他们经常对农业给予指导建议，分发有关应对动物疾病的小册子，例如大西洋卢瓦尔省（Loire-Atlantique）皮里阿克（Piriac）的一位小学教师就是当地农民的合作组织畜牧业互助会（mutuelle de bétail）的秘书。1895年，大西洋

---

[1] Michel de Certeau, L'Invention du quotidien - 1.Arts de Faire, Paris: Gallimard, 1990, p. xxxvii.
[2] Barnett Singer, *Village Notables in Nineteenth-century France: Priests, mayors, schoolmasters*, Albany: State University of New York Press, 1983, p. 39.

卢瓦尔省拉雷格里皮埃(La Regrippière)的一位小学教师开设了商务信函写作的夜校课程。[1]在这个阶段,农村人口日益熟悉印刷品的世界,尽管他们经常要依赖识字的中介人,如乡村社会中的镇长、教师和邮差。

第3章已经讨论了勒普莱在19世纪中叶组织的有关家庭中关于城市工人阶级读者的数据。他的调查对象也包括一些农民家庭,其中有几个家庭拥有书籍和书面材料。农民的藏书通常仅限于教义问答书、虔敬书籍和学校课本,1859年观察到的普罗旺斯的农民—肥皂工人就是一例。[2]或许他的工人—农民身份是例外情况,因为他属于下普罗旺斯特有的"城市农民"社群,莫里斯·阿居隆的研究已经让我们熟悉了这个社群。然而,勒普莱及其学生在1856年发现巴斯克地区(Basque)的农民也拥有一些学校教科书,并且贝阿恩省(Béarn)拉沃当(Lavedan)的农民在1856年的家庭预算中列出了他们女儿写作材料的项目。[3]这个家庭展现出的许多特征在勒普莱看来是社会稳定的重要因素——遵守十诫、尊重父权权威、省吃俭用地攒一笔小钱并且继承了一小笔遗产。即便是勒普莱调查的来自香槟边境的人也拥有一本《列日历书》(Almanach Liégeois),并且能够

---

[1] Ibid., pp. 114-115.
[2] Le Play, *Les Ouvriers européens*, vol. 4, ch. 7, pp. 401-428.
[3] Le Play, *Les Ouvriers européens*, vol. 5, ch.5, p. 207; vol. 4, ch. 9, p. 474.

熟练地处理账目，这是另一种在统计学上无法呈现的识字能力（算术能力）。[1]这些都是孤立的例子，但它们表明到1850年代已经有不再对书写文化感到陌生的农民存在了。

作为1848年革命的后续影响，1850年代的帝国政府及其支持者高度敏感于流动贩卖书籍和畅销故事书所引发的罪恶。因此，传统的流动贩卖书籍走向衰退，部分是因为被政府采取积极措施压制。起初，小说和历书都被归类于流动贩卖书籍，后来铁路和地方的书报亭让流动商贩本身变得多余。《小日报》这类廉价大众报刊与书报亭网络的普及，强化了印刷品在农村的存在，并且改变了法国的文化地理。

19世纪下半叶之前，流动贩卖书籍是大部分法国农村地区都十分熟悉的常客。一位典型长途专业书贩来自比利牛斯，每天徒步旅行30公里，带着一件备用衬衫和一篮40公斤的书。[2]在1848年革命前夕，法国有超过3000名得到许可的流动贩子。他们的生意支持了好几家专业出版社，让超过900万卷的小册子、小书和历书得以流通。在他们的货品中有许多畅销故事书组成的蓝皮书，之所以叫这个名字是因为它们经常用粗糙的蓝色糖纸装订。这些蓝皮书包含

---

[1] Le Play, Les Ouvriers européens, vol. 5, ch.7, p. 337.
[2] Jean-Jacques Darmon, *Le Colportage de librairie en France sous le Second Empire. Grands colporteurs et culture populaire*, Paris: Plon, 1972, p. 49.

了一个传统文学的宝库，几个世纪以来维持着法国农村的大众想象。

根据曼德鲁的研究，许多流行书籍都属于宗教主题，总数超过四分之一。[1]它们包括教义问答书，圣诞颂歌，虔诚和奉献作品，圣徒传，以及起源于中世纪的对死亡的沉思。蓝皮书还包括历书、预言、骑士和浪漫故事，以及历史传奇。像《埃蒙四子传》(Les Quatre Fils Aymon)这样的故事浪漫化了一个骑士贵族的领导地位从未受到质疑的社会体系。但大众阅读并不都是关于虔敬、骑士和幻想。它有一种建基于闹剧和滑稽戏的，自发的虽然还比较粗糙的幽默感。对忏悔、遗嘱和醉酒布道的戏仿不断出现，嘲笑戴绿帽子的人、伪君子和书呆子。他们对粗俗的庆典和狂欢的闹剧的喜爱延续了中世纪以来的长久传统，巴赫汀（Bakhtin）认为这是一种特别的中世纪喜剧特色。[2]

这种文化并没有专门的大众来源。正如夏蒂埃已经证明的，其匿名作者与编辑从薄伽丘和克维多（Quevedo）的

---

[1] Robert Mandrou, De la Culture populaire au 17e et 18e siècles : la Bibliothèque Bleue de Troyes, Paris: Stock, 1964. See also Geneviève Bollée, Les Almanachs populaires aux xviie et xviiie siècles, essai d'histoire sociale, Paris: Mouton, 1969, and G. Bollée, La Bibliothèque Bleue, littérature populaire en France du 17e au 19e siècle, Paris: Julliard, coll.Archives, 1971.

[2] Mikhail Bakhtin, L'œuvre de Rabelais et la culture populaire au moyen âge et sous la Renaissance, Paris: Gallimard, 1970.

学术性文本中剽窃，再为广大受众而加以改编。[1] 蓝皮书是为人民创作而非由人民创作的。然而，19世纪蓝皮书出版商的主要目标是那些很少或几乎不读书的人。第二帝国时代流动贩卖书籍的地理分布显示出，这些行商可能会故意避开文盲普遍或不识法语的地区。流动的小贩很少深入布列塔尼内地或中央山区。东北也是他们的禁地，也许是出于相反的原因，即这是一个非常有文化的地区。在高识字率和高文盲率的两个极端区域之间，就是流动商贩选中的地方：诺曼底，法国中部、西南和东南地区，以及地中海沿岸。[2]

在19世纪，蓝皮书的读者首次变得完全是农村人。历书和教义问答书的农民消费者，是已经被贵族、资产阶级和城市读者完全抛弃的大众文学传统的最后堡垒。蓝皮书迎合了一个处于图书文化边缘的世界。随着书籍以连载小说和插图杂志的形式从社会和地理层面上扩展其影响力，流动贩卖书的世界相应地缩小了，在19世纪下半叶完全消失。

然而流动贩卖书籍并不是主动消失的。它是第二帝国早期积极镇压的受害者。它一直被官方认为是一种可能鼓

---

[1] Roger Chartier, *Figures de la Gueuserie*, Paris: Montalba Bibliothèque Bleue, 1982, pp. 11-106.
[2] Darmon, Colportage, pp. 126 & 301.

励群众政治化的危险媒介。在复辟时期，官僚谴责流动贩卖书籍散布具有颠覆性的伏尔泰学说。一位马耶讷省（Mayenne）的行政官员在1828年抱怨说：

> 不敬和道德败坏的书籍正以一种令人恐惧的方式激增，它们成千上万地印刷，被到处兜售。在大革命之前，伏尔泰和其他不虔诚作家的作品稀少而昂贵：即使在篡位者［即拿破仑］的统治下，这些作品也并不广为人知……在教会挚爱之子，品德无出其右的统治者［即查理十世］的治下，法国的每个角落都能找到不虔诚的毒药以如此低廉的价格被贩卖着，这令人痛心疾首。[1]

流动贩卖书籍中吸收了一定数量的波拿巴主义和保王党书籍，但是在1850年代，有一股强烈的反对任何形式的政治化蓝皮书文学的声浪。诸如尼萨尔（Nisard）这样的批评家带着道德厌恶反对神秘学小册子，或群众喜闻乐见的低俗幽默。[2] 人们认为在群众中散布的亵渎神明的污言秽语

---

[1] Archives Nationales, F18.567, dossier 124, procès-verbal du conseil-général du d'Apt. de la Mayenne, 13 Sept.1828.
[2] Charles Nisard, *Histoire des livres populaires ou de la littérature du colportage*, Paris: Dentu, 2 vols, 1864, reprinted New York（Franklin）, 1971, vol. 2, pp. 232-238.

和社会主义宣传，为1848年革命提供了支持。流动贩卖书籍也就出于政治原因不得不面临清洗。

历书在1848年确实变得政治化了。普隆出版社（Plon）出版了傅立叶主义的《法郎斯泰尔年鉴》（*Almanac phalanstérien*），[1]而施耐德出版社出版了《人民之友年鉴》（*Almanac de l'Ami du Peuple*），这个题目与马拉主义者（Maratist）遥相呼应。还有《民主社会主义者年鉴》（*Almanac democsoc*）、《被放逐者的年鉴》（*Almanac du proscrit*）、《受压迫者的年鉴》（*Almanac des opprimés*），别忘了还有带有华丽的挑衅意味的《乌合之众年鉴》（*Almanac de la Vile Multitude*）。这些文献采用了1793年雅各宾派出版日历的形式，有助于维系革命激进主义传统。然而激进主义的历书只是昙花一现且印量很少。只有《法国人民年鉴》（*Almanach populaire de la France*）从1840年活到了1851年被取缔，1847年其印量达到25000本，似乎注定要在农村地区得到广泛传播。[2]贝朗瑞创作的歌曲和欧仁·苏的迷你本作品装进了流动商贩的书篮，这加深了官方对这些行商的怀疑。阿居隆指出，取

---

[1] 法朗斯泰尔（phalanstère）是一种傅立叶在19世纪专为自给自足的乌托邦社区设计的建筑，理想情况下由500-2000人组成，共同努力实现互利共赢。这个词由希腊语的"方阵"（phalange）和"修道院"（monastère）组合而成。——译者注
[2] Ronald Gosselin *Les Almanachs républicains: Traditions révolutionnaires et culture politique des masses populaires de Paris (1840-1851)*, Paris: L'Harmattan, 1992, pp. 218-219.

缔在比利时发行的雨果的《小拿破仑》也是官方镇压的动机之一。[1]

1849年以后，审查和控制的机器开始运转。1849年地方官员被授权签发流动商贩的许可证，因为许可证只在签发地省份有效，所以行商不得不寻求一系列地方当局的许可才能完成其旅程。[2]这让流动商贩受到了警察和官僚的骚扰。1852年，一个审查委员会成立了，流动贩卖书籍如果要合法出售就必须获得它的批准印章。批评家尼萨尔是早期的委员之一。这一举措有效地摧毁了曾作为蓝皮书主要的地方生产中心特鲁瓦（Troyes）的出版工业。1850年代，因为每年都有数百人因为违反规定而受到处罚，生产和行商的数量都减少了。[3]

铁路的到来将《小日报》这类报纸带进了农村腹地，并将剩下的流动商贩排挤到法国最偏远的乡村地区。创刊于1863年，便宜、小开本每日出版、售价5生丁的《小日报》是第一份征服了地方读者群的日报。到1887年，《小日报》已有95万份的单次印量，这使它成为是世界上最大的日报之一。[4]与其前辈不同，《小日报》的订阅者很少，它通过全

---

1 Agulhon, 'Le problème de la culture populaire', p. 63.
2 Darmon, *Colportage*, pp. 102-105.
3 Ibid., p. 105.
4 Ibid., p. 105.

国性批发商网络直接向读者销售。它在阿谢特新建的铁路售货亭出售,并从设立在小城镇的仓库分发配送。骑着自行车的流动小贩是该报的雇员,他们从车站的仓库收到报纸,然后带到乡下。

《小日报》的兴起恰逢报业巨头的出现,例如索拉(Solar)、皮埃尔兄弟(Pereire brothers)和左拉的小说《金钱》(*L'Argent*)中萨卡(Saccard)的原型米雷(Mirès)。媒体及其读者群体的这些变化并非源于一些模糊而不受个体影响的现代化过程,而是源于一些企业家的投资偏好。日报媒体向银行和金融财团出售版面以获得巨额收入,后者则从容易受骗的小投资者处获得存款。银行与媒体之间的联系如此紧密,以至于在1880年,土地信贷银行(Crédit Foncier)的副董事苏贝兰(Soubeyran)控制了64份地方报纸的金融版面。[1]

《小日报》依赖像庞森·杜·特拉尔(Ponson du Terrail)这样的作家定期投稿连载小说,并且投入相当多版面给社会新闻,比如有关臭名昭著的杀人犯特罗普曼(Troppman)的事迹。报纸的销量在1869年特罗普曼被执行死刑的那一

---

[1] Michael B.Palmer, 'Some aspects of the French press during the rise of the popular daily, c.1860 to 1890', Oxford University D. Phil. thesis, 1972, p. 381. And see Palmer's *Des petits journaux aux grandes agences: Naissance du journalisme moderne, 1863-1914*, Paris: Aubier, 1983.

天飙升了近3倍，达到了594000份。[1]如果《小日报》真的要像1887年报道威尔森事件那样冒险涉及政治，那也是因为它从中看到了打倒竞争对手的机会：格雷维总统（President Grévy）的女婿威尔森卷入了一场出售勋章和奖章的丑闻，他还是地方日报《小法兰西》(*La Petite France*)的拥有者，这家报纸在1889年被迫遭到清算。

到这个时候，成熟的分发方式已经让流动商贩变得过时。在报道处决特罗普曼这类事件的过程中，日报吸收了流动贩卖文学中的主要类型之一。书籍零售商店甚至让农民在小城镇的赶集日都能买到书籍。到1870年代时，流动贩卖文学包括了保罗·德·科克、大仲马和苏的插图版小说。[2]

然而，描述农村读者能读到的文学作品还只是故事的一半。这确实可以帮助我们理解印刷品在农民文化中的作用，并解释为何精英阶层着手控制农民的阅读。指出读者如何运用这些材料同样重要，以便尝试勾勒出人们对它们的诠释与反应，而这决定了这类文本在农村地区的接受情况。自传文献的稀缺表明，农民读者首要寻求的是能够提升耕作水平和常见农活表现的实用知识。例如1859年出生于阿列省（Allier）的农民自传作家亨利·诺尔。他的父母都是文盲，他在好几本笔记本上详细记录了农作物、农具

---

[1] Palmer, 'Some aspects of the French press', p. 45.
[2] Darmon, Colportage, p. 266.

和给农民同伴的指示。当他在大概1891年罹患肺痨时，他的阅读使他了解到过磷酸钙的神奇之处。他写道："我通过阅读一本出版于利摩日的历书，了解到了化肥的作用。然后我订阅了一份《农村公报》，从中我发现了许多有用的信息"。[1]他进而在社区里建立了一个短命的农业联合会。对于诺尔来说，阅读有一个极为重要的实用目的：它提供了价格、待售土地和农业改进的信息。诺尔极端的功利主义和贝里地区的亚历山大·梅洛遥相呼应，梅洛在1907年上当地学校办的夜校时并不完全相信这些课程有价值。然而，当他意识到书本中的知识可以教会他如何通过一些简单的测量来估算公牛的重量时，怀疑就烟消云散了。[2]这种实用主义是19世纪末农民阅读方式的标志之一。这些尊重书籍，或是更罕见的掌握书写文字的例子，在世纪中叶之后越来越普遍。这些例子应当平衡那些常常制约着我们欣赏19世纪农村文化的过时传统主义印象。

控制农民阅读的尝试与1866年调查

第二共和国之后，自由派和世俗改革者愈发将农民阅

---

1 Henri Norre, *Comment J'ai vaincu la misère: Souvenirs et réflexions d'un paysan, présentés par Emile Guillaumin*, Paris: Balzac, 1944, p. 44（first published in 1914）.
2 Coulon, Vie paysanne, pp. 119-120.

读视为一个政治问题。他们希望提供一剂解药来对抗他们认为影响甚坏的教权主义、波拿巴主义和社会主义。共和党人茹尔·西蒙等许多人认为解决这一问题的一个建设性答案是改善图书馆设施。1857年一位教师在为马恩河社会科学院（Société académies de la Marne）撰写的获奖文章中，概述了大众图书馆可以对抗的危险。[1]他长篇大论地抨击了自1789年以来，尤其是七月王朝时期，农村的不道德行为的增长。作者认为，沃尔内、卢梭、狄德罗和伏尔泰的传播进一步推动了反宗教思想的发展，欧仁·苏的连载小说也在煽动这种思想。小说在农村的传播已经成为社会和宗教的灾难：腐蚀年轻人，尤其是那些缺乏经验的女性；鼓励无所事事和自由放荡；使教堂空无一人，并使家庭遭到破坏。最好的补救措施是更强有力的禁止卖淫的法律，迫使工人为养老金储蓄的法律，以及更好的大众教育。读者此时已经熟悉了这种关于大众阅读的争论的基调和方向。

对于莱昂·居尔梅来说，流动商贩就是"恶魔的信使"。[2]夏尔·罗贝尔分析了1200位学校教师对农村是否需要大众图书馆这个问题的回应，最普遍的回答是图书馆会削弱"坏

---

[1] François-Florentin Bosquet, *De la moralité dans les campagnes depuis 1789*, Chalons-sur-Marne: Société Académique de la Marne, 1860.

[2] Curmer, *De l'établissement des bibliothèques communales*, p. 5.

书的影响",这个回答经常伴随着对流动贩卖文学的攻击。[1]流动商贩在1860年代已经奄奄一息,但是坏书尚未根绝。夏尔·罗贝尔因此总结来自塞纳-瓦兹省的回复说:

> 如果你在一个被烟熏黑的橱柜后头找到几本旧书,你会哀叹这些都是现存最不道德的书籍;在我们上一个政权的治下,毫无限制的流动商贩让这些连书名都难以启齿的腐败著作在农村地区蔚然成风,构成了农民的全部藏书。如今,廉价小说的阅读无处不在,摧毁着农村人的淳朴。分期出版的廉价系列小说正在泛滥并毒害我们的农村。[2]

夏朗德省(Charente)传来流动商贩是危险的麻风病的抱怨,并且当一位小学教师从学生那没收保罗·德·科克的书和玛德琳(Mandrin)的故事时,学生几乎和他们的父母发生争执。[3]

到了1860年代,廉价流行小说的传播的确深入农村,尽管并非所有给夏尔·罗贝尔回信的人都将其视为不可逆转的过程。对娱乐文学的需求的增长速度远远超过改革者将

---

1 Robert, 'La Lecture populaire et les bibliothèques en 1861', pp. 101-2.
2 Ibid., pp. 103-104.
3 Ibid., pp. 104-105.

其引导到安全渠道的能力。群众已经知道如何阅读,那么为了社会和政治和谐,大众图书馆必须告诉他们应当阅读什么。建立社会文化的尝试因此表现为针对大众文化世界中最熟悉的两个角色——流动商贩和小酒馆老板——的攻击。正如让·埃布拉德(Jean Hébrard)已经指出的,1860年到茹费理之间的政府寄希望于地方学校图书馆,它是农村成年读者的书籍来源之一。[1] 到第二帝国末期,25%的小学拥有图书馆,到1882年,这个数字上升到37%。尽管有了这样的扩张,学校图书馆还是很小,而且馆藏都是家长式的。从长远来看,政府要在每个社区更新并维护图书库存,其成本让这个想法变得不切实际。尽管如此,学校图书馆仍然推动了农民适应印刷文字的过程。

为了促进学校图书馆框架的发展,教育部在1866年组织了一场针对农村地区阅读习惯的政府调查。[2] 部长要求地方官员列出最受当地读者喜爱的作品,学校就能买到这些保证有人读的书。另外,部长通令还特别询问了当地的流动商贩都售卖哪些作品。

这份官方市场调查的尝试可能是一份非常有启发性的

---

[1] Jean Hébrard, 'Les bibliothèques scolaires', in Dominique Varry, ed., *Histoire des bibliothèques françaises*, tome 3, Paris: Promodis/Cercle de la Librairie, 1991, pp. 546-577.

[2] Archives Nationales, F17.9146.

文件，让我们了解到1860年代的法国农民到底在读什么作品。然而，大众文化的历史学家又一次依赖二手评估，这次是来自地方官员的。因此，我们必须克制自己的热情。地方长官从各种渠道收集信息：下级官员、警方，以及地方市政长官都被要求提供信息，有时地方官员还会询问学校教师和当地书商。这些报告经过地方官提炼后转送巴黎。因此这些问卷回复是由三手，甚至四手信息组成的，经过了行政机构的层层筛选。把它们当作关于农民阅读问题新鲜而直接的探测（Sondage）风险很大。

政府得到的反馈不一。回复有地理上的缺陷：缺少了中央高原、极西部、勃艮第和北方部分地区。地方长官明白调查的目的，并相应调整他们的回答。他们倾向于表达自己对于学校图书馆应当有什么书的观点，而非报告农民读的是什么。地方长官的回复分为四类。首先，一部分报告认为任何流行读物都不值得在学校图书馆中占有一席之地，因此报告中根本没有提及关于农民阅读的细节。比如在图尔（Tours），地方官员觉得根本没必要去打听农民读了什么书，因为：

> 乡村地区的人几乎不怎么阅读，农民除了历书外几乎什么书也没有。工人阶级就不一样了，对阅读的喜好在他们之中广泛存在，并且他们读很坏的小说，

常常还有小贩手中那些设法躲过了审查机构的不道德书籍。[1]

第二种仅仅有一点帮助,一些地方官员尽管认为农民的阅读毫无价值,但还是屈尊纡贵地给出了自己关于好的地方图书馆应该有哪些藏书的建议。佩里格地区的官员就采取这种态度,他谴责说:"无知,还有糟糕的品味常常支配了书籍的选择,行政部门应当注意改变这种品味,而不是顺应它。"[2]第三,一些地方官认为部分流行读物可以安全地被学校图书馆吸收,因此向政府提供了农民读物的部分清单,其中不合时宜的书籍被小心地"剔除了"。克勒兹省的官员采取的就是这个策略。第四种官员非常有用,尽管他们认为农民的读物糟糕透顶、粗俗不堪,道德低下,但还是像那些顺从的公务员一样,决定无论如何都按照要求交一份清单给部长。

地方官员的回复说明了第二帝国时期流动商贩的衰落。布卢瓦的地方官员报告说流动商贩的销售额在过去几年中下降了,他们只销售历书、歌曲、童话故事和虔敬作品。他补充说,"售价仅5或10生丁的插图小报构成的竞争,对于流动书商而言是毁灭性的",流动商贩甚至只能售卖从报

---

[1] Ibid., prefect of Indre-et-Loir, 31 juillet 1866.
[2] Ibid., prefect of Dordogne, 27 juillet 1866.

纸上剪下的社会新闻报道所构成的"无关紧要的小册子"。[1] 塞纳－马恩省（Seine-et-Marne）的蒙特罗地区（Montereau）的地方警长（Commissaire）报告说，已经超过两年没有见到流动商贩了，距离巴黎更远的地区也有类似的报告。[2]在布尔日（Bourges），公众热衷于《小日报》这类新报纸，人们都熟知"大小仲马、维克多·雨果、乔治·桑、高蒂尔（Gauthier）等人创作的据说没什么意义的全系列小说"。[3]

流动商贩在一些地区已经绝迹。报纸和廉价小说赢得了城市人口的青睐，并迅速向农村传播。来自厄尔省（Eure）、阿登省（Ardennes）、安德尔省（Indre）、卢瓦尔省等其他地区的报道都显示出分期售卖的廉价插图小说深受欢迎，还有庆祝拿破仑一世和三世军事行动的"小工艺品"（petits ouvrages）。在流动商贩还在活动的地方，最流行的书籍是《一千零一夜》、《埃蒙四子传》，以及《梦之匙》（La Clef des songes）和《女士的神谕》（L'Oracle des dames）（见附录B）。地方长官不约而同地谴责各地读者的糟糕品味。

只有一个例外。地方官员认为波拿巴主义文学在1860年代的阅读大众之间非常受欢迎，在此，我们很难判断地方官员在多大程度上是出于政治正确的考虑推荐书籍，而

---

[1] Ibid., prefect of Loir-et-Cher, 23 juillet 1866.
[2] Ibid., commissaire de Montereau, 12 juillet 1866.
[3] Ibid., prefect of Cher, 6 juillet 1866.

不是报告人们实际阅读的东西。莫（Meaux）的警长确实做出了区分，他建议1815年之前的法国史应当成为必修课，"以便使目前这一代人保持群众向王朝所展示出的那种亲切与支持感。"[1]在多姆山省，珍视第一帝国的故事的不仅有官员，显然还有人民。[2]枫丹白露的警长也报告说克里米亚和意大利的战争使历史书在乡间受欢迎。[3]至少有24份报告提到了劳顿（Loudun）的《帝国的胜利》(*Les Victoires de l'Empire*)的风行，其他还提到了《拿破仑一世人民史》(*Histoire populaire de Napoléon 1er*)（23次提及）、克莫伊森（Kermoysen）的《第一帝国回忆》(*Souvenirs du 1er Empire*)（19次）、拿破仑三世的《作品集》(*Œuvres* of Napoleon III)（19次），以及《克里米亚与意大利之役》(*Campagnes de la Crimée et d'Italie*)（19次）。也许这些报告有谄媚的成分，也许警长只是在做他们经常会做的事情，即说出他们认为当局想知道的事。有21份报告提到了迪吕伊的《法国小史》(*Petite histoire de France*)的受欢迎程度，这当然会让教育部长心满意足，因为这本书的作者不是别人，正是教育部长本人！

地方官员的报告显示出17世纪的古典戏剧作家的经久

---

[1] Ibid., commissaire de Meaux, Seine-et-Marne, juillet, 1866.
[2] Ibid., report from Clermont-Ferrand, 13 juillet 1866.
[3] Ibid., commissaire de Fontainebleau, Seine-et-Marne, 15 juillet 1866.

不衰，拉封丹的《寓言》(24次被提及) 也在其他地方被认为是法国长久以来的畅销书之一。[1] 人们对18世纪作品的偏好似乎也没有随时间变化多少。地方长官们提到了那些受欢迎的老书，比如《保罗与维吉妮》(18次)，勒萨日 (Lesage) 的《吉尔·布拉斯》(*Gil Blas*)(13次) 还有弗洛里安的《寓言》(*Fables*)，仿佛他们就在阅读1820年的畅销书榜单一样。他们重新推荐了标准的学校教科书，例如《忒勒玛科斯》(*Télémaque*)、洛蒙德 (Lhomond) 的《语法》(*Grammaire*)，或是阿谢特的历史作品。除了经过精心挑选的段落，他们为人民设立的理想图书馆排除了具有潜在争议性的作者，例如卢梭、乔治·桑或伏尔泰，正如他们忽视农村地区流行的虔敬作品一样。然而，一些新晋流行的小说家的身影出现在他们有关19世纪流行小说的概述中。大仲马的名字遥遥领先 (23次)、接着是保罗·德·科克 (13次)、欧仁·苏 (15次)，以及维克多·雨果 (10次)，此外还有令人惊讶的夏多布里昂 (16次)。地方长官在此的报告或许是精确的，因为除了夏多布里昂，这些都是他们普遍予以谴责的小说家。

然而在外国文学领域，人们的口味又变得传统起来，根据这一资料，最流行的两本外国小说是《鲁滨逊漂流记》和《堂·吉诃德》，别忘了还有一本显然在新教信众中有大

---

[1] Lyons, *Triomphe du livre*, ch. 5.

量读者的《海角—乐园》(Swiss Family Robinson)。[1]

根据这些地方官员的说法，历史作品很受欢迎，其中包括已经提到的那些关于第一帝国的作品。由米什莱、拉马丁等人创作的各种版本的圣女贞德传记拥有相当多的读者。梯也尔的《法国大革命史》(Histoire de la Révolution Françoise) 被提及14次，在东部和巴黎地区尤其受欢迎。然而，有一份报告将其描述为主要供资产阶级消费的作品。[2]

地方官员们推荐了一系列教育性质的书籍，涉及个人卫生、园艺、大众科学和个人对国家的义务。只有3位官员推荐了拉斯帕伊（Raspail）的作品，他们的同僚更倾向于推荐巴罗（Barrau）的许多作品，巴罗是《对城乡劳动者的道德和卫生建议》(Conseils moraux et hygiéniques aux ouvriers des villes et aux habitants des campagnes)、《子女对父母的责任》(Les devoirs des enfants envers leurs parents) 以及《实用道德》(La morale pratique) 的作者。

附录 B 列出了1866年调查中最受欢迎的30本书，及其在各省回应中被提到的次数。要区分地方官员的偏好和农民的实践仍有困难，但这些回应给人的印象是这些实践正在改变。流动贩卖文学已近乎绝迹，如今被廉价的插图小说与杂志取代。农村地区的读者喜爱军事回忆录、关于农

---

1 Archives Nationales, F17.9146, commissaire de Beaume, Doubs, 23 juillet 1866.
2 Ibid., *commissaire* de Beaume, Doubs, 23 juillet 1866.

业的作品，还有苏和大仲马的连载小说。帝国政府希望通过学校图书馆提供一种现代小说与法国、欧洲古典文学的世俗混合体。政府显然希望农村地区读者可以读到展示波拿巴主义观点的法国史作品，以及提供实用建议与公民责任课的手册。

从1880年代至1918年：农民读者对于媒介的独立使用

大量资料显示出19世纪下半叶法国农村与印刷媒介之间的频繁互动。资料还揭示出这种转变是如何被视为一个问题的。正如我们所见，第二共和国和第二帝国期间，农村读者已不再"处于识字的边缘"。相反，他们享受着越来越多能够接触印刷文化的可能途径。农村读者可以从火车站的书报摊获得文学作品。当地市镇的书商会把书放在农村的店主、杂货铺或酒铺（marchand de vin）中销售。小说如今能用每周5或10生丁的价格分期买到。[1] 政府在1860年代对于引导和控制农村阅读实践的关注是一个重要信号，显示出农民在1870年之前就已经熟知书籍文化。

欧根·韦伯认为1871至1914年的第三共和国时期是在

---

1 Jean-Jacques Darmon, 'Lecture rurale et lecture urbaine', *Europe*, no. 542, juin 1974（issue on 'Le roman-feuilleton'）, pp. 63-68.

文化上整合农民的关键时期。他大量使用了来自布列塔尼、比利牛斯和中央高地等法国偏远地区的资料，它们不可避免地强调了传统文化习俗的传承。然而，韦伯在这一点上是正确的，即强调19世纪的最后25年，以及第一次世界大战前与战时几年的重要性。这一时期的变化与其说是农村读者和书面文化接触的频率发生了变化，不如说是农民开始利用他们长期以来对于印刷和书写的熟稔。他们越来越不依赖中介，并且越来越能利用书面文化达成自己的目的。这些目的可能是纯粹个人的，比如私人通信的增多；也可能更具集体性，比如利用期刊组织第一个农业联合会。把托尔斯泰的《安娜·卡列尼娜》借给奥古斯丁·鲁维埃（Augustine Rouvière）的那位教师同时将后者介绍进当地的互助会，这并非巧合。[1]

与之前关于女性读者和工人阶级读者的讨论相比，本章讨论"新读者"问题的方式略有不同。造成这种情况的原因单纯是因为农民自己的自传证言相对较少。因此，本章更多关注了精英群体对农民阅读的敌视，以及19世纪农民的社会整合问题。官方用审查流动贩卖文学或建立学校图书馆的方式来控制并引导"新"农民读者，这种尝试有严重的局限性。农村深刻的社会与经济变化无论如何都不以

---

[1] Raymonde Anna Rey, *Augustine Rouvière, Cévenole*, Paris: Delarge, 1977, p. 79.

他们的意志为转移。无论当局对农民阅读作何反应，法国经济的逐渐一体化在文化上产生了不可抗拒的影响。其中之一是乡音和地方方言的缓慢衰落。另一点是农民的阅读逐渐被吸收进更为同质化的全国性阅读大众之中。到了19世纪末，甚至农村读者也分享了全国对于大仲马或凡尔纳、奥尼特（Ohnet）或庞森·杜特拉尔的大众小说的喜好。

全国性阅读大众方兴未艾，但农民读者在其中越来越具有主动性、拼凑自己的文学文化并按照自己的实用目的使用印刷和书面文字。这一部分将回顾1880年代到第一次世界大战期间农民独立使用书面文化的几个例子。

在插图杂志和廉价大众小说不断扩张的世界中，农村读者不必购买书籍就能成为消费者。例如，第5章提到的来自阿尔岱什省的农村女性，描述了在1890年代与她们的父母从报纸上剪下连载小说，并将这些故事片段缝在一起构成一本连续的自制书本。[1]这种个人的连载小说册是女性之间日常谈话的主题，通过非正式的女性阅读网络相互传阅。在安妮－玛丽·蒂斯（Anne-Marie Thiesse）采访的农民中，只有五分之一的家庭在世纪之交之时每天都购买报纸，[2]但是买报纸只是获取新闻的方式之一。安托万·西尔

---

1 Thiesse, 'Imprimés du pauvre'，以及同一人所作 'Mutations et permanences'。
2 Anne-Marie Thiesse, *Le Roman du quotidien: Lecteurs et lectures populaires à la Belle Epoque*, Paris: Chemin Vert, 1984, pp. 18-19.

韦尔在追忆1890年代在昂贝尔省周围的生活时回想起了《小日报》。他根本不需要购买或借阅它，因为报纸就陈列在当地烟草商店的橱窗里。[1]农村读者可以利用地方的借阅网络。奥古斯丁·鲁维埃说，甚至托尔斯泰的小说都能在塞文山脉（Cévennes）核心地带的农村读到，有一位热心的小学女教师决定向当地小学生分享自己对于文学的热情。[2]正如鲁维埃所言，这代表着发生"一场真正的文化革命"（une véritable révolution dans les moeurs）在她位于圣克鲁瓦克斯－瓦莱埃弗朗赛斯（Sainte-Croix-Vallée-Française）的村子里。

另一个例子是农民家庭越来越多地使用书信。最近一项关于私人通信史的研究表明，尽管在19世纪中叶农村地区几乎没有受到书面文化的影响，但是到了1914—1918年间，农民已经习惯于书写和接收信件了。即便1849年面值20生丁的通用邮票的发行也没有改变书信写作仍旧大体上是种城市现象的事实，并且书信交流倾向于从城市通往农村的单向流通。1847年的邮政调查显示，在地区的主要城镇之外的农村社区，每个人每天平均接收的信件不足一封。[3]

然而，农民需要与朋友和家人书面通信的场合越来越

1　Sylvère, *Toinou*, p. 215.
2　Rey, *Augustine Rouvière*, p. 79.
3　Chartier, *La Correspondance*, p. 336.

多。迁徙就是其中之一。来自利穆赞的流动工人会在首都的建筑工地待上一个季度或更久,他们需要寄钱回家,并且和农场的管理者保持联系。因此,季节性移民比留在农村的人更熟悉书信写作。[1]更重要的是,1870年和1914—1918年的两场战争使书信写作成为农民征召兵的必备技能。在第一次世界大战期间,每天有400万封信在前线和后方之间流通。[2]这种空前的书信洪流构成了一种全新的"通俗文学"。

有时,农民出身的士兵仍需要在战友中找人捉刀。亚历山大·梅洛在1903年时为战友写寄给家里的信,尽管他们知道收到回信的可能性很小。[3]反复拜托第三者写信是有风险的:写信人倾向于重复使用一些俗套陈词,还可能审查口述给他的文本。因此当安托万·西尔韦尔代表全家给外出做伐木工(scieur de long)的父亲写信时,他并不准备全部抄录母亲埋怨丈夫的那些攻击之词。[4]尽管可以拜托中间人,但在战争和征召的迫使下,年轻一代的农民逐渐掌握了写信的技艺。奥古斯丁·鲁维埃甚至回忆说他年轻的妹妹

---

1 Ibid., pp. 73-4.
2 Gérard Bacconnier, André Minet & Louis Soler, *La Plume au fusil: les poilus du Midi à travers leur correspondance*, Toulouse: Privat, 1985, p. 29.
3 Coulon, *Vie paysanne*, pp. 102-103.
4 Sylvère, *Toinou*, pp. 153-154. The risks of using professional scribes were wellillustrated in the recent film O Central do Brasil (Central Station).

安娜收到了来自年轻男性的情书，他们后来相爱并在1916年结婚。[1]

这些农民出身的大兵（poilus）的通信显示出新的小学教育系统如何通过法语这个媒介，成功灌输了民族主义的共和主义意识形态。农民的世界依旧是地方世界。他们从前线写信回去询问关于家人和庄稼的消息，还会就收割与售卖庄稼的最佳时间提供建议。他们在为法国而战时也想着自己的村子和田地。1916年6月，第二集团军的一名士兵以典型的方式给家里写了一份指示："你说得对。先是牛群，然后是那片苜蓿，再次是花园。你在那儿有六天的工作要做。"[2]这位农民士兵和他的家庭与本地产出仍被一根脐带系在一起。士兵们会做梦休假去协助完成重要的农活。如格林纳杜（Grenadou）回忆说："整个战争期间，我在晚上梦见我回到圣卢（Saint-Loup）。我梦见我收割庄稼，我梦见我耕耘田地。"[3]

然而从农民的书信中可以清楚地看到，除了对于地方的忠诚，还有更广泛的重要问题。这种战时"大众文学"在绝大多数情况下是用法语写的，即使作者使用国家语言仍

---

[1] Rey, *Augustine Rouvière*, p. 108.
[2] Annick Cochet, 'L'Opinion et le Moral des Soldats en 1916, d'après les archives du contrôle postal', unpublished 3e cycle thesis, Paris-X-Nanterre, 1985, 2v., p. 455.
[3] Grenadou & Prévost, *Grenadou*, p. 93.

力有不逮。农民的书面法语错误百出。在许多南方农民的信中,学校里教授的语言和方言混在一起。他们写的是一种混合的"法语—欧西坦语"或"法语—加泰罗尼亚语"。[1]费里的教育改革取得了成效,但尚未完全达成。地方语言的影响仍很重要。据安尼克·科切特(Annick Cochet)说,他们有一种反德爱国情绪,他们在书写中用来描绘敌人的词汇:比如野蛮的"德佬"(Boche)、歹徒、匪帮或海盗,暗示着复仇主义教育在学校中效果良好。[2]在接受了爱国责任之后,农民从前线寄来的信件中掺杂了许多官方宣传,这些宣传鼓吹在对抗满是刻板印象的宿敌的斗争中,胜利即将到来。官方话语和学校教科书对农民文字文化产生了影响。但也许最引人注目的发展是通信本身的存在,及其非凡的数量。

在其他方面,国家教育制度也改变了农民的文化视野。它使最聪明的读写者摆脱苦差事的生活,变得具有社会流动性。教育系统本身提供了一个机会,让人摆脱自己的出身成为一名教师,尽管工资很低。因此,阅读和写作可以向此前持怀疑态度的农村读者展示出切实的好处。读写提供了新的机遇。读写在农民工会的发展中发挥了重要作用。农民传记作者亨利·诺尔就是他家乡阿利埃省的农民联合会

---

1 Bacconnier et al., *Plume au fusil*, pp. 50-51.
2 Cochet, 'L'Opinion et le moral', pp. 479 & 493-494.

的创立者。在更为知名的埃米尔·吉约曼的例子中，阅读也与战斗精神相联系，吉约曼的阅读轨迹值得更全面的考察。

吉约曼的经历表明，农村阅读十分多样化。一方面，他读的东西与所有关注当地事务的农民一样，他会从当地媒体《阿利埃日报》(*Journal de l'Allier*)中获取信息。与此同时，他的阅读也反映出作为一位激进的工会主义者的兴趣所在。他向自己的农民朋友推荐激进的刊物，例如由南方农业工人联合会(Fédération des Travailleurs Agricoles du Midi)主办的月报《农民》(*Le Paysan*)、《土地劳动者》(*Le Travailleur de la terre*)、《人民之声》(*La Voix du peuple*)以及《青年世俗主义者年鉴》(*Les Annales de la jeunesse laïque*)。[1]他敦促年轻读者阅读包括小说和非小说在内的文学选集来教育自己，他将此形容为"工农阶级文献汇编"(livres de documentation sur la classe ouvrière et paysanne)。其中包括左拉的《萌芽》、纳多的回忆录、欧仁·勒·鲁瓦的《雅古复仇记》和《弗劳磨坊》(*Le Moulin du Frau*)，以及乔治·桑的《野孩子弗朗索瓦》(*François le Champi*)。

对吉约曼文学文化产生影响的不仅是具有地域视野的农民读者，以及作为激进分子的读者，还有学童读者的模式。正是学校把梅恩·里德(Mayne Reid)、狄更斯的《大

---

[1] Daniel Halévy, *Visites aux paysans du Centre, 1907-34*, Paris: Librairie Générale, 1978, p. 76.

卫·科波菲尔》以及几乎非常普及的《汤姆叔叔的小屋》介绍给了吉约曼。[1]

最后，在接触新的出版物、期刊和小说时，吉约曼身上也有一种对于民族文学有鉴别力的读者的模式。流动商贩不再是农民取得他们有限的阅读材料的中介。如前所述，到了世纪之交，有其他方式可以获得一般的文学资源。地方上有学校小组和阅读圈子，甚至在吉约曼所在的小社区伊格兰德（Ygrande）也有。[2]如今再没有什么能阻止年轻的乡村读者直接接触巴黎的文学文化。吉约曼熟知儒勒·凡尔纳的小说、洛蒂的畅销书《冰岛渔夫》，还有更容易想到的，左拉关于农民生活的小说《大地》。[3]1890年时，吉约曼在当地报纸上看到了查尔顿（Challeton）的《蒙托格女修道院院长》（*L'Abbesse de Montauger*）的广告。他写信给出版商，出版商不仅寄来了这本书，还有一份目录，让他能够接触到一大堆做梦都想不到的娱乐文学。他攒钱买了更多的小说，包括《巴黎圣母院》，到了1891年他18岁时还订阅了《政治和文学年鉴》（*Annales politiques et littéraires*）。他已经成为全国性阅读大众的一员。他的父亲并不知道是什么促使儿子进步。父亲警告说："你的阅读，我不知道最后会让你

---

[1] Halévy, *Visites aux paysans*, p. 394.
[2] Ibid., pp. 119-124.
[3] Ibid., pp. 60, 97 & 394.

变得聪明还是愚蠢"。[1]

结论

如果取一个大致日期的话，那么在1880年代之后，年轻一代的农民开始比他们的父母、祖父母都更多地阅读和写作。年轻的安托万·西尔韦尔把《星期日导报》上的连载小说读给他文盲的母亲听。[2]在吉约曼的回忆中，1880年代时老田诺（Tiennon）会在当地集市上买报纸给孙辈，并让他们大声朗读给自己听。[3]年轻人获得的新技能是宝贵的家庭资源。

塔博从微观层面上在他位于马济耶尔—昂加蒂讷（Mazières-en-Gâtine）的家乡追踪了这种变化。这是一个在经济上封闭，操方言的社区，邮差一周才会徒步造访一次。1835年过早地建立第一座小学的努力并不成功。1850年代之后，铁犁开始在与荆豆和欧洲蕨的斗争中取得胜利。更多土地被开垦为牧场，这意味着有更多的肥料可用。谷物生产开始加速，到了1890年代，洋姜这样的新作物被引进，一个合作化奶牛场被建起，当地农产品通过铁路运输到巴

---

[1] Ibid., pp. 393-5 - reminiscences collected in 1900 by *La Quinzaine Bourbonnaise*.
[2] Sylvère, *Toinou*, p. 41.
[3] Guillaumin, *Vie d'un simple*(1943), p. 291.

黎出售。[1]

由于引进经济作物和本地产品在遥远市场上销售的机会增多，文化生活也发生了变化。农民已经知道识字的用处。他们需要计算商品和交易的价值，偶尔还需要写合同和商业信函。有时他们会记下有用的秘诀。但是1880年之后，他们与印刷世界的接触急剧增多。1880年，当地咖啡厅开办了一个报摊，在1884—1895年间，学校图书馆的藏书达到了有史以来最高的400册，孩子们可以从图书馆里借阅狄更斯、阿布（About）、厄克曼–查特里安的作品以及《汤姆叔叔的小屋》。[2]

从第二帝国开始，印刷文化就存在于村庄中，尽管许多人仍然生活在其边缘。丹尼尔·法布尔（Daniel Fabre）所研究的鲁西永的村庄里可以找到报纸，例如《奥德邮报》（*Le Courrier de l'Aude*），还有更左翼的《博爱报》（*Fraternité*）。到1900年，村民的视野愈发开阔，他们能读到《图卢兹电讯》（Le Dépêche de Toulouse），以及《画报》（*L'Illustration*）这样的巴黎杂志。[3]农村读者一开始只限于精英人群，包括学校教师、邮差和乡村警察（garde champêtre）。村民会向这些精英询问关于司法和其他事务的建议。1880年代之后，

---

[1] Thabault, *Education and Change,* pp. 137-140.
[2] Ibid., pp. 224-225.
[3] Fabre, 'Le Livre et sa magie', pp. 181-206.

他们越来越会利用印刷和识字能力来达到自己的目的。

韦伯低估了1870年之前农村读者对印刷文化的熟悉程度。此外，如果不分析识字能力在农村的运用情况，就无法充分理解印刷物的"影响"和对其进行监管的尝试。只有从这个角度出发，农村读者才能从使他们处于被动或仅仅是阻碍性角色的现代化理论中被解救出来。农民并非在图书馆改革者与巴黎的印刷文化这类外力所造成的致命"影响"下束手无策之人。他们对印刷世界作出反应，并与之互动。也许一开始，他们认为印刷是权力的工具，应该受到尊重和尊崇。但是到了19世纪的最后20年，随着印刷文化被吸收进充满活力且不断变化的农村文化之中，农民逐渐掌握了这种媒介。

第七章　阅读阶级与危险的阶级

　　路易·舍瓦利耶将他那本著名的关于19世纪早期巴黎的作品命名为《劳动阶级与危险的阶级》(*Classes laborieuses et classes dangereuses*)，这表明在行政部门、当局和作家眼中，工人对于资产阶级文明而言是个威胁。按照同样的风格，本书也可以叫作"阅读阶级与危险的阶级"。它的前提是：在19世纪的法国，工人、妇女和农民的阅读被视为对父权制、拥有财产的资产阶级统治地位的威胁。它同时也是天主教会的焦虑来源之一。在19世纪，文学第一次对下层阶级的成员免费开放。首先，他们可以按小时从阅览室租书。后来，随着卡尔曼-列维、加尼埃（Garnier）、阿谢特和弗拉马里翁等出版商对迅速扩张的市场的开发，文学，尤其是小说的生产成本越来越低。小说在报刊上连载，并以低廉的价格每周或每月分期出版，进一步拓宽了读者群体。从1860年代开始，插图杂志和《小日报》这样的大众流行日报出现了，依托于铁路的新物流手段将它们带到了法国的小镇与农村。随着数量史无前例的"新读者"加入，阅读大众不断壮大。阅读民主化是一个不可阻挡、不可逆转的进程。占统治地位的阶级反而试图遏制它，并影响其流向。

资产阶级和牧师的焦虑起伏不定，其症状在19世纪的进程中不断演变。他们对于阅读的恐惧，在我们可以笼统地称之为19世纪的后革命时代中变得最为激烈。例如在1815年之后，天主教会对于坏书的攻击，以及推进针对挥之不去的雅各宾主义的文学解药，都是精神上再征服之系统性努力的一部分。1848年革命引发了另一起对于大众阅读的重大警告，不仅是因为1848年6月民众的起义，还因为男性普选权的引入导致了波拿巴主义者的巨大成功。在19世纪的最后25年里，争论的主题再度转变。随后，大众阅读成为神职人员和自由派共和党人争夺意识形态霸权的竞技场。通过这些不同的方式，大众阅读成为一个重要的社会和政治问题。对大众阅读的恐惧，既是天主教会对世俗化恐惧的核心，亦是资产阶级对民主化恐惧的核心。与此同时，未经指导的女性阅读挑战了资产阶级父权的基本假设，同时也挖了天主教教士广大女性支持者的墙脚。

我希望阅读史因此能够得到澄清，不再仅仅被当作文学史中一个曲高和寡的分支，而是一个能够阐明一些核心的社会发展的话题。阅读实践的历史与这一时期更广泛的阶级关系的历史联系在一起，因为统治阶级试图通过阅读建议和创建适当的文化制度来中和社会冲突。我们已经看到，借阅图书馆在整合小资产阶级方面比整合工人阶级更成功——此处借阅图书馆的故事就像是第三共和国历史的缩影。

我也希望阅读实践的历史能够揭示出19世纪性别关系的一些方面。男性小说家、天主教徒和女性主义者为女性提出的阅读模式表明了性别差异是如何形成的。各种对女性读者的再现相互竞争，但它们似乎具有某些共同的基本特征。它们都认为女性读者特别倾向于一种非常情绪化的文学挪用方式。因此，女性被认为特别容易受到浪漫低俗小说的邪恶影响。

阅读实践的历史与其他关于社会对立和性别表征的历史以这些方式交织在一起。也许这只在19世纪才成立，因为印刷文化在1914年之前的这个世纪中变得愈发重要。印刷文化在当时已经普遍识字的人群中获得了大量受众，而且尚未受到广播、电影或任何电子传媒的挑战。印刷品在这个短暂的历史时刻取得了至高无上的地位，对使用印刷品的辩论，就是对社会本身的性质与工作方式的辩论。

我非常清楚，本书介绍的故事并不完整。有一处疏漏值得强调。我没有更全面地讨论法国的教育制度。显然，介绍茹费理的教育改革是对这里所讨论的共和主义的问题最成功的解答之一。全新的国立小学和其中近乎教士一般的男女教师，开始塑造一种建基于对资产阶级共和国忠诚之上的民族意识。但是，全面描述19世纪学校阅读经验超出了阅读史的范围。其他历史学家已经研究过它，而阅读实践史是这一领域的相对新来者。我之所以选择把重点放在成人而非儿童读者身上，是因为我相信，最早在1880年代以前，许多新读者只短暂而断断续续地上过学，他们的学生时代是在教室之外度过的。

没有读者的历史，就没有阅读实践的历史。同样，没有读者的历史，文学史也不可能完整。我们要让他们不仅仅是小说家想象中虚无缥缈的受众，不仅仅是牧师谩骂的目标，也不仅仅是图书管理员手上没有面孔的统计数据中的条目。我们需要接触读者个人，认识到他们作为人的存在，欣赏他们阅读体验的多样性。有时，他们的阅读策略吸收了阅读模式和建议的元素，这些模式和建议镶嵌在19世纪关于阅读的论述之中。而在其他时候，他们形成了自己独立的文学文化。他们个人的故事对于理解过去社会中的阅读不可或缺。欧仁妮·德·介朗、埃莱娜·勒格罗、文盲的诺贝尔·特鲁昆，还有安妮-玛丽·蒂耶斯采访的阿尔岱什省女性，他们的存在至关重要。我们的分析依赖于他们，没有他们的陪伴，我们的历史旅程将是无聊和单向度的。

我们可以从这些读者的信件、日记和采访，以及最重要的，书面自传中了解他们的故事。我们必须一如既往地提防这些资料。他们可以捏造细节，审查不符合自己理想版本的内容，或者向公众展示一个高度修剪过的形象。激进分子的回忆录可以被用来构建颂扬无产阶级斗争的殉道学。对农村生活的追忆可能充满了一种对于法国真正的乡村根基的"农民主义的"怀旧之情，而自1950年代以来，新的农村人口外流现象导致这种农村根基的逐渐消亡强化了这一情感倾向。所有自传都是虚构的，它们可能会告诉我们作者是如何再现自己及其阅读的，而非他们实际阅读的内容。但他们如何把自己"想象"成读者，这本身就是非常宝贵的信息。在我们自己的时代，自传的流行满足了怀旧的商业需求，但它也有更深刻的政治含义。通过摆脱赤贫而"发家致富"的工人的生活故事可以被右翼分子用来动员新人。根据撒切尔主义者对他们作品的解读，它们宣扬了诸如自助等19世纪价值观的持久相关性。更重要的是，这类自传成功地将贫困本身历史化了。它们把困苦和物质匮乏牢固地置于我们如今已经摆脱了的泛黄的过去中。饥饿、恶劣的住房条件和暴虐的雇主似乎是早期工业革命的遗迹。因此，工人阶级的自传被用来让贫困显得很遥远，让福利制度显得很过时。[1]

---

1 Roger Bromley, *Lost Narratives: Popular fictions, politics and recent history*, London: Routledge, 1988, pp. 24-60.

然而，通常情况下，这里讨论的19世纪自传并不是为了促进维多利亚式价值观在20世纪复兴而出版的。大部分作品出现在作者生前。它们大多在巴黎以书籍的形式，或者在当地的杂志上出版。如果阿古利科·佩迪吉耶的例子靠得住的话，那么出版常常很困难。他第一次试图出版《学徒回忆录》(*Mémoires d'un compagnon*)时被新闻出版社（La Presse）拒绝，编辑吉拉尔丹（Girardin）告知他作品没什么意思。这本书最终得以出版时，印量只有500册。[1]女性面临着更大的障碍。19世纪的出版业并不欢迎独立的女性作家。女性的自传写作只有靠男性中间人的介入才得见天日。比如，玛格丽特·奥杜（Marguerite Audoux）就是在作家奥克塔夫·米尔博（Octave Mirbeau）的推荐下被"发现"并出版的。然而，这类赞助者并不总是完全欣赏他们的女门徒。女裁缝兼工会主义者珍妮·布维耶的手稿遭到了删减，但她天真地将这种删减视作褒奖，因为从未觉得自己有能力写出足够一本书的材料，她自豪地说："我原本以为自己写不成书，因为我不知道用什么词来创作，我超出了篇幅限制。"[2]口述的自传同样要经历中介：采访中的动力关系和采

---

1 Briquet, *Agricol Perdiguier*, pp. 359-365.
2 Jeanne Bouvier, *Mes Mémoires ou 59 années d'activité industrielle, sociale et intellectuelle d'une ouvrière, 1876-1935*, Paris: Maspero, 1983; & Bonnie G.Smith, On Writing Women's Work, Florence: European University Institute Working Paper 91/7, 1991, p. 6.

访者的问题与优先级。遗憾的是一些采访者并没有公布他们提出的问题。也许这是为了抹去自己在信息收集过程中的存在，他们希望给人一种超然的错觉。采访者的消失把戏不应让我们误以为信息提供者的声音是纯粹自发、未经编辑的证词。然而，尽管口述证词充满了各种政治倾向的陷阱、怀旧之情以及透明度的幻觉，如果阅读史想要有人性的一面，我们就还是必须抓住这些自传材料。

读者会承受各种社会和文化压力。尽管如此，任何个体的反应仍存有不可忽略的自主性。读者与文本的对话过程常常共谋破坏了作者的意图、牧师的警告，或者出版社竖起的微妙提示。一个人可能会为了颠覆其权威而阅读正典，或者为了更好地反驳而阅读无神论小册子。一旦考虑读者反应的问题，我们必须为一些意外做好准备。然而，读者个人从来都不是完全自主的。在布尔迪厄的概念中，他们的个体性受其文化和经济资本的限制。换句话说，一方面是他们的财富和社会地位，另一方面是教育资格，二者将读者置于不同的类别之中，其文化实践符合可辨识的社会学模式。因此，他们的阅读是一种共同习惯的表现，就像那些自学成才工人的阅读，也是节俭、社会抱负以及与身边那些常常醉酒的广大工人保持距离的习惯的一部分。这些读者在共同的语境中阅读写作。他们认为缺乏教育机会是压迫的根源。他们对阅读的渴望反映了想要超越现状的个人抱负，但这也让他们对社会不平等有了更广泛的认识。他们不一定接受过形塑了西欧中产阶级的古典教育。用布尔迪厄的话说，他们并不熟悉19世纪中产阶级所继承的"文化资本"，尽管其中许多人渴望宣称自己分享了这种文化遗产。这群杰出的工人阶级读者组成了一个非正式读者社区，因共同的反教权主义而团结在一起，对什么才是好文学有着相似的看法。

这里所讨论的"新读者"使用了不同的挪用方法。自学成才的工人认为自己的阅读具有解放性。"让我们打碎我们的偶像"(Brisons nos idoles)，正如阿尔诺在启蒙时代的修辞中所强调的。"我们必须粉碎我们的偶像，进而只考虑我们共同的福祉；让我们阅读让-雅克·卢梭；让我们阅读拉梅内、维克多·雨果和夏多布里昂；这些人将唤醒我们的灵魂，澄清我们的判断"。[1]农民的阅读更为务实。他们会寻找实践的、有用的信息，要么能提高土地的生产力，要么能让他们完全离开土地。本书选择研究的女性读者更看重小说，更喜欢与文本有情感或精神上的联系。作为个人和非正式阅读团体的成员，她们参与了整个19世纪争取独立和自治的斗争。工人寻求自我解放和一种自给自足的工人阶级阅读文化；女性读者寻求一个属于自己的地方，不受

---

[1] Arnauld, *Mémoires*, p. 226.

男性审查和家庭监护。对他们所有人来说,阅读可以让他们更清楚地意识到解放的可能。

附录A　20世纪初法国书籍的流行用途

以下个人证词翻译自安妮-玛丽·蒂耶斯，《日常小说：美好时代期间的读者和流行读物》(*Le Roman du quotidien: Lecteurs et lectures populaires à la Belle Époque*)，巴黎：绿道，1984，第62—63，65—66页。本书第五章讨论了这些内容。

一位出生于1896年的女性

我出生在奥弗涅的A。我们住在离村子一公里远的一所偏僻的房子里。我父亲有一小块地，养了三四头牛。他上过学，写作能力强。他很聪明。我的母亲也会读书，甚至我的祖母也会。每个人都受过良好教育。在我家里，孩子们更擅长学习，而不是干体力活；但是要养活5个孩子、祖父母以及一个姑姑，你要继续学业当然就必须离开村子，所以我们就毕业了事。父亲去了巴黎十年，在铁路上工作，但当祖父年事已高无法继续工作时，他被迫回来接管农场。真遗憾，不然的话，我们可能会继续上学的。

我的父母彼此说方言，但对孩子们说法语，并强迫他们说法语。直到1904年我都和修女们一起上学，之后发生了分离（教会和国家），我去了国立学校。在那之后直到28岁结婚，我都和父母一起住。我每天的工作就是做花边，甚至晚上也做。一个商人每两周来取成品，我每天最多可以挣18个苏。

父亲一周买一次报纸。他负担不起每天都买。他买的是《星期日导报》，这是一份社会主义报纸；父亲是个社会主义者，每次市政选举他都是候选人，但这个可怜人从来没被选上。你必须从一公里之外村子里的商店取报纸，但是孩子们一直都很乐意去取。每个人都如饥似渴地看报纸上的市场新闻和政治消息。我父母也会拿来《德龙省年鉴》（*Almanach of the Drôme*）：里头有法语故事，日食等等。这是我的最爱。我曾从《导报》上把连载小说剪下来，再把它们缝在一起，我和其他女孩相互交换，她们的父母看《十字报》（*La Croix*）。它们是些爱情故事，《导报》的连载并不很社会主义。父亲从不读连载小说。哦不！

家里没有任何书，书太贵了。我从修女那获得过学校奖励的书，但是没有从国立学校获得过。镇子上有一个图书馆，我狼吞虎咽地去读，但是里头并没有多少书。教师们借给我少女读物。我过去常常在星期天下午去照看动物时读书；我没有其他时间可以阅读，因为我还要做花边。我读连载小说、教师的书、自己学校的书，甚至拉鲁斯字典。我总是定期阅读字典，我甚至带着它去养老院。

当我在村里的时候，我从不去剧院或电影院。我是和丈夫去巴黎时才去的电影院。我印象最深的是我第一次看到了电，那天是1906年我在州行政中心获得文凭的日子。它让我眼花缭乱。当我来到巴黎时，我很高兴，我很自在。

一位出生于1899年的女性

我出生于索姆的V，那是一个商业和工业小镇。我父亲是一名农业工人，我母亲在制帽厂工作。我是独女。父亲会读和写，母亲读写很好。至于我，我12岁才上学。我们是天主教徒，但不算虔诚。我唱赞美诗时，父亲甚至扇了我一巴掌。我和父母住在一起，直到1918年他们分开，我们因为战争而离开索姆，移居诺曼底，后来又去了巴黎。

我父母每天都看《索姆前进报》(*Progress of the Somme*)。父亲读连载小说，我也是，我很小就开始读书了。母亲几乎从不看报，她有太多工作要做。父亲过去也经常买一些儿童插图书。这些书大概要2或3个苏。我父母从来不读书，但学校有一个图书馆，我可以从那里借书。教师和校长对孩子们要求非常严格，他们会在晚上额外安排课程来准备文凭考试。

我13岁进厂工作。在那里，大概13或14岁时，我和一位女伴交换了小说。它们都是价值13个苏的精装小书，包括《贞洁与鞭笞》、《伯爵夫人与乞丐女孩》、《在新婚之夜被抛弃》。它们都是小册子，每周出售，每个故事持续差不多一年时间。我的女伴觉得这些故事棒极了，但我很快就对其感到厌倦……我同样得到父母的朋友的建议，他们告诉我哪些书是我必须要买的。有一次他们让我去读《大鼻子情圣》。我去书店询问这本书，店员给了我一本西拉诺·德·贝尔热拉克写的完全不同的书！最重要的是，在战争期间，一位和我们住在一起的军官给了我一些书，因为我们生活在战区。他是一位里昂的丝织工人，他白天整日读书，只有在晚上才执行补给任务。他经常每天买两三本书，读完之后就送给我；这些书是亨利·波尔多、保罗·埃尔维厄、阿贝尔·阿尔曼、亨利·拉夫当、保罗·布尔热、马塞尔·普雷沃或吉普的小说。他很注意不给我看情色书籍，但是我偷偷地看！那时我同样阅读皮埃尔·洛蒂、阿纳托尔·法郎士、梅里美、雨果……母亲相信我，并且允许我读一切我想读的东西；但是所有这些小说都是关于更大、更广阔的世界，而我错过了它。有一次我读了马塞勒·蒂奈尔创作的小说《叛逆》,她在小说中讲述了她的人生故事。这本书引起了一场丑闻,我因为读了这本书而遭到同事们的严厉批评。这本小说谈论了女性的解放,我非常喜欢这一点。

我一直都是一个很好的读者,但两年前我不再读书了,因为我的视力太差了。

附录B　农民读者的三十本书

这个列表包含了30本被引用最多的书，这些书来自1866年教育部关于农村阅读的问卷调查。部长向地方官员提出了以下问题：

> 目前，我正在对学校新图书馆的图书选择进行详细而深入的调查。当我要列出最能满足我们城市和农村人口需求的书单时，我必须知道哪些书在今天更受欢迎，哪些书在乡村读者中一定会大获成功。因此，请尽早向我提供由小贩或当地市场广泛销售的主要书目。[1]

国家档案馆F17.9146，致地方官员的部长通令，1866年6月27日。

1　Archives Nationales F.17.9146, 给地方官员的部长通告, 27 June 1866。

书名	各地回报中提及的次数
《鲁滨逊漂流记》	28
拉封丹,《寓言》	24
劳顿,《帝国的胜利》	24
《拿破仑一世人民史》	23
大仲马的小说	23
维斯,《海角—乐园》	22
迪吕伊,《法国小史》	21
克莫伊森,《第一帝国回忆》	19
拿破仑三世,《作品集》	19
《克里米亚与意大利之役》	19
圣皮埃尔《保罗与维吉妮》	18
芬乃伦,《忒勒玛科斯》	16
夏多布里昂,《作品集》	16
莫里哀,《作品集》	15
欧仁·苏,小说	15
贝图德,《冬夜》	15
梯也尔,《法国大革命史》	14
穆罗瓦德,《拿破仑三世史》	14
弗洛里安,《寓言》	14
《一千零一夜》	14
巴罗,《实用道德》	14
巴罗,《给工人的建议》	13
巴罗,《祖国》	13

书名	各地回报中提及的次数
《埃蒙四子传》	13
《堂·吉诃德》	13
保罗·德·科克,《作品集》	13
勒萨日,《吉尔·布拉斯》	13
拉辛,《作品集》	13
高乃依,《作品集》	12
德修,《保护健康》	12

参考资料

档案资料

国家档案

BB18 and BB30 = general correspondence of Ministry of Justice, especially BB18.1374, no. 6342.
 BB18.1449, dossier 3160, circular from Ministry of the Interior, 6 September 1849.
 BB30.370, Reports from Aix-en-Provence, 1850–51.
 BB30.388, Reports from Toulouse, 1850–51.
F1a 632, Bibliothèques communales et populaires, 1850–65.
F 17* 3236–8, Procès-verbaux de la commission des bibliothèques populaires, communaux et libres, 1882–1914.
F17.9146, Replies to the 1866 questionnaire on reading habits in the countryside.
F18.567, dossier 124.

塞纳－瓦兹省档案

2V25/26, visites paroissiales, diocèse de Versailles, 1859.

期刊

L'Atelier: Organe des intérêts moraux et matériels des ouvriers, Paris: EDHIS facsimile reprint, 1978, 3 vols, with introduction by Maurice Agulhon.
Bibliographie de l'Empire français
Bibliographie de la France, Paris, 1810–
Bulletin de la Société Franklin (BSF), vols 1–8, 1868–76.
Le Charivari
La Femme nouvelle
La Ruche populaire: Journal des ouvriers rédigé par eux-mêmes (sous le direction de Vinçard), Paris, 1839–49.

自传性文本

Arnaud, Jean-Baptiste, *Mémoires d'un compagnon du Tour de France*. Rochefort: Giraud, 1859.
Audoux, Marguerite, *Marie-Claire*. Paris: Grasset, 1987.
B. (Brocher), Victorine, *Souvenirs d'une morte vivante*. preface by Lucien Descaves, Paris: Maspéro, 1976 (first edition published in Lausanne, 1909).
Benoît, Joseph, *Confessions d'un prolétaire*. Paris: Editions Sociales, 1968 (first published Lyon, 1871).
Bouvier, Jeanne, *Mes Mémoires ou 59 années d'activité industrielle sociale et intellectuelle d'une ouvrière*. 1876–1935, Paris: La Découverte/Maspéro, 1983 (1st ed. 1936).

Commissaire, Sebastien, *Mémoires et souvenirs*, 2 vols. Lyon: Méton, 1888.
Dumay, Jean-Baptiste, *Mémoires d'un militant ouvrier du Creusot (1841–1905)*, ed. Pierre Ponsot. Grenoble: Maspéro, 1976.
Egapel, X (pseudonym of Constant Lepage), *Soixante Ans de la vie d'un prolétaire*. Paris: Vanier, 1900.
Gauny, Gabriel, *Le Philosophe plébéien*, ed. Jacques Rancière. Paris: La Découverte/Maspéro, 1983.
Genoux, Claude, *Mémoires d'un enfant de la Savoie suivis de ses chansons*, preface by Béranger. Paris: Le Chevalier, 1870.
Gossez, Rémi, ed., *Un Ouvrier en 1820: Manuscrit inédit de Jacques-Etienne Bédé*. Paris: Presses Universitaires de France, 1984.
Grenadou, Ephraim and Prévost, Alain, *Grenadou, paysan francais*. Paris: Seuil, 1966.
Guérin, Eugénie de, *Journal*, Albi (Ateliers professionnels de l'Orphelinat St.-Jean), 60th ed., 1977.
Guillaumin, Emile, *La Vie d'un simple*. Paris: Stock, 1943 and Livre de poche, 1972.
Hélias, Pierre-Jakez, *The Horse of Pride: Life in a Breton village*. New Haven, CT & London: Yale University Press, 1978 (trans J.Guicharnaud from *Le Cheval d'Orgeuil: Mémoires d'un Breton au pays bigouden*, Geneva, Famot, 2 vols, 1979).
Laffitte, Jacques, *Mémoires de Laffitte, 1767–1844*, ed. Jacques Duchon. Paris: Firmin-Didot, 1932.
Legros, Hélène, *Les Lettres d'Hélène*, ed. Dominique Halévy. Paris: Hermé, 1986.
Lejeune, Philippe, 'Les Instituteurs du XIXe siècle racontent leur vie', *Histoire de l'Education*, no. 25, janvier 1985, pp. 53–104.
Lejeune, Xavier-Edouard, *Calicot, enquête de Michel et Philippe Lejeune*. Paris: Montalba, 1984.
Malon, Benoît, 'Fragments de Mémoires', *Revue socialiste*, vol. XLV, janvier-juillet 1907 (several parts).
Meunier, Louis-Arsène, 'Mémoires d'un ancêtre ou tribulations d'un instituteur percheron', *Cahiers percherons*, 65–6, 1981, pp. 38–44. Meunier's memoirs were first published as supplements to the teachers' journal *L'Ecole nouvelle* in 1904.
Ménétra, Jacques-Louis, compagnon vitrier au XVIIIe siècle, *Journal de ma vie*, ed. Daniel Roche, preface by Robert Darnton. Paris: Albin Michel, 1998 (first published Paris, Montalba, 1982).
Nadaud, Martin, *Mémoires de Léonard, ancien garçon maçon*, intro. by Maurice Agulhon. Paris: Hachette, 1976 (first published at Bourganeuf by Duboueix in 1895).
Norre, Henri, *Comment J'ai vaincu la misère: Souvenirs et refléxions d'un paysan*, présentés par Emile Guillaumin. Paris: Balzac, 1944 (first published in 1914).
Ozouf, Jacques, *Nous les Maîtres d'Ecole. Autobiographies d'instituteurs de la Belle Epoque*. Paris: Julliard, coll. archives, 1967.
Peneff, Jean, ed., *Autobiographies de militants CGTU-CGT*. Nantes: Université de Nantes, cahiers du LERSCO no. 1, 1979.
Perdiguier, Agricol, *Mémoires d'un compagnon*. Moulins: Cahiers du Centre, 1914.
Rey, Raymonde Anna, *Augustine Rouvière, Cévenole*. Paris: Delarge, 1977.
Sylvère, Antoine, *Toinou, le cri d'un enfant auvergnat, pays d'Ambert*, preface by P.-J.Hélias. Paris: Plon, 1980.
Traugott, Mark, ed. and trans., *The French Worker: Autobiographies from the early industrial era* (Bédé, Voilquin, Perdiguier, Nadaud, Truquin, Dumay, Bouvier). Berkeley, CA: University of California Press, 1993.

Truquin, Norbert, *Mémoires et aventures d'un prolétaire à travers la Révolution, l'Algérie, la République argentine et le Paraguay*. Paris: Librairie des Deux Mondes, 1888.
Voilquin, Suzanne, *Souvenirs d'une fille du peuple ou la Saint-Simonienne en Egypte*, introduction by Lydia Elhadad. Paris: Maspéro, 1878 (first published 1866).
Voisin, Joseph, dit Angoumois, *Histoire de ma vie et 55 ans de compagnonnage*. Tours: Imprimerie du Progrès, 1931.
Weiss, Louise, *Souvenirs d'une enfance républicaine*. Paris: Denoël, 10th ed., 1937. (This forms the first part of her *Mémoires d'une Européenne*, 3 vols, Paris, Payot, 1970, which was followed by vols 4–6, published in Paris by Albin Michel in 1971–76 and entitled 'nouvelle série'.)

一般二手作品

Agulhon, Maurice, 'Le Problème de la culture populaire en France autour de 1848', *Romantisme*, no. 9, 1975, pp. 50–64.
Agulhon Maurice, 'Les Chambrées en Basse-Provence: histoire et ethnologie', *Revue historique*, no. 498, 1971, pp. 337–68.
Agulhon, Maurice, Gabriel Désert and Robert Specklin, *Histoire de la France rurale*, vol. 3, *De 1789 à 1914: Apogée et crise de la civilisation paysanne*. Paris: Seuil, 1992.
Allen, James Smith, *In the Public Eye: a history of reading in modern France, 1800–1940*, Princeton NJ: Princeton University Press, 1991.
——, *Popular French Romanticism: Authors, readers and books in the 19th century*. Syracuse, NY: Syracuse University Press, 1981.
Auspitz, Katherine, *The Radical Bourgeoisie: the Ligue de l'Enseignement and the origins of the Third Republic, 1866–1885*. Cambridge: Cambridge University Press, 1982.
Bacconnier, Gérard, André Minet and Louis Soler, *La Plume au fusil: les poilus du Midi à travers leur correspondance*. Toulouse: Privat, 1985.
Barbier, Frédéric, 'Livres, lecteurs, lectures' in Dominique Varry, ed., *Histoire des bibliothèques françaises*, vol. 3, *Les Bibliothèques de la Révolution et du XIXe siècle, 1789–1914*. Paris: Promodis/Cercle de la Librairie, 1991, pp. 579–623.
Bertocci, Philip A, *Jules Simon: Republican anticlericalism and cultural politics in France, 1848–1886*, Columbia MI: University of Missouri Press, 1978.
Boivin, Marcel, 'Les Origines de la *Ligue de l'Enseignement* en Seine-Inférieure, 1866–71', *Revue d'histoire économique et sociale*, vol. 46, no. 2, 1968, pp. 203–31.
Bollème, Geneviève, *Les Almanachs populaires aux XVIIe et XVIIIe siècles, essai d'histoire sociale*. Paris: Mouton, 1969.
Bollème, Geneviève, *La Bibliothèque Bleue, littérature populaire en France du 17e au 19e siècle*. Paris: Julliard, coll.Archives, 1971.
Boulogne, Arlette, 'L'Influence de Pierre-Jules Hetzel, éditeur, sur les institutions de lecture populaire', in Christian Robin, ed., *Un Éditeur et son siècle: Pierre-Jules Hetzel, 1814–1886*. Paris: ACL, 1988, pp. 255–67.
Bourdieu, Pierre, *La Distinction: Critique sociale du jugement*. Paris: Eds de Minuit, 1979.
Briquet, Jean, *Agricol Perdiguier, compagnon du Tour de la France et représentant du peuple, 1805–1875*. Paris: Rivière, 1955.

Certeau, Michel de, *The Practice of Everyday Life*. Berkeley, CA: University of California Press, 1984 (translated from Michel de Certeau, *L'Invention du Quotidien – 1.Arts de Faire*, Paris, Gallimard, 1990).
Chartier, Roger, *Figures de la Gueuserie*. Paris: Montalba Bibliothèque Bleue, 1982.
Chartier, Roger, *The Order of Books: Readers, authors and libraries in Europe, between the fourteenth and eighteenth centuries*. Stanford: Stanford University Press, 1994.
Chartier, Roger, *Culture populaire: retour sur un concept historiographique*. Valencia: University of Valencia, Eutopìas, Documentos de trabajo vol. 52, 1994.
Chartier, Roger, ed., *Pratiques de la Lecture*. Marseilles: Rivages, 1985.
Chartier, Roger, ed., *La Correspondance: les usages de la lettre au XIXe siècle*. Paris: Fayard, 1991.
Chatelain, Abel, 'Ligue de l'Enseignement et éducation populaire en Bourgogne au début de la Troisième République', *Annales de Bourgogne*, vol. 27, 1955, pp. 104–14.
Chevalier, Louis, *Classes laborieuses et classes dangereuses à Paris pendant la première moitié du XIXe siècle*, Paris: Plon, 1958 (English version published in London, Routledge & Kegan Paul, 1973).
Cochet, Annick, 'L'Opinion et le Moral des Soldats en 1916, d'après les archives du contrôle postal', unpublished 3e cycle thesis, Paris-X-Nanterre, 2 vols, 1985.
Cuvillier, A, *Un Journal d'ouvriers:* L'Atelier, *1840–1850*. Paris: (Felix Alcan), 1914.
Darmon, Jean-Jacques, *Le Colportage de librairie en France sous le Second Empire. Grands colporteurs et culture populaire*. Paris: Plon, 1972.
Darmon, Jean-Jacques, 'Lecture Rurale et lecture urbaine', *Europe*, no. 542, June 1974 (issue on 'Le Roman- feuilleton'), pp. 63–8.
Didier, Beatrice, *Le Journal intime*. Paris: Presses Universitaires de France, 1976.
Dubuc, André, 'Les Colporteurs d'Imprimés au XIXe siècle en Seine-Inférieure', *Actes du 105e Congrès National des Sociétés Savantes, Caen 1980, section d'histoire moderne et contemporaine, tome 2 – Histoire de la Normandie et questions diverses*. Paris, 1984, pp. 147–61.
Dufour, Cécile, ouvrière en modes, 'A M.de Lamartine', *La Ruche populaire*, sept.1839, pp. 15–18, and see Lamartine's response in the November issue.
Duveau, Georges, *La Vie ouvrière en France sous le Second Empire*. Paris: Gallimard, 1946.
Duveau, Georges, *La Pensée ouvrière sur l'éducation pendant le Seconde République et le Second Empire*. Paris: Domat Montchrestien, 1948.
Fabre, Daniel, *Ecritures ordinaires*. Paris: POL/Centre Georges Pompidou, 1993.
Faure, Alain and Jacques Rancière, eds, *La Parole ouvrière, 1830–1851*. Paris: Union Générale d'Editions, série 10/18, 1976.
Fish, Stanley, *Is There a Text in this Class? The Authority of interpretive communities*. Cambridge, MA: Harvard University Press, 1980.
Flint, Kate, *The Woman Reader, 1837–1914*. Oxford: Clarendon Press, 1993.
Fraisse, Geneviève, *Reason's Muse: Sexual difference and the birth of democracy*, trans. Jane Marie Todd. Chicago: University of Chicago Press, 1994.
Fraisse, Geneviève and Perrot, Michelle, eds, *A History of Women*, vol. 4, *Emerging feminism from revolution to World War*. Cambridge, MA: Belknap, 1993.
Gimet, François, *Les Muses Prolétaires*. Paris: Fareu, 1856.
Gosselin, Ronald, *Les Almanachs Républicains: Traditions révolutionnaires et culture politique des masses populaires de Paris: 1840–1851*. Paris: L'Harmattan, 1992.

Graham, Hamish, 'How did 19th-century Workers get into Frédéric Le Play's "Bad Books"?', *Australian Journal of French Studies*, vol. XXIII, no. 1 (4th George Rudé Seminar issue), 1986, pp. 130–44.

Grogan, Susan, *French Socialism and Sexual Difference: Women and the new society, 1803–44*. London: Macmillan (now Palgrave), 1992.

Hébrard, Jean, 'Comment Valentin Jamerey-Duval apprit-il à lire: un autodidaxie exemplaire', in R. Chartier, ed., *Pratiques de la lecture*. Marseilles: Rivages, 1985, pp. 23–60.

Hébrard, Jean, 'Les Nouveaux Lecteurs', in *Histoire de l'Edition française, vol. 3, Le temps des éditeurs, du romantisme à la Belle Epoque*, edn. H.-J. Martin and R. Chartier. Paris: Promodis, 1985, pp. 471–509 and Fayard/Cercle de la librairie, 1990, pp. 526–65.

Hoggart, Richard, *The Uses of Literacy : Aspects of working-class life*. Harmondsworth UK: Penguin, 1958.

Hoock-Demarle, Marie-Claire, 'Reading and Writing in Germany' in G.Fraisse and M.Perrot, eds, *A History of Women*, vol. 4, *Emerging Feminism from Revolution to World War*, Cambridge, MA: Belknap, 1993, pp. 145–65.

Julliard, Jacques, *Pelloutier et les origines du syndicalisme d'action directe*. Paris: Seuil, 1971.

Lejeune, Philippe, *L'Autobiographie en France*. Paris: A. Colin, 1971.

Lejeune, Philippe, *Le Pacte autobiographique*. Paris: Seuil, 1975.

Lejeune, Philippe, *Moi aussi*. Paris: Seuil, 1986.

Lejeune, Philippe, *On Autobiography*, ed. P. J. Eakin. Minneapolis: University of Minnesota Press, 1989.

Lyons, Martyn, 'The Audience for Romanticism: Walter Scott in France, 1815–51', *European History Quarterly*, 14:1, 1984, pp. 21–46.

Lyons, Martyn, 'Oral Culture and Rural Community in Nineteenth-Century France: the *veillée d'hiver*', *Australian Journal of French Studies*, vol. 23:1, 1986, pp. 102–14.

Lyons, Martyn, *Le Triomphe du livre: une histoire sociologique de la lecture dans la France du 19e siècle*. Paris: Promodis, 1987.

Lyons, Martyn, 'The Autodidacts and their Literary Culture: Working-class autobiographers in nineteenth-century France', *Australian Journal of French Studies*, vol. XXVIII, no. 3, 1991, pp. 264–73.

Lyons, Martyn, 'Towards a National Literary Culture in France', *History of European Ideas*, vol. 16, nos.1–3, 1993, pp. 247–52.

Lyons, Martyn, 'Fires of Expiation: Bookburnings and Catholic missions in Restoration France', *French History*, vol. 10, no. 2, June 1996, pp. 240–66.

Lyons, Martyn, 'New Readers in the Nineteenth Century: Women, children, workers' in G. Cavallo and R. Chartier, eds, *A History of Reading in the West*. Oxford: Polity, 1999, pp. 313–44.

Lyons, Martyn, and Lucy Taksa, ' "If Mother caught us reading!": Impressions of the Australian woman reader, 1890–1933', *Australian Cultural History*, 11, 1992, pp. 39–50.

Lyons, Martyn, and Lucy Taksa, *Australian Readers Remember : an oral history of reading*. Melbourne: Oxford University Press, 1992.

Macé, Jean, *Morale en action: Mouvement de propagande intellectuelle en Alsace*. Paris: Hetzel, 1865.

McPhee, Peter, *The Politics of Rural Life: Political mobilization in the French countryside, 1846–52*. Oxford: Clarendon Press, 1992.

Mandrou, Robert, *De la Culture populaire au 17e et 18e siècles: la Bibliothèque Bleue de Troyes*. Paris: Stock, 1964.

Martin, Henri-Jean and Roger Chartier, eds, *Histoire de l'edition française, tome 3*. Paris: Promodis, 1985.

Mollier, Jean-Yves, 'Le roman populaire dans la bibliothèque du peuple', in Jacques Migozzi, ed., *Le Roman populaire en question(s)*. Paris: PULIM, 1996, pp. 585–98.

Mollier, Jean-Yves, *Michel et Calmann Lévy, ou la naissance de l'édition moderne, 1836–91*. Paris: Calmann-Lévy, 1984.

Mollier, Jean-Yves, *L'Argent et les Lettres: Histoire du capitalisme d'édition, 1880–1920*. Paris: Fayard, 1988.

Mollier, Jean-Yves, 'Histoire de la lecture, histoire de l'édition', in Roger Chartier, ed., *Histoires de la lecture: un bilan de recherches*. Paris: IMEC/Maison des Sciences de l'Homme, 1995, pp. 207–13.

Mounoud-Anglès, Christiane, 'Le Courrier des lectrices de Balzac (1830–1840): stratégies identitaires', in Mireille Bossis, ed., *La Lettre à la croisée de l'individuel et du social*. Paris: Kimé, 1994, pp. 98–104.

Musée du Grand Palais, *Fantin-Latour: Catalogue d'une exposition (9 nov.1982– 7 fév.1983)*. Paris, 1982.

Newman, Edgar Léon, 'Sounds in the Desert: the socialist worker poets of the Bourgeois Monarchy, 1830–1848', *Proceedings of the Third Annual Meeting of the Western Society for French History. December 1975*, no place (USA), 1976, pp. 269–99.

Newman, Edgar Léon, 'The Historian as Apostle [Perdiguier]: Romanticism, religion and the first socialist history of the world', *Journal of the History of Ideas*, vol. 56, no. 2, April 1995, pp. 239–61.

Palmer, Michael B., 'Some aspects of the French Press during the Rise of the Popular Daily, c.1860 to 1890', unpublished Oxford University D.Phil. thesis, 1972.

Palmer, Michael B., *Des Petits Journaux aux grandes agences: Naissance du journalisme moderne, 1863–1914*. Paris: Aubier, 1983.

Pellisson, Maurice, 'Les Lectures Publiques du Soir, 1848–50', *La Nouvelle revue*, vol. 30, 1er octobre 1904, pp. 317–26.

Perrot, Michelle, 'A Nineteenth-Century Work Experience as Related in a Worker's Autobiography: Norbert Truquin', in Steven J. Kaplan and Cynthia J. Koepp, eds, *Work in France: Representations, meaning, organization and practice*. Ithaca NY & London: Cornell University Press, 1986, chapter 10.

Pierrard, Pierre, *La Vie ouvrière à Lille sous le Second Empire*. Paris: Bloud et Gay, 1965.

Quéffelec, Lise, 'Le Lecteur du roman comme lectrice : stratégies romanesques et stratégies critiques sous la Monarchie de Juillet', *Romantisme*, vol. 16, no. 53, 1986, pp. 9–21.

Radway, Janice, *Reading the Romance: Women, patriarchy and popular literature*. Chapel Hill, NC, 1984.

Ragon, Michel, *Histoire de la Littérature prolétarienne en France*. Paris: Albin Michel, 1974.

Rancière, Jacques, 'The Myth of the Artisan: Critical reflections on a category of social analysis', in Steven L. Kaplan and Cynthia J. Koepp, eds, *Work in France:*

Representations, meaning, organisation and practice. Ithaca NY & London: Cornell University Press, 1986.

Rémusat, Charles de, *Mémoires de ma vie*, ed. C. Pouthas. Paris: Plon, 1958–67.

Richter, Nöé, *La Lecture et ses Institutions: la lecture populaire, 1700–1918*. Le Mans: Editions Plein Chant & l'Université du Maine, 1987.

Richter, Nöé, *La Conversion du mauvais lecteur et la naissance de la lecture publique*. Marigné: Edition de la Queue du Chat, 1992.

Richter, Nöé, *L'Oeuvre des Bons Livres de Bordeaux: les années de formation, 1812–1840*. Bernay (Société d'histoire de la lecture), 1997.

Richter, Nöé, *Lecture populaire et ouvrière: Lecture et travail*. Bernay: Société d'histoire de la lecture, 1998.

Roche, Daniel, *The People of Paris: an essay in popular culture in the 18th century*. Leamington Spa, UK: Berg, 1987.

Rose, Jonathan, 'Rereading the English Common Reader: a preface to the history of audiences', *Journal of the History of Ideas*, vol. 53, no. 1, 1992, pp. 47–70.

Sainte-Beuve, Charles-Augustin, 'De la littérature industrielle' (1839), in *Portraits contemporains*. Paris: Calmann-Lévy, 5 vols., 1888–9, vol. 2, pp. 444–71.

Savart, Claude, *Les Catholiques en France au XIXe siècle: le témoignage du livre religieux*. Paris: Beauchesne, 1985.

Singer, Barnett, *Village Notables in Nineteenth-century France: Priests, mayors, schoolmasters*. Albany: State University of New York Press, 1983.

Sonenscher, Michael, review of Rémi Gossez, ed., *Un Ouvrier en 1820: manuscrit inédit de Jacques-Etienne Bédé*, *History Workshop Journal*, 21, summer 1986, pp. 173–9.

Thiesse, Anne-Marie, 'Imprimés du pauvre, livres de fortune', *Romantisme*, vol. 43, 1984, pp. 91–109.

Thiesse, Anne-Marie, 'Mutations et permanences de la culture populaire: la lecture à la Belle Epoque', *Annales-économies, sociétés, civilisations*, vol. 39, jan–fév.1984, pp. 70–91.

Thiesse Anne-Marie, *Le Roman du Quotidien: Lecteurs et lectures populaires à la Belle Epoque*. Paris: Chemin Vert, 1984.

Vincent, David, *Bread, Knowledge and Freedom: a study of 19th century working-class autobiography*. London: Europa, 1981.

Viollet, Alphonse, *Les Poètes du Peuple au 19e siècle*, intro. by M.Ragon. Paris & Geneva: Slatkine reprint, 1980, an anthology first published in 1846.

Weber, Eugen, *Peasants into Frenchmen: the modernization of rural France, 1870–1914*. London: Chatto & Windus, 1977.

Yalom, Marilyn, 'Women's Autobiography in French, 1793–1939: a selected bibliography', in *French Literature Series* (University of South Carolina), vol. 12, 1985, pp. 197–205.

教育与识字

Clark, Linda, *Schooling the Daughters of Marianne: Textbooks for the socialization of girls in modern French primary schools*. Albany NY: State University of New York Press, 1984.

Fleury, M and A.Valmary, 'Les Progrès de l'instruction élémentaire de Louis XIV à Napoléon III d'après l'enquête de Louis Maggiolo (1877-79)', *Population*, 12, jan-mars 1957, pp. 71–92.

Furet, François and Jacques Ozouf, 'Literacy and Industrialisation: the case of the Département du Nord in France', *Journal of European Economic History*, vol. 5:1, spring 1976, pp. 5–44.

Furet, François and Jacques Ozouf, *Reading and Writing: Literacy in France from Calvin to Jules Ferry*. Cambridge: Cambridge University Press and Maison des Sciences de l'Homme, 1982. (This is an abbreviated translation of *Lire et ecrire : l'alphabétisation des français de Calvin à Jules Ferry*, Paris, Editions de Minuit, 1977.)

Furet, François and W.Sachs, 'La Croissance de l'alphabétisation en France, 18e-19e siècle', *Annales-économies, sociétés, civilisations*, vol. 29, 1974, pp. 714–37.

Gildea, Robert, *Education in Provincial France, 1800–1914: a study of three departments (Nord, Gard, Ille-et-Vilaine)*. Oxford: Clarendon Press, 1983.

Gontard, Maurice, *L'Enseignement primaire en France de la Révolution à la loi Guizot, 1789–1833*. Paris: Les Belles Lettres, 1959.

Gontard, Maurice, *Les Ecoles primaires de la France bourgeoise, 1833–1875*. Toulouse: Centre régional de documentation pédagogique, 1976.

Grew, Raymond and Patrick J.Harrigan, *School, State and Society: the growth of elementary schooling in 19th century France – a quantitative analysis*. Ann Arbor MI: University of Michigan Press, 1991. See also the critical debate in *Annales-économies, sociétés, civilisations*, vol. 41:4, 1986, pp. 885–945.

Grew, Raymond, Patrick J.Harrigan and James Whitney, 'The Availability of Schooling in 19th Century France', *Journal of Interdisciplinary History*, XIV, summer 1983, pp. 25–63.

Hébrard, Jean, 'Ecole et alphabétisation au XIXe siècle', *Annales-économies, sociétés, civilisations*, vol. 35:1, jan- fév 1980, pp. 66–80.

Lorain, Paul, *Tableau de l'instruction primaire en France*. Paris: Hachette, 1837.

Mayeur, Françoise, 'Les Evêques français et Victor Duruy. Les cours secondaires de jeunes filles', *Revue d'histoire de l'église de France*, vol. 57, no. 159, juillet-déc.1971, pp. 267–304.

Ozouf, Mona, *L'Ecole, l'Eglise et la République, 1871–1914*. Paris: Cana/Jean Offredo, 1982.

Prost, Antoine, *Histoire de l'enseignement en France, 1800–67*. Paris: Armand Colin, 1968.

Strumingher, Laura S, *What Were Little Girls and Boys Made Of? Primary education in rural France, 1830–1880*. Albany NY: State University of New York Press, 1983.

19世纪对阅读的讨论

Audiganne, A., *Les Populations ouvrières et les industries de la France: Études comparatives*, 2 vols. New York (Franklin facsimile reprint), 1970 (first published in Paris, 1860).

Bethléem, abbé Louis, *Romans à lire et romans à proscrire*. Cambrai: Masson, 4th ed., 1908.

Bosquet, François-Florentin, *De la moralité dans les campagnes depuis 1789*. Chalons-sur-Marne: Société Académique de la Marne, 1860.

Brisset, Mathurin-Joseph, *Le Cabinet de lecture*. 2 vols. Paris: Magen, 1843.

Chartier, Anne-Marie and Jean Hébrard, *Discours sur la lecture, 1880–1980*. Paris: Bibliothèque publique d'information, Centre Georges Pompidou, 1989.

Cormenin, Baron Louis-Marie de la Haye, *Entretiens de village*. Paris: Pagnerre, 1846.

Curmer, Léon, *De l'Etablissement des bibliothèques communales en France*. Paris: Guillaumin, 1846.

Delessert, François François, *Opinion dans la discussion sur le budget de l'Instruction publique, 13 mai 1836*. Paris: Chambre des Députés, 1836.

Desbordes, Jean-Louis, 'Les Ecrits de Mgr.Dupanloup sur la haute éducation des femmes', in Françoise Mayeur and Jacques Gadille, eds, *Education et images de la femme chrétienne en France au début du XXe siècle, à l'occasion du centenaire de la mort de Mgr. Dupanloup*. Lyon: Hermès, 1980.

Dupanloup, Mgr. Félix, *Femmes savantes et femmes studieuses*. Paris: Douniol, 3rd edition, 1867.

Dupanloup, Mgr. Félix, *La Femme studieuse: Quelques conseils aux femmes chrétiennes qui vivent dans le monde sur le travail intellectuel qui leur convient*. Paris: Douniol, 1870.

Flaubert, Gustave, *Madame Bovary*. Paris: Classiques Garnier, 1961 (English edition by Penguin Classics, trans. G. Wall, Harmondsworth UK, 1992).

Frémy, Arnould, *Comment lisent les Français d'aujourd'hui?*. Paris: Calmann-Lévy, 1878.

Hulot, abbé M., *Instruction sur les romans*. Paris, 1825.

L'Etang, Espérance-Augustin de, *Le Colportage, l'instituteur primaire et les livres utiles dans les campagnes*. Paris: Dupray, 1865.

L'Etang, Espérance-Augustin de, *Des Livres utiles et du colportage comme moyen d'avancement moral et intellectuel des classes rurales et ouvrières*. Paris: Maillet, 1866.

Le Play, Frédéric, *Les Ouvriers européens: Études sur les travaux, le vie domestique et la condition morale des populations ouvrières de l'Europe*. Paris: Imprimerie Impériale, 1855. (A second edition was published with the same title in six volumes by Mame et fils in Tours, 1877–79. There then appeared F.Le Play, *Les Ouvriers des deux mondes: études sur les travaux, le vie domestique et la condition morale des populations ouvrières, 2e série, vol. 1*. Paris, Firmin-Didot, 1887.)

Lerminier, Jean-Louis, 'De la Littérature des ouvriers', *Revue des Deux Mondes*, vol. 4, 1841, pp. 574–89.

M—(aréchal), S—(ylvain) , *Projet d'une loi portant défense d'apprendre à lire aux femmes*. Paris: Massé, 1801 (reprinted in Lille in 1841 and Belgium, 1847, then by Gustave Sandré in Paris, 1853, entitled: *Il ne faut pas que les femmes sachent lire, ou projet d'une loi*).

Nettement, Alfred, *Etudes critiques sur le feuilleton roman*, 2 vols. Paris: Perrodil, 1845-6.

Nisard, Charles, *Histoire des livres populaires ou de la littérature du colportage*, 2 vols. Paris: Dentu, 1864 (reprinted New York, Franklin, 1971).

Poulot, Denis, *Question sociale: le sublime, ou le travailleur comme il est en 1870 et ce qu'il peut être*, ed. Alain Cottereau. Paris: Maspéro, 1980 (first published 1870).

Robert, Charles, 'Notes sur l'état de la lecture populaire en France', *Bulletin de la Société Franklin*, no. 50, 15 juin 1872, pp. 180–9 and no. 52, 15 juillet 1872, pp. 214–24 (2 articles).
Stendhal, *Correspondance de Stendhal (1800–1842)*, ed. A. Paupe and P.-A. Chéramy, 3 vols. Paris: Bosse, 1908.
Stendhal, *Le Rouge et le Noir*. First published Paris: Levasseur, 1831.
Tolain, Henri, 'Le Roman Populaire', *La Tribune ouvrière*, vol. 1, no. 3, 18 juin 1865, pp. 9–10.
Turinaz, Mgr, évêque de Tarentaise, *Les Mauvaises Lectures: la presse et la littérature corruptrices (Lettre pastorale)*. Paris: Librairie de la Société Bibliographique, 1881.

图书馆

Bellet, Roger, 'Une Bataille culturelle, provinciale et nationale, à propos des bons auteurs pour bibliothèques populaires', *Revue des sciences humaines*, vol. 34, 1969, pp. 453–73.
Carbonnier, Marianne, 'Une Bibliothèque populaire au XIXe siècle: la bibliothèque populaire protestante de Lyon', *Revue française d'histoire du livre*, 47e année, no. 20, juillet-août-septembre, 1978, pp. 613–45.
Hassenforder, Jean, *Dévéloppement comparée des bibliothèques publiques en France, en Grande-Bretagne, et aux Etats-Unis, dans la seconde moitié du 19e siècle, 1850–1914*. Paris: Cercle de la Librairie, 1967.
Hébrard, Jean, 'Les bibliothèques scolaires', in Dominique Varry, ed., *Histoire des bibliothèques françaises*, 4 vols., tome 3. Paris: Promodis/Cercle de la Librairie, 1991, pp. 546–77.
Louandre, Charles, 'La Bibliothèque Royale et les bibliothèques publiques', *Revue des deux mondes*, vol. 13, 15 mars 146, p. 1055.
Lyons, Martyn, 'La Transformation de l'espace culturel français: le réseau des librairies et des bibliothèques, 1870–1914' in Jacques Girault, ed., *Ouvriers en banlieue, xixe et xxe siècles*. Paris: Editions de l'Atelier, 1998, pp. 390–407.
Marie, Pascale, 'La Bibliothèque des Amis de l'instruction du 3e arrondissement', in Pierre Nora, ed., *Les Lieux de mémoire – 1, La République*. Paris: Gallimard, 1984, pp. 323–51.
Parent-Lardeur, Françoise, *Les Cabinets de lecture: la lecture publique à Paris sous la Restauration*. Paris: Payot, 1982.
Pellisson, Maurice, *Les Bibliothèques populaires à l'étranger et en France*. Paris: Imprimerie Nationale, 1906.
Pelloutier, Fernand, *Histoire des Bourses du Travail*. Paris: Publications Gramma/Gordon and Breach, 1971, pp. 141–3 (first published 1902).
Rappe, Daniel, 'La Bourse du Travail de Lyon des origines à 1914', unpublished mémoire de maîtrise d'histoire contemporaine, Université Lumière, Lyon- 2, 1997.
Richter, Nöé, *Les Bibliothèques populaires*. Le Mans: Université du Maine, 1977.
Richter, Nöé, 'Les Bibliothèques populaires et la lecture ouvrière', in Dominique Varry, ed., *Histoire des Bibliothèques françaises: Vol. 3, Les Bibliothèques de la Révolution et du 19e siècle, 1789–1914*. Paris: Promodis/Cercle de la Librairie, 1991, pp. 513–35.

Robert, Charles, 'La Lecture populaire et les bibliothèques en 1861', *Bulletin de la Société Franklin*, vol. 4, no. 45, 1er avril 1872, pp. 100–110.
Saint-Albin, Emmanuel de, *Les Bibliothèques municipales de la ville de Paris*. Paris: Berger-Levrault, 1896.
Sainte-Beuve, Charles-Augustin, *A Propos des bibliothèques populaires* (speech in Senate, 25 juin 1867). Paris, 1867.
Simon, Jules, 'L'Instruction populaire et les bibliothèques populaires', *Revue des deux mondes*, vol. 47, 15 September 1863, pp. 349–75.
Spire, Juliette, 'La Bibliothèque de la Bourse du Travail à Paris: étude des acquisitions de 1898 à 1914', unpublished mémoire de maîtrise, Université de Paris-1, 1985.
Varry, Dominique, ed, *Histoire des bibliothèques françaises:* vol. 3, *Les Bibliothèques de la Révolution et du 19e siècle, 1789–1914*. Paris: Promodis/Cercle de la Librairie, 1991.
Watteville, Baron de, *Rapport à M.Bardoux, ministre de l'Instruction Publique, sur le service des Bibliothèques scolaires, 1866–1877*. Paris: Imprimerie nationale, 1879.

提及农民阅读的区域研究

Béteille, Roger, *La Vie quotidienne en Rouergue au 19e siècle*. Paris: Hachette, 1973.
Brekilien, Yann, *La Vie quotidienne des paysans en Bretagne au 19e siècle*. Paris: Hachette, 1966.
Coulon, Gérard, *Une Vie paysanne en Berry de 1882 à nos jours*. Buzançais (self-published), 1979.
Devos Roger and Joisten, Charles, *Moeurs et coûtumes de la Savoie du Nord au XIXe siècle: l'enquête de Mgr. Rendu*. Annecy: Académie Salésienne and Grenoble: Centre alpin et rhodanien d'ethnologie, 1978.
Fabre, Daniel and Lacroix, Jacques, *La Vie quotidienne des paysans du Languedoc au 19e siècle*. Paris: Hachette, 1973.
Halévy, Daniel, *Visites aux paysans du Centre, 1907–34*. Paris: Librairie Générale, 1978.
Le Roy, Eugène, *Le Moulin du Frau*. Paris: Fasquelle, 1905.
Massoul, Henry, *Au Bon Vieux Temps. Souvenirs du Gâtinais et de la Brie*. Paris: Mercure de France, 1944–45.
Rocal, Georges, *Le Vieux Périgord*. Toulouse: Guitard, 1927.
Rouchon, Ulysse, *La Vie paysanne dans la Haute-Loire*. Le Puy en Velay: Imprimerie de la Haute-Loire, 1933.
Seignolle, Claude, *Le Berry traditionnel*. Paris: Maisonneuve & Larose, 1969.
Tardieu, Suzanne, *La Vie domestique dans le Mâconnais rural pré-industriel*. Paris: Institut d'ethnologie, 1964.
Thabault, Roger, *Education and Change in a Village Community: Mazières-en-Gâtine, 1848–1914*, trans. P. Tregear. London: Routledge & Kegan Paul, 1971.